쉽게 배우는 유전 알고리즘

진화적 접근법

한빛아카데미
Hanbit Academy, Inc.

지은이 문병로 moon@snu.ac.kr

서울대학교 컴퓨터공학부에서 교수로 재직 중이다. 서울대학교 계산통계학과, KAIST 전산학과, 펜실베이니아 주립대학교에서 학사, 석사, 박사 학위를 모두 취득했다. 석사 학위를 취득한 후에는 LG전자 중앙연구소 연구원, 박사 학위를 취득한 후에는 UCLA VLSI CAD Lab 박사후 연구원, LG반도체 책임연구원을 거쳤다. 문제 해결 분야와 유전 알고리즘의 이론 및 응용을 연구하는 '최적화연구실'을 운영하고 있다. 주 관심사는 어려운 문제들의 속성과 문제들이 이루는 공간의 특성, 알고리즘의 설계 · 분석, 알고리즘의 기업적 응용, 유전 알고리즘과 생태계 · 경제 · 사회 · 개인의 사고 체계 등에서 공통적으로 관찰되는 진화적 · 창발적 프로세스에 관한 연구 등이다. 최적화 알고리즘을 주식 투자에 적용하는 ㈜옵투스자산운용 대표이사를 겸직하고 있다. 전공 저서로 『쉽게 배우는 알고리즘(개정판)』, 역서로는 『Introduction to Algorithms(개정 3판)』이 있다. 국제 저널과 학술대회에 150여 편의 논문을 발표했다. 이외에도 주식 시장을 수리적으로 접근한 투자교양서인 『문병로 교수의 메트릭 스튜디오』(김영사)가 있다.

쉽게 배우는 유전 알고리즘 : 진화적 접근법

초판발행 2014년 09월 28일
4쇄발행 2021년 02월 18일

지은이 문병로 / **펴낸이** 전태호
펴낸곳 한빛아카데미㈜ / **주소** 서울시 서대문구 연희로2길 62 한빛아카데미㈜ 2층
전화 02-336-7112 / **팩스** 02-336-7199
등록 2013년 1월 14일 제2017-000063호 / **ISBN** 979-11-5664-135-3 93000

책임편집 유경희 / **기획** 유경희 / **편집** 유경희
디자인 여동일 / **전산편집** 김미경 / **제작** 박성우, 김정우
영업 이윤형, 길진철, 김태진, 김성삼, 이정훈, 임현기, 이성훈, 김주성 / **영업기획** 김호철, 주희

이 책에 대한 의견이나 오탈자 및 잘못된 내용에 대한 수정 정보는 아래 이메일로 알려주십시오.
잘못된 책은 구입하신 서점에서 교환해 드립니다. 책값은 뒤표지에 표시되어 있습니다.

홈페이지 www.hanbit.co.kr / 이메일 question@hanbit.co.kr

원리를 알면 IT가 맛있다
IT COOKBOOK

1시간 강의를 위해 3시간을 준비하는 마음!

1. 군더더기 없는 핵심 원리의 빠른 섭취

원리 하나를 제대로 알면 열 개의 상황을 해결할 수 있습니다. 눈으로 보는 것만으로도 가상 실습 효과가 있는 동작 원리 일러스트는 원리 기억력을 배가시켜 줍니다.

2. 숙련된 강사진 + 필드 엑스퍼트가 엮어낸 현장성이 살아있는 IT 교과서

숙련된 강사가 정선한 내용과 예제를 필드 엑스퍼트가 다시 한 번 가다듬었습니다. 강의 경험과 현장 니즈(needs)의 시너지를 느껴 보세요. 학습자의 현장 적응력이 한 단계 더 높아집니다.

3. 핵심 원리 → 연습 문제 → 실습 프로젝트로 이어지는 계단 학습법

원리를 확실하게 다져주는 기능성 좋은 예제, 직접 원리를 구현해 보는 연습 문제, 현장에서 바로 써먹을 수 있는 실습 프로젝트를 단계별로 구성해 학습자의 이해도를 높였습니다.

>> 저자 머리말 진화의 원리를 이용해서 문제를 푼다

필자가 미국에서 공부하던 1990년대 초 어느 잡지에서 한 컬럼니스트가 "다음 세기 초반 몇 십 년간의 주제는 진화다"라고 쓴 것을 본 기억이 있다. 마침 필자가 유전 알고리즘에 막 눈을 뜨고 있던 시기여서 유달리 강하게 와 닿았다. 그 사이 새로운 세기가 시작되었고 진화는 생물학뿐만이 아니라, 생태계 · 경제계 · 인간의 사고 과정 등을 설명하는 중요한 메커니즘으로 인용되고 있고, 진화의 원리를 문제 해결에 이용하는 유전 알고리즘은 거의 모든 분야에서 어려운 문제를 해결하는 매력적인 대안의 하나로 자리잡았다. 유전 알고리즘 관련 학술대회에 가보면 유전 알고리즘의 응용은 컴퓨터공학, 물리, 화학, 생물, 전자공학, 기계공학, 조선공학, 원자핵공학, 경영학, 재무회계학, 음악, 미술 등 거의 전 학문 분야를 망라한다 싶을 정도로 다양하다.

이 책은 필자가 1997년부터 서울대학교 컴퓨터공학부에서 해오던 유전 알고리즘 강의 노트를 확장한 것이다. 첫 2년 동안은 참고 서적으로 골드버그(Goldberg), 미첼(Mitchell), 미칼레위츠(Michalewicz) 등의 책들을 사용했으나 그 어느 책도 한 학기 강의를 하기에는 만족스럽지 못했다. 특히 유전 알고리즘의 기본 골격을 중심으로 구성요소별로 차근차근 정리해 놓은 교재는 보기 힘들었고, 유전 알고리즘에서의 문제 표현 방법에 대한 체계적인 정리는 많이 부족했다.

유전 알고리즘 입문서와 교과서를 겸할 수 있는 책을 써야겠다고 결심하고, 1999년 봄학기 강의 때는 자신을 다그치기 위해 아예 교과서를 강의 시간에 맞추어 차례로 만들어 주겠다고 학생들에게 선언해 버렸다. 어떤 때는 일주일 늦게 내용이 전해진 때도 있었지만 그 약속을 지키느라고 그 학기에 매우 고생을 했다. 덕분에 그 학기에 초고가 나올 수 있었고, 그것을 일년 반 동안 다듬어 2001년에 초판을, 이를 좀 더 다듬어 2003년에 개정판을 냈다. 이번에 내용을 더 다듬고 가독성을 대폭 높인 개정 3판을 내게 되었다. 초판이 나온지 벌써 7년이 되었다.

필자의 연구실은 유전 알고리즘과 최적화의 이론과 응용에 있어서 세계 최고의 경쟁력을 지니고 있다. 90년대 초반까지만 해도 유전 알고리즘 커뮤니티는 울타리 안에서 키재기 경쟁을 하면서 실용적으로 어려운 큰 난제들에 대해서는 다른 기법들과 비교해 경쟁력이 별로 없었다. 유전 알고리즘이 지닌 가능성에 턱없이 못 미치는 연구 결과를 가지고 경쟁을 하고 있었다. 필자는 컴퓨터과학의 유명한 난제인 TSP를 유전 알고리즘으로 접근하면서 최초로 1994년 318 도시 TSP에 대한 전역적 최적해를 발견하였다. 현재는 7,000개 이상의 도시를 가진 TSP에 대해서도 전역적 최적해를 찾고 있다(TSP는 TSPLIB이라는 벤치마크 사이트를 통해 공개 경쟁을 한다).

유전 알고리즘 분야의 성공은 미시간 대학의 존 홀랜드에 뿌리를 둔 연구 집단이다. 홀랜드의 제자들과 학문적 손자들이 학계에 가장 큰 영향을 미치고 있다. 다만 단순한 문제들로 시작된 이들의 이론적 전통 때문에 다른 기법들과 현실적인 문제로 경쟁을 하는 부분에서는 아주 취약하다. 지금도 마찬가지다. 이런 것들이 유전 알고리즘의 실용화를 늦춘 면도 있다.

필자는 이들과 전혀 다른 경로로 유전 알고리즘을 접하게 되었다. 원래 컴퓨터 이론을 전공하던 필자의 지도 교수가 유전 알고리즘에 처음으로 관심을 가지면서 그 수업을 듣던 필자가 본의 아니게 학기 프로젝트로 유전 알고리즘을 사용하여 그래프 분할 문제를 풀게 되었다. 필자는 유전 알고리즘에 대해 간단한 소개와 몇 편의 논문만 읽고 프로젝트를 시작했다. 유전 알고리즘의 대표 정리인 스키마 정리나 빌딩 블록 가설 등도 전혀 모르는 채로 시작했다. 그런 상태에서 그래프 분할 벤치마크를 사용해서 수행한 프로젝트에서 운 좋게 1개월여 만에 기존의 세계 기록을 경신하였다. 지금 생각해보면 컴퓨터 이론과 그래프 이론, 프로그래밍 능력, 직장 생활을 통해 형성된 시야 등이 결합되어서 상승 효과를 일으킨 것 같다. 기존의 유전 알고리즘 커뮤니티의 누구보다 문제를 잘 풀 수 있는 백그라운드를 갖고 있었다는 생각이 든다. 기록을 깨고 나니 논문을 쓰기 위해 그것을 설명할 수 있는 논리를 만들어야 했다. 그제서야 기존의 연구 결과들을 본격적으로 조사하기 시작했다. 이 과정에서, 내가 설명하고 있는 이론이 스키마를 중심으로 한 유전 알고리즘의 작동 원리, 교차와 스키마의 생존에 관한 전통적 이론을 포함하고 있다는 것을 알게 되었고, 그 이론에서 감지하지 못했던 스키마의 군집에 관한 새로운 이론을 포함하고 있다는 것도 알게 되었다. 이런 과정을 밟았기 때문에 기존의 책이나 논문을 받아들이면서 이 공부를 시작한 사람들에 비해 유전 알고리즘의 작동 메커니즘에 대한 강한 통찰을 갖게 된 것 같다. 외딴 섬에서 혼자 공부를 하면서 유전 알고리즘의 기본 이론을 스스로 깨닫게 된 셈이다. 덕분에 유전 알고리즘의 작동 메커니즘이 "그림처럼 눈에 보인다"는 느낌을 갖게 되었다.

사실 유전 알고리즘은 난이도가 높은 문제의 크기가 어느 정도 이상 되면 교과서적인 형태로는 그리 경쟁력이 있다고 볼 수 없다. 다만 유전 알고리즘의 공간 탐색 스타일이 가지는 비교할 수 없는 매력이 있기 때문에 다른 알고리즘이나 공간 탐색 기법과 결합하면 강한 시너지 효과를 보인다. 대개 교과서적인 유전 알고리즘을 좀 어려운 문제에 적용해보면 "좌절"한다. 기대만큼 결과가 나오지 않기 때문이다. 하지만 여기서부터 경쟁력있는 유전 알고리즘의 개발이 시작되어야 한다. 유전 알고리즘은 분명한 단점을 갖고 있지만 그것을 잘 보완하면 강력한 경쟁력을 갖게 된다. 해결하고자 하는 문제에 대한 통찰과 유전 알고리즘의 작동 메커니즘, 다른 공간 탐색 기법에 대한 충분한 이해가 있을 때 가장 좋은 결과를 얻을 수 있다는 점을 강조하고 싶다.

>> 저자 머리말

진화의 원리를 이용해서 문제를 푼다

유전 알고리즘은 흔히 "유전자 알고리즘"이라고 부르기도 하는데 이것은 잘못된 번역이다. 영어의 Genetic Algorithm을 일본에서 유전자 알고리즘이라고 번역해서 통용되기 시작한 것을 우리 나라에서 그냥 사용하게 된 것 같다. Genetic Algorithm은 유전적인 현상을 문제 해결이나 시뮬레이션에 이용하는 것이지 유전자의 이용에 그 초점이 있는 것이 아니다. 이 잘못된 용어를 고치고자 노력하고 있으나 워낙 널리 퍼져 고치기가 쉽지 않다. 독자들께서 바른 용어의 사용에 신경을 써주시기를 부탁드린다.

탈고를 하면서 먼저 하늘에 계신 아버지께 감사를 드린다. 학문에 대한 무한한 존경과 동경을 성장기의 필자에게 심어주셨다. 필자의 여정을 대견스럽게 지켜보아 주시던 장인어른께 감사를 드린다. 따뜻한 성품으로 항상 필자에게 보이지 않는 힘이 되어 주셨는데 3년 전에 다시는 뵐 수 없게 되었다. 어머니께 감사를 드린다. 박정희 전 대통령이 "좋은 어머니를 가진 것은 가슴 속에 신을 품은 것과 같다"고 했는데 그 느낌을 잘 이해한다. 따뜻한 활기로 자식들과 손자, 손녀들에게 큰 울을 만들어 주시는 장모님께도 감사드린다. 아내는 내가 일을 마음 놓고 할 수 있게 해주는 크고 연약한 바다다. 착하고 총명하게 자라고 있는 인규, 덕규에게도 감사의 말을 전한다. 탈고를 앞두고 일제히 분담해서 두 번에 걸쳐 교정을 해준 최적화연구실의 학생들에게도 감사한다. 마지막으로, 까다로운 필자를 잘 요리할 줄 아는 한빛아카데미(주)의 유경희씨에게 감사한다. 이번이 필자와 만든 세 번째 책이다.

관악캠퍼스에서 저자 문병로

이 책은 총 9장으로 구성되어 있으며 다음과 같은 내용을 다룬다.

- 도입(1장)
  유전 알고리즘의 개괄적인 내용을 소개한다. 유전 알고리즘의 전형적 구조와 각 구성요소들에 대해 간략히 소개한다.
- 문제의 표현(2장)
  문제의 해를 유전 알고리즘이 이해할 수 있는 형태로 표현하는 다양한 방법을 소개한다.
- 연산자(3장)
  유전 알고리즘의 핵심부를 구성하는 연산자인 교차, 변이, 선택, 대치 등을 분류하고 설명한다. 1장에서 3장까지를 이해하면 간단한 유전 알고리즘을 구현할 수 있다.
- 스키마와 문제 공간(4장)
  유전 알고리즘의 작동 원리를 설명하는 데 핵심적인 역할을 하는 스키마와 관련된 이론과 유전 알고리즘이 탐색을 하는 대상인 문제 공간에 대해 다룬다. 유전 알고리즘과 문제 공간에 대한 통찰력을 키워준다.
- 확장된 주제들(5장)
  보다 수준있는 유전 알고리즘을 구현할 수 있게 하는 몇 가지 주제와 유전 알고리즘과 직간접적으로 연관이 있는 주제를 다룬다. 기본적인 유전 알고리즘의 틀로 만족스런 결과를 얻지 못했을 때 도움이 된다.
- 유전 알고리즘의 응용 예들(6장)
  유전 알고리즘을 디자인하는 방법을 다양한 예를 통해 보여준다. 유전 알고리즘의 연산자와 틀은 비슷하게 사용할 수 있는 경우가 많으므로 주로 유전 알고리즘에서 문제를 표현하는 방법에 대해 집중적으로 소개하고, 필요한 경우에는 좀 더 상세히 설명한다.
- 유전 알고리즘의 구체적 예(7장~8장)
  6장에서 문제의 표현 위주로 소개한 것보다 더 상세한 유전 알고리즘의 구현 예를 보고 싶어하는 독자들을 위하여 그래프 이등분 문제와 순회 세일즈맨 문제를 위한 경쟁력있는 유전 알고리즘을 단계별로 자세히 보여준다. 이들을 통해 가장 경쟁력있는 유전 알고리즘의 예를 볼 수 있다.
- 다른 스토캐스틱 탐색 기법들(9장)
  진화 연산은 유전 알고리즘, 유전 프로그래밍, 진화 전략, 진화 프로그래밍의 네 가지 분파가 있는데 이 책에서 소개하지 않은 나머지 세 기법을 소개한다. 그리고 다른 스토캐스틱 탐색 기법인 시뮬레이티드 어닐링, 타부 서치, 큰스텝 마르코브 체인도 소개한다.

>> 이 책의 이용 방법

이 책의 구성 요소

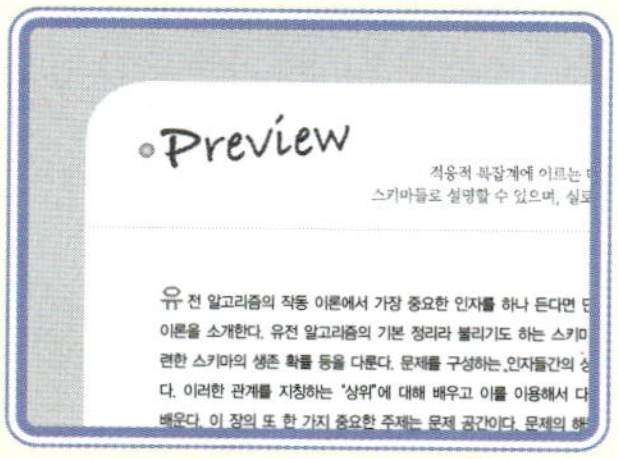
Preview

유전 알고리즘의 작동 이론에서 가장 중요한 인자를 하나 든다면

Preview

각 장의 내용을 본격적으로 접하기 전에 이러한 내용이 고안된 동기나 필요성 등을 정리하여 내용에 대한 맥락을 간략하게 짐작할 수 있도록 한다.

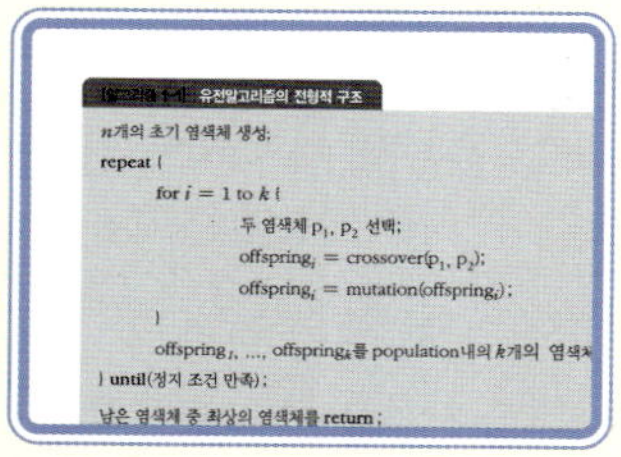
[알고리즘 1-4] 유전알고리즘의 전형적 구조

n개의 초기 염색체 생성;
repeat {
for $i = 1$ to k {
두 염색체 p_1, p_2 선택;
$offspring_i$ = crossover(p_1, p_2);
$offspring_i$ = mutation($offspring_i$);
}
$offspring_1$, ..., $offspring_k$를 population 내의 k개의 염색체
} **until**(정지 조건 만족);
남은 염색체 중 최상의 염색체를 **return**;

알고리즘

이 책에서 다루는 알고리즘을 가장 이해하기 쉬운 방식으로 구현한 부분이다. 때로는 프로그래밍 언어와 유사한 것이 편하기도 하고, 때로는 자연어를 사용하는 것이 이해하기가 더 편하다. 이 책에서는 명확성과 이해하기 쉬움에 초점을 맞추어 알고리즘을 기술한다.

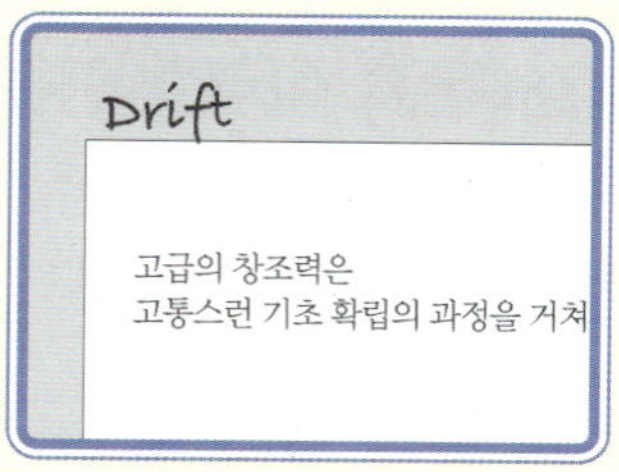
Drift

고급의 창조력은
고통스런 기초 확립의 과정을 거쳐

Drift

유전 알고리즘과 직접 또는 간접적으로 관계있는 주제에 대한 일화나 필자의 생각을 정리하였다. 재미로 읽어보면 유전 알고리즘과 문제 해결에 관한 시야를 넓히는 데 도움이 될 것이다.

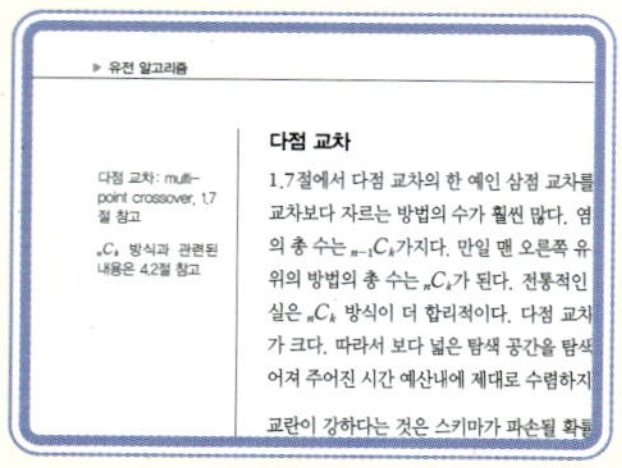
▶ 유전 알고리즘

다점 교차: multi-point crossover, 1.7절 참고

$_nC_k$ 방식과 관련된 내용은 4.2절 참고

다점 교차

용어, 부연

관련 용어의 원어 표기, 참고 사항이나 부가 설명을 본문의 흐름을 방해하지 않도록 별단에서 따로 설명한다. 본문 학습 중에 참고하면 많은 도움이 될 것이다.

유전 알고리즘 학습로드맵

이 책의 각 장은 반드시 순서대로 공부하지 않아도 된다. 다만 1장~3장은 기초를 다루는 내용이므로 순서대로 읽을 것을 권한다. 3장까지 읽고 나면 나머지 장들은 자유롭게 선택해서 읽어도 좋다.

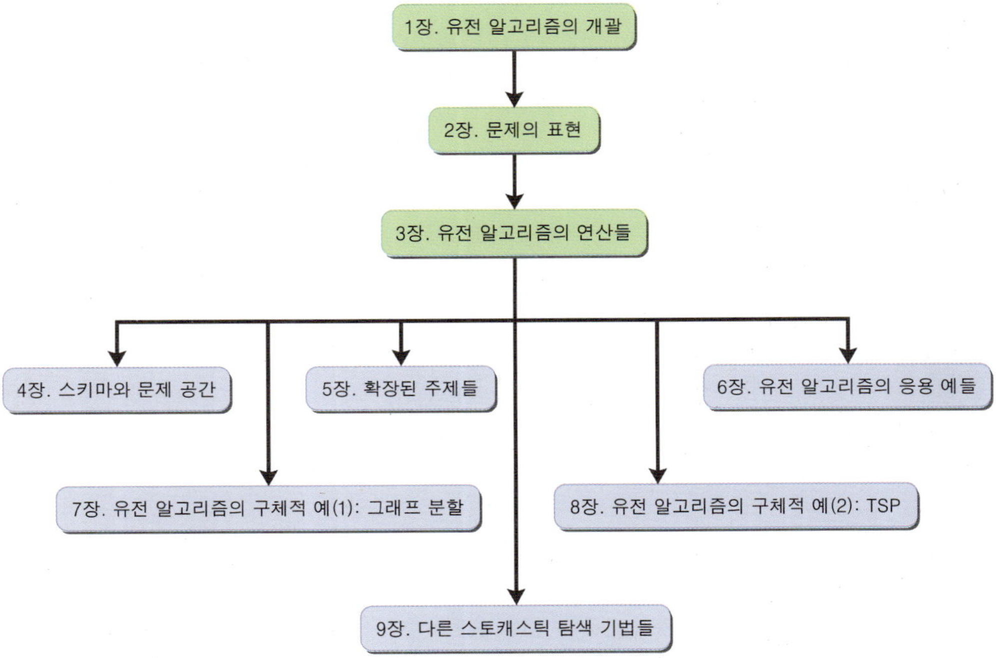

강의보조자료

다음 사이트에서 회원으로 가입하신 교수/강사분에게는 교수용 PPT 자료와 연습문제 해답을 제공합니다.

http://www.hanbit.co.kr

(일반 독자에게는 연습문제 해답을 제공하지 않습니다)

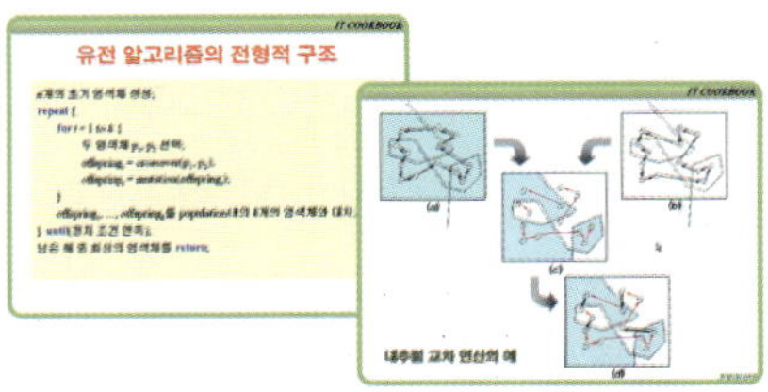

Contents

Chapter 03 유전 알고리즘의 연산들

Contents

>> Contents

>> Contents

Chapter 01

유전 알고리즘의 개괄

*학습목표

- 유전 알고리즘의 역사를 개괄적으로 살펴본다.
- 유전 알고리즘의 구조, 연산들을 가벼운 수준에서 이해한다.
- 유전 알고리즘이 모든 문제에 적합한 기법은 아님을 이해한다.

Preview

태초에 DNA가 있었다.

유전 알고리즘은 컴퓨터 과학에서 가장 최근에 세련화가 이루어진 연구 분야 중 하나다. 1960년대에 태동한 이래 1990년대 이후 폭발적인 연구 결과들을 양산해내고 있다. 이같은 현실과 어울리지 않게도 유전 알고리즘의 대부인 존 홀랜드는 사실상 미국 최초의 컴퓨터 과학 분야 박사학위 취득자다.

이 장에서는 20세기 후반부터 본격적으로 조명을 받고 있는 진화적 프로세스를 기초로 한 문제 해결 방법론인 유전 알고리즘의 역사를 간략히 소개하고, 2장 이후에 배울 내용들을 간략히 스케치한다. 우선 유전 알고리즘의 전형적인 구조, 문제의 해를 유전 알고리즘에서 표현하는 방법, 두 해를 결합하여 새로운 해를 만드는 방법, 세대가 지남에 따라 해집단의 구성원을 바꾸는 방법, 유전 알고리즘의 작동 과정에서 중요한 역할을 하는 부분 패턴인 스키마 등을 가벼운 수준으로 소개한다. 그런 다음, 유전 알고리즘이 모든 문제에 적합한 기법이 아닌 이유도 설명한다.

Section

01 진화

인간의 탄생은 정보로부터 시작된다. 부모의 DNA가 혼합되어 길이가 약 30억인 염기 서열이 만들어지는데 이것이 한 인간의 시작을 규정짓는 거의 전부다. 염기는 A, C, T, G 중의 하나이므로 이를 0, 1, 2, 3으로 대응시키면 이것은 약 30억 자리의 4진수에 해당된다. 이 정보로부터 인간의 신체가 만들어진다. 동일한 DNA라 하더라도 성장 환경에 따라 차이를 보일 수 있지만 지능이나 심미적 성향 등은 타고난 DNA를 극복할 수 없는 분명한 한계가 있다. 한 인간은 약 30억 자리의 4진수로부터 시작되는 것이다. 생태계에서 진화는 쉴 새 없이 새로운 4진수들을 만들어 낸다. 생태계는 4진수들의 경쟁의 장이다.

필자가 미국에서 공부하던 1990년대 초반에 어느 잡지에서 한 컬럼니스트가 "다음 세기 초반 몇십 년간의 주제는 진화"라고 쓴 것을 본 기억이 있다. 일반적으로 생물학의 한 분야로만 인식되던 진화가 20세기 후반부터 새로이 많은 지성들의 주목을 받고 있다. 1859년 찰스 다윈에 의해 공식적으로 발표된 이후 진화는 창조론으로 대표되는 종교적 신념과 꾸준히 대립해왔다. 칼 마르크스는 진화론의 생존 경쟁이 인류사의 계급 투쟁을 자연계에 대입해 놓은 것이라고 하며 자신의 계급 투쟁론을 정당화하는 데 사용했는데, 이 사실이 진화론의 입지를 더욱 좁혀 놓았다. 1925년 미국 테네시주에는 학생들에게 진화론을 가르친 교사에게 100불의 벌금이 부과된 망키 추라이얼이라는 유명한 재판도 있었다. 1980년대 말에는 미국의 루이지애나 대법원에서 창조 과학을 진화론과 동일한 수준으로 가르쳐야 한다는 주법이 청문회를 거쳐 철폐된 사건이 있었다. 1999년에 미국의 캔사스주 교육위원회에서는 초중등 교육을 위한 과학 교육 표준에서 진화론과 빅뱅 등 지구의 연대기적 나이를 암시하는 모든 내용을 삭제하기로 결정된 사실도 있다. 2004년 미국 펜실바니아주의 작은 도시인 도버의 교육위원회에서 중고등학교 과학 시간에 학생들에게 "진화론은 완벽하지 않으며 생명의 기원을 설명하는 다른 가설인 지적 설계론(창조론)도 있다"는 요지의 1분짜리 성명서를 의무적으로 읽어주도록 결의했다가 법원에서 위헌 판결을 받아 좌절된 바 있다.

반세기 전까지만 해도 로마 교황청은 진화에 대한 공식적인 논의를 허용조차 않을 정도로 진화에 대해 분명한 반대의 입장을 견지했으나, 1950년의 한 교지를 통해 "진화에 대한 논의는 허용하나 다만 공산주의자들이 신을 깎아 내리기 위해 진화를 악용하는 것은 경계해야 한다"고 진화에 대한 관점을 다소 누그러뜨렸다. 이로부터 반세기가 지난 1996년 10월 4일, 로이터 통신에는 교황청의 전격적 화해 선언에 해당하는 기사가 타전되었다. 전문에 의하면 당시의 교황 요한 바오로 2세는 "지난 1950년의 교지 이후 새로이 발견된 지식들은 이제 진화론이 더 이상 가설에 머무를 수 없음을 인정하게 만든다"고 말하였다. 다만 "인간의 육체가 그 이전에 존재하던 생명체에 그 근원을 갖고 있다 하여도 그 영혼(spiritual soul)은 신에 의해 직접적으로 만들어진 것이다"라고 부연함으로써 진화론과의 화해를 택했다.

필자는 "창조냐 진화냐"하는 해묵은 논쟁에 참여할 의도는 없다. 다만, 진화는 이제 옛날의 비종교적 이데올로기의 이미지에서 탈피하였고 현대의 과학 및 사회, 경제 시스템의 다양한 현상을 설명하거나, 어려운 문제를 해결하는 원리로서 새로운 조명을 받고 있다는 사실을 말하고 싶은 것뿐이다. 유전 알고리즘은 영어로 Genetic Algorithm, 줄여서 GA라고 하는데 진화의 원리를 문제 풀이 또는 모의실험에 이용하는 연구 방법인 "진화 연산"(Evolutionary Computation)의 대표적인 한 분야다.

Section

02 유전 알고리즘의 약사

유전 알고리즘은 진화의 원리를 문제 해결에 이용하는 대표적인 방법론 중 하나다. 유전 알고리즘의 대부는 유명한 존 홀랜드(John Holland)다. 그러나 진화의 원리를 이용하는 문제 해결 방법은 홀랜드가 최초는 아니다. 1960년대에 독일의 Rechenberg(1965)가 진화 전략(Evolution Strategy)을 제안하였고, Fogel, Owens, Walsh(1966)에 의해 진화 프로그래밍이 제안되었다. 이에 앞서 몇몇 연구자들이 진화에 근거한 접근법을 사용한 적이 있다 [Box, 1957; Friedman, 1959; Bremermann, 1962]. 적지 않은 연구 결과들이 홀랜드와 동시대 또는 그 이전에 있었으나 홀랜드가 진화 연산의 대부격으로 인정을 받는 데는 이유가 있다. 초기의 Rechenberg는 단 한 개의 해를 변형시켜가는 방법을 사용하고 유전 알고리즘의 주 연산인 교차 연산은 사용하지 않았다. Fogel 등은 교차 연산 없이 변이만을 사용하고 아직도 그 전통을 고수하고 있다(해집단, 교차, 변이 등의 용어에 대해서는 이 장에서 다룬다). 집단에 근거하고 교차와 변이를 포함한 골격을 완성한 것은 홀랜드의 공로고, 더욱 중요한 것은 1975년 그의 역사적인 저서 『Adaptation in Natural and Artificial Systems』를 세상에 발표하여 유전 알고리즘의 이론적 기반을 다졌다는 점이다.

자신의 연구에 대한 홍보에 미숙한 홀랜드의 성향이 유전 알고리즘의 발전 속도를 더디게 했다고 말하는 사람도 많다. 그러나 홀랜드는 노벨 물리학상을 받은 머레이 겔만(Murray Gell-Mann)과 필 앤더슨(Phil Anderson), 노벨 경제학상을 받은 케네스 애로우(Kenneth Arrow) 등이 주축이 되어 복잡성 과학의 학제간 연구를 위하여 1984년 결집한 산타페 연구소에 참가하면서, 이 연구소의 연구 방향을 "복잡계"에서 "적응적 복잡계"로 선회하도록 할 정도로 영향을 미쳤고, 유전 알고리즘의 황금기를 본격적으로 열었다.

1985년에는 최초의 유전 알고리즘 전문 학회인 제 1회 International Conference on Genetic Algorithms(ICGA)가 개최되었다. 1990년대에 많은 주목을 받은 인공 생명(Artificial Life)[Langton, 1989]의 주된 도구가 유전 알고리즘이란 사실도 이 분야의 발전을 가속화시켰다. 이제는 컴퓨터과학, 물리학, 생물학, 화학, 경제학, 각종 공학 등의 연구자들이 공동으로 관심을 갖는 연구 주제로 확립되었다. 1997년에는 전기 · 전자 · 컴퓨터 분야의 가장 대표적인 학술지인 IEEE Transactions에 유전 알고리즘으로 대표되는 진화 연산 전문 트랜잭션이 개설되어 이 분야의 역사에 한 획을 그었다. 현재 IEEE Transactions on Evolutionary Computation은 IEEE Transactions 중에서는 물론이고 컴퓨터 과학 관련 학술지들 중 가장 인용지수(impact factor)가 높은 것 중의 하나로 자리 잡았다. 격년으로 개최되던 ICGA는 1999년 Genetic Programming Conference와 합병하여 현재는 Genetic and Evolutionary Computation Conference(GECCO)란 이름으로 매년 개최되고 있다.

스키마: 1.6절 참고

홀랜드의 제자로 1980년대 중반 이후 유전 알고리즘 분야에서 가장 왕성한 저술 활동을 보인 사람은 데이빗 골드버그(David Goldberg)다. 그는 Fogel, Owens, Walsh 등의 초기 "진화 프로그래밍" 연구자들의 연구가 학계에서 인정을 받지 못하고 거부당한 나머지 스키마(1.6절에서 설명 예정) 이론에 기반한 유전 알고리즘까지 유사하게 모호한 경향으로 취급받게 만들어 6, 70년대에 유전 알고리즘에 대한 회의론을 불러일으킨 한 중요한 원인으로 보고 있다. 이 의견을 그의 저서 『Genetic Algorithms in Search, Optimization, and Machine Learning』(Addison–Wesley, 1989)에서 언급했을 정도다.

Section

03 유전 알고리즘의 기본 용어들

생물학에서 유전 물질은 DNA, 즉 염색체(chromosome)다. 우리 인간의 세포 하나마다 DNA 한 쌍이 있어 각 DNA는 30억 개 가량의 염기로 되어 있고, 이들은 4만 개 내외의 유전자를 포함하고 있는 것으로 추정되고 있다. 개체들은 교차에 의해 염색체를 부분 결합하고 돌연변이에 의해 미소하게 변화된 새로운 염색체를 가진 새로운 개체를 만들어 낸다. 개체는 환경에 적응하기 유리한 정도에 따라 선택적으로(경쟁적으로) 번성한다. 유전 알고리즘의 기본 구조는 이러한 생물의 진화 과정을 문제 해결 과정으로 옮겨 놓은 것이다. 문제 해결상의 임의의 해를 유전 알고리즘이 이해하는 형태로 표현한 것을 염색체라 부른다. 자연계의 가변적이고 제한이 없는 개체들의 집단 대신, 유전 알고리즘에서는 대부분의 경우 정해진 수의 염색체 집단을 운영하는데 이를 해집단(population)이라 한다. 즉, 유전 알고리즘은 복수 개의 해를 유지하면서 운용된다.

염색체상의 각 인자를 유전자(gene)라 한다. 생물학에서는 많은 수의 염기가 모여 유전자를 형성하는데 유전 알고리즘에서는 유전자가 최소 단위다. 즉, 염기와 같은 유전자의 하위 개념이 없다. 생물학에서 유전자형(genotype)은 보이는 그대로의 유전자 조합을 뜻하고, 표현형(phenotype)은 유전자형과 관계되어 관찰되는 형질을 의미한다. 유전 알고리즘에서도 비슷하게 염색체 그 자체를 유전자형이라 하고, 이와 대응되는 해의 성격이나 품질 등을 표현형이라 한다.

Section

04 유전 알고리즘의 전형적인 구조

[알고리즘 1-1]은 전형적인 유전 알고리즘의 구조다. 유전 알고리즘은 대부분 정해진 수의 해로 구성되는 해집단을 갖는다. 이 알고리즘에서 해집단의 해의 수는 n이다. 먼저 n개의 해를 임의로 생성한다. 이 해집단으로부터 k개의 새로운 해를 만들어 내는데 각각의 해는 선택(selection), 교차(crossover), 변이(mutation)의 단계를 거쳐 만들어진다. 이렇게 만들어진 k개의 해는 해집단 내의 k개의 해와 대치된다. 이러한 과정을 임의의 정지 조건이 만족될 때까지 수행한 후 해집단에 남은 해 중 가장 좋은 해를 답으로 삼는다.

상수 k는 해집단이 한번에 얼마나 많이 대치되느냐를 결정하는데, k/n를 세대차(generation gap)라 한다. 세대차가 1에 가까운, 즉 절대 다수의 해가 대치되는 경우를 "세대형 유전 알고리즘(generational GA)"이라 하고, 세대차가 $1/n$에 가까운, 즉 새로운 해가 생기자마자 해집단에 넣어주는 방식을 "안정 상태 유전 알고리즘(steady-state GA)"이라 한다. 이 두 유형의 유전 알고리즘들간에는 서로 장단점이 있으나, 대체로 안정 상태 유전 알고리즘이 해집단을 빨리 수렴시키는 경향이 있는 대신 설익은 수렴(premature convergence)의 가능성도 더 크다. 어느 한 유형을 사용할 때는 해당 유형의 결점들을 보완하는 다양한 기술이 있다. 위 작업들의 세부 사항에 대해서는 3장에서 상세히 설명한다. 유전 알고리즘은 다양한 형태와 변형이 있으므로 모든 유전 알고리즘이 이 구조와 일치하는 것은 아니다.

연산들 중 선택은 교차를 위해 해집단에서 임의의 해를 선택하는 연산이다. 여기서는 우수한 해에게 선택될 확률을 높게 준다는 것 정도만 이야기하고 상세한 설명과 변형은 3.1절에서 다룬다. 이렇게 선택된 해를 부모해(parent)라 한다. 교차는 두 개의 부모해로부터 자식해(offspring)를 하나 만들어 내는 연산이다. 교차는 유전 알고리즘의 대표적 연산으로서 유전 알고리즘의 성능에 지대한 영향을 미친다.

[알고리즘 1-1] 유전 알고리즘의 전형적 구조

```
n개의 초기 염색체 생성;
repeat {
        for i = 1 to k {
                두 염색체 p1, p2 선택;
                offspring_i = crossover(p1, p2);
                offspring_i = mutation(offspring_i);
        }
        offspring_1, ..., offspring_k를 population내의 k개의 염색체와 대치;
} until(정지 조건 만족);
남은 염색체 중 최상의 염색체를 return;
```

과거에는 교차 연산이 어떠한 것이라는 공통의 특징들이 있었는데 요즘은 그런 식으로 설명하기는 어렵다. 복수 개의 해를 결합하여 하나를 만든다는 점이 거의 유일한 공통점이라 할 정도로 다양해졌기 때문이다. 변이는 해를 임의로 변형시키는 연산이다. 교차가 두 부모 해에 있는 속성들을 부분적으로 이용하는 역할을 하는 반면, 변이는 부모해에 없는 속성을 도입하여 해의 다양성을 높이는 역할을 한다.

교차의 원리는 1.7절 참고, 다양한 교차 연산은 3.2절 참고

변이의 원리는 1.8절과 3.3절 참고

유전 알고리즘이 정지하기 위한 조건은 다양하게 줄 수 있다. 가장 대표적인 두 가지는 [알고리즘 1-1]의 **repeat-until** 루프를 일정 횟수만큼 수행한 다음 정지시키는 방법과 해집단에 있는 해들의 다양성이 어느 정도 이하로 떨어지는 시점에 정지시키는 방법이다. 다양성이 떨어지는 것을 판단하기 위해서는 해집단 내의 염색체들 중 대부분이(예를 들면 70%) 똑같은지를 확인하는 경우가 일반적이다. **repeat-until** 루프를 일정 횟수만큼 수행한 다음 정지하도록 설계된 유전 알고리즘의 경우라도 그 정도면 해들이 어느 정도 수렴할 것이라는 경험적 짐작이 있어야 한다. 많은 유전 알고리즘 설계자들이 문제의 복잡도와 유전 알고리즘의 작동 경향에 대한 경험적 직관없이 이것을 임의로 설정하는데 이것은 매우 위험하다.

Section

05 표현

모든 해는 염색체로 표현되어야 한다. 가장 전형적인 유전 알고리즘은 해를 이진 스트링 모양의 염색체로 표현한다. 수를 해로 삼을 때 이진수로 나타내면 자연스럽게 이진수의 열로 표현된다. x가 0부터 $2^{80}-1$ 범위의 정수값을 가질 때 함수 $f(x)$의 값이 최대인 x를 찾는 문제에서 한 해는 아래와 같이 80자리의 이진수 염색체로 표현할 수 있다.

00110010...000011111

이진수로 표현하는 대신 20자리의 16진수 염색체로 표현할 수도 있다.

32...1F

또 다른 표현의 예를 하나 들어보자. 그래프 이등분 문제는 임의의 그래프를 같은 수의 노드를 갖는 두 부분 집합으로 분리하되 두 부분 집합을 연결하는 간선(edge)의 개수(cut size)를 최소화하는 분리 방법을 찾는 문제다. 이것은 잘 알려진 NP-Hard 문제다 [Garey & Johnson, 1979]. [그림 1-1]은 임의의 그래프를 이등분한 한 해다. [그림 1-2]는 이를 염색체로 표현한 예다. 노드들에 1부터 10까지 번호를 붙였다. 그리고 왼쪽 분할에 속한 노드들과 대응되는 유전자 위치에는 0의 값을 주고, 오른쪽 분할에 속한 노드들의 대응 위치에는 1의 값을 주어 나타내었다. 이렇게 표현하면, 그래프 이등분 문제는 유전 알고리즘에서 최적의 이진수를 찾아내는 문제가 된다.

초기의 유전 알고리즘은 거의 예외 없이 이진수 표현을 사용했고, 어떤 저술에서는 이 이진수 표현을 유전 알고리즘의 중요한 특징으로 기술해 놓기도 한다. 그러나 시간이 지나면서 실로 다양한 형태의 표현 방법이 등장하여, 이제 이진수 표현을 유전 알고리즘의 특징으로 소개하는 것은 시대착오적이다. 실수 표현, 그레이 코딩 등 매우 다양한 표현 방법들이 있는데 이는 2장에서 상세히 설명한다.

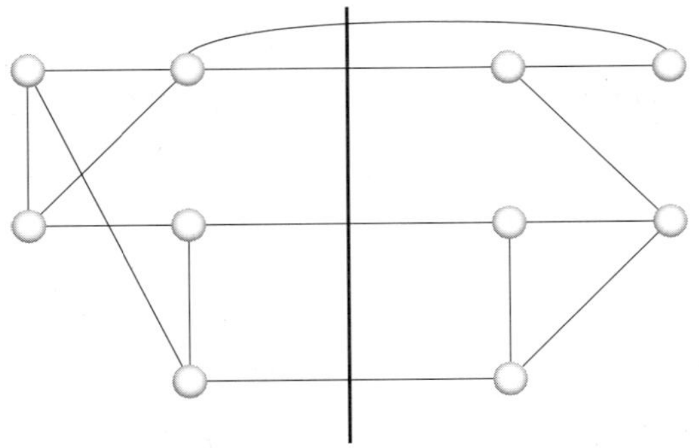

[그림 1-1] 그래프 이등분의 예

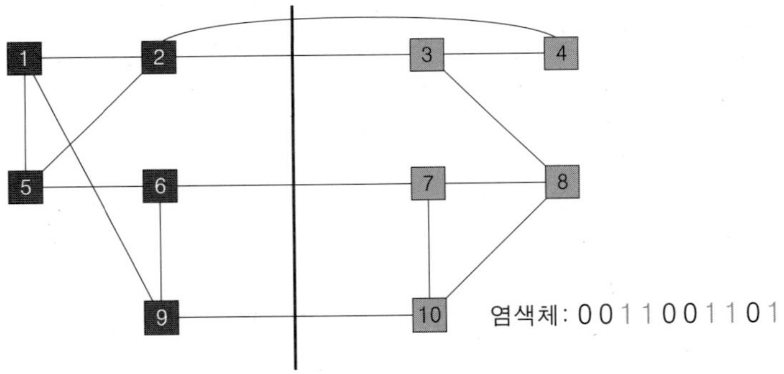

[그림 1-2] 그림 1-1을 염색체로 표현한 예

유전 알고리즘에서 하나의 해는 하나 또는 그 이상의 염색체와 대응된다. 대부분의 경우 일대일로 대응된다. 이 책에서는 혼동의 소지가 없는 경우 해와 염색체를 번갈아 사용한다. 특별한 이유가 있는 것은 아니고, 염색체라는 말을 자주 쓰는 경우 문장이 어색해 보이는 경우가 있기 때문이다.

Section

06 스키마

임의의 염색체는 많은 부분적 패턴을 포함하고 있다. 예를 들어 네 자리 염색체 1101에는 1***, *1**, **0*, ***1, 11**, 1*0*, 1**1, *10*, *1*1, **01, 110*, 1*01, 11*1, *101, 1101, ****의 16개의 부분 패턴이 포함되어 있다. 여기서 *는 패턴을 규정하는 데 쓰이지 않는 기호를 나타낸다. 패턴 11*1은 염색체 1101과 1111에 모두 포함되어 있다. 또 다른 예로 [그림 1-2]의 염색체에는 2^{10}개의 스키마가 포함되어 있는데 스키마 00**00****가 그 중 하나다.

위와 같은 염색체에 깃들어 있는 부분 패턴을 스키마(schema)라 한다. 스키마에서 *로 표시된 기호를 "무관 기호(don't-care symbol)", *가 아닌 기호를 "특정 기호(specific symbol)"라 한다. 유전 알고리즘은 임의로 만들어진 해집단으로부터 시작하므로 초기 단계에서 해들의 품질은 대개 좋지 않다. 그렇지만 이 좋지 않은 염색체들 속에 나중에 좋은 염색체를 구성할 부분 패턴, 즉 스키마들이 숨어 있다. 유전 알고리즘은 외형상 염색체를 이용해 작업하지만, 안을 들여다보면 결국 이러한 작은 스키마들이 결합하여 점점 더 큰 스키마를 이루어 가는 과정이다. 작은 스키마에는 존재하지 않는 특성이 큰 스키마에서 창발(emergent)하는 것이 유전 알고리즘의 중요한 특징 중의 하나고, 이것은 복잡계(complex system)를 정의하는 핵심적인 성질이기도 하다. 유전 알고리즘이 종료된 후 리턴되는 염색체는 하나의 거대한 스키마다.

스키마는 유전 알고리즘의 작동 원리를 설명하는 핵심적인 개념이므로 이 시점에서 정의하였다. 유전 알고리즘을 비유적으로 표현한다면 패턴 짜맞추기 게임이라고 할 수 있다. 가만히 생각해보면 생물체의 진화 과정도 DNA라는 매체를 통한 패턴의 진화 과정임을 알 수 있을 것이다. 리처드 도킨스는 그의 저서 『이기적 유전자』(을유문화사, 2006)에서 진화는 개체들을 단위로 하는 경쟁 같지만 사실은 개체들이 갖고 있는 유전자들간의 치열한 전쟁이라고 하였다. 유전 알고리즘에서 스키마들간의 경쟁은 이와 유사하다. Schema는 복수로 schemata를 쓰기도 하고 schemas를 쓰기도 하는데 유전 알고리즘 분야에서는 schemata를 더 많이 쓴다

Section

07 교차

교차는 두 해의 특징을 부분 결합하여 하나의 새로운 해를 만들어 내는 연산이다. 교차 연산자를 선택 또는 고안하기 전에 먼저 문제의 표현 방법이 결정되어야 한다. 전형적인 교차 연산은 일차원 스트링 상에서 이루어진다. [그림 1-3]은 가장 대표적인 교차 연산인 일점 교차의 예다. 두 부모해의 동일한 위치에 자름선을 정한다. 이 자름선은 각 부모해(위의 두 해)를 두 부분으로 나누는데, 각 부모해로부터 한 부분씩 가져와 합치면 새로운 해(아래의 해)가 하나 만들어진다.

교차 : crossover

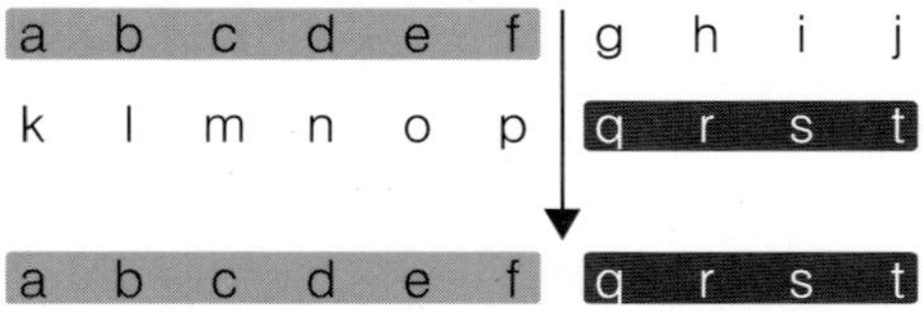

[그림 1-3] 일점 교차의 예

위의 작업을 생물학에서의 교차와 유사하게 그려보면 아래와 같다.

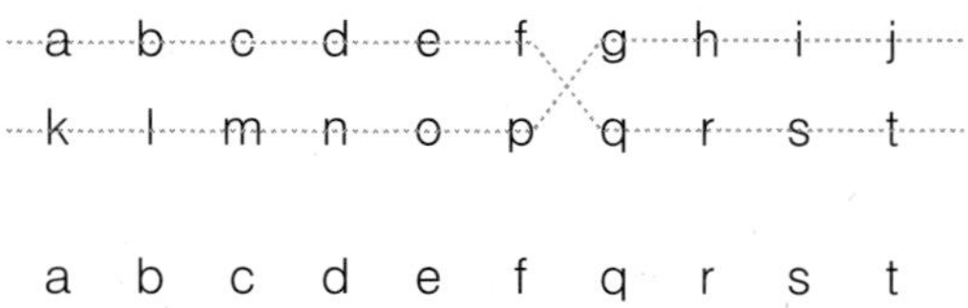

[그림 1-4] 생물학적인 관점에서 본 교차

아래는 세 개의 자름선을 사용하는 삼점 교차의 한 예다. 두 부모해의 동일한 위치에 세 개의 자름선을 설정하면 각 부모해는 네 부분으로 나뉜다. 두 부모해로부터 이 네 부분을 번갈아가며 복사하면 하나의 새로운 해가 만들어진다.

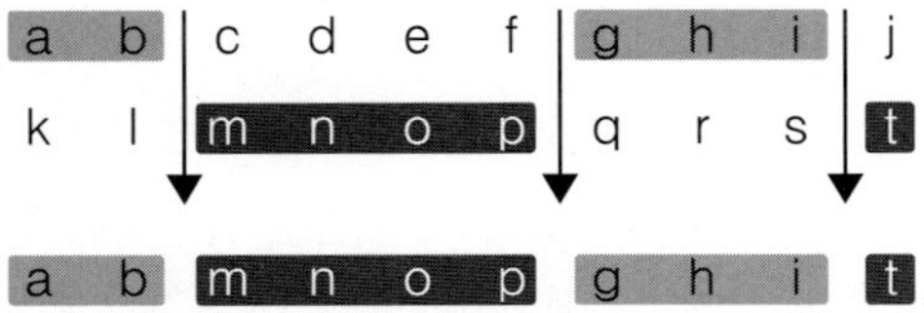

[그림 1-5] 삼점 교차의 예

교차는 유전 알고리즘의 대표 연산이다. 따라서 가장 많은 연구가 이루어진 주제 중 하나다. 일점 교차, 다점 교차, 균등 교차, 싸이클 교차, PMX 등 매우 다양한 교차 연산들이 있는데, 3.2절에서 상세히 소개한다.

Section

08 변이

교차는 두 부모해의 속성을 부분 복사해 새로운 해를 만든다. 따라서 교차로 만들어지는 해의 유전자는 모두 부모해로부터 물려받은 것이다. 그러면 부모해의 유전자들을 좋은 방향으로 결합하는 것은 가능하지만 부모해에 없는 유전자를 도입하기가 힘들다. 변이 연산은 부모해에 없는 속성을 자식해에 도입하는 역할을 한다. 인간의 DNA에는 염기 300개 정도마다 진화의 긴 과정에서 생긴 돌연변이의 흔적이 하나씩 있다고 한다. 가장 간단한 형태의 변이 연산을 하나 소개한다. 염색체의 가장 왼쪽 유전자로부터 시작하여 각각의 유전자에 대하여 [0, 1) 범위의 난수를 만들어 낸다. 미리 정한 임의의 임계값, 예를 들어 0.015 미만의 수가 나오면 해당 유전자를 임의로 변형시킨다. 그 이상의 수가 나오면 해당 유전자에는 아무 일도 일어나지 않는다. 아래 그림은 간단한 변이 연산의 예다. 열 개의 유전자 중 단 하나만 변이가 일어났다.

변이 : mutation

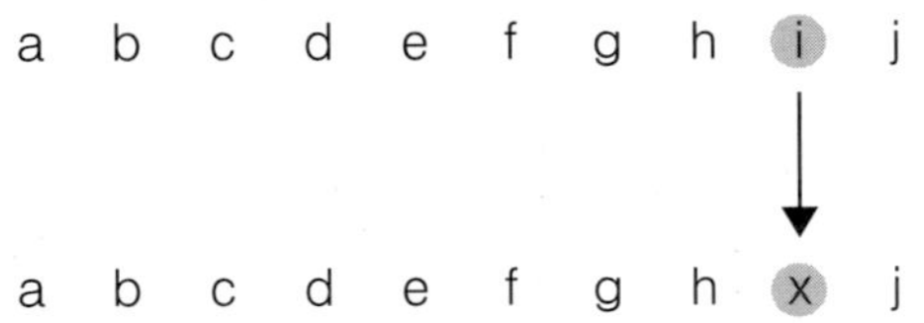

[그림 1-6] 변이 연산의 예

변이의 확률을 높이면 보다 다양한 해를 생성할 수 있어 유전 알고리즘의 역동성은 늘어나지만 해집단의 수렴성이 떨어져 수행시간이 길어지고 개선의 속도가 느려진다. 변이 연산이 위와 같이 임의로 일어나므로 대부분의 변이는 해의 품질을 저하시킬 것이라는 사실은 쉽게 상상할 수 있을 것이다. 자연 도태의 원리에 의해 실패한 변이는 시간이 흐르면서 사라지고 가끔 발생하는 성공적 변이는 집단의 품질을 향상시키는 데 기여를 하게 된다. 자연은 변이에 대해서 상당히 강건(robust)하다. 즉, 대부분의 변이가 생물의 경쟁력에 큰 영향을 미치지 않는다. 그러나 유전 알고리즘에서는 대부분의 변이가 바로 해의 품질에 영향을 미친다.

많은 경우 교차 연산으로 만들어진 해는 문제의 제약 조건을 만족시키지 않는다. 즉, 유효한 해가 아닌 경우가 많다. 이런 경우에는 대부분 해를 수리해서 유효한 해로 만드는데 이 과정에서 변이와 같은 효과가 발생한다. 이런 잠재적 변이의 경향이 심한 경우에는 명시적으로 수행하는 변이의 확률을 낮추어 줄 필요가 있다.

Section

09 대치

세대형 유전 알고리즘의 경우는 대치에 크게 어려움이 없다. 극단적인 경우 모든 해집단을 대치하는 경우는 선택의 여지가 없다. 흔히 해집단에서 가장 우수한 해는 남겨 두고 나머지만 대치시키기도 한다. 안정 상태 유전 알고리즘에서는 대치가 유전 알고리즘의 성능에 중요한 역할을 한다. 해가 생기는 즉시 해집단 내의 한 해와 대치하는 경우를 보자. 가장 손쉬운 방법은 해집단 내에서 가장 품질이 낮은 해를 대치하는 것이다. 이는 유전 알고리즘의 수렴을 빠르게 해 현재에도 많이 쓰이나 해집단이 충분한 탐색 과정을 거치지 못하고 설익은 수렴을 할 가능성이 크다. 대치 연산을 선택할 때 가장 중요한 것은 해집단의 다양성을 합리적으로 유지시킬 수 있는 연산을 선택해야 한다는 것이다.

대치: replacement

대치 연산은 교차, 변이 연산과 연관되어서 결정되어야 한다. 교차/변이 연산 쌍이 부모해를 많이 변형시키면(전문 용어로 perturbation이 강하다고 한다) 다소 수렴성이 강한 대치 연산을 사용해도 무리가 없고, 변형력이 아주 약하면 수렴성보다는 해집단의 다양성을 지속시킬 수 있는지에 무게를 두고 대치 연산을 택하는 것이 좋다. 물론 이것은 합리적인 지침이 될 수 있으나 모든 경우에 예외 없이 적용할 수 있는 법칙은 아니다. 문제의 공간과 난이도가 천차 만별이므로 이도 역시 고려되어야 할 것이다. 교차 연산만큼은 안되지만, 대치 연산도 다양한데 3.4절에서 소개한다.

대치 연산: 3.4절 참고

Section

10 어떤 문제를 유전 알고리즘으로 푸는가?

진화의 과정은 많은 시행착오를 포함한다. 유전 알고리즘은 이 진화를 최적화에 사용하기 위해서 흉내내는 것이므로 당연히 많은 시행착오를 포함한다. 만일 유전 알고리즘을 사용하지 않고 효율적으로 해결할 수 있는 단순한 알고리즘이 있는 경우에는 유전 알고리즘을 사용할 필요가 없다.

n명의 학생의 이름을 학번 순으로 정렬하는 작업에 유전 알고리즘을 사용한다면 그것은 넌센스다. n개의 도시와 그들 사이의 이동에 소요되는 시간이 주어질 때 도시 A에서 도시 B까지 가기 위한 최단 코스를 찾는 최단 경로 문제도 마찬가지다.

유전 알고리즘이 이러한 문제들을 풀지 못한다는 뜻은 아니다. 이러한 정렬 작업이나 최단 경로 문제는 알려진 효율적 알고리즘들이 많다. 유전 알고리즘은 일반적으로 쉽게 풀 수 있는 문제를 푸는 데는 별 매력이 없다. 빠른 알고리즘이 존재하는데 굳이 상당한 시간이 소요되는 유전 알고리즘을 적용하여 시간을 낭비할 필요는 없다.

반면 n개의 도시와 그들간의 이동에 소요되는 시간이 주어질 때 한 도시에서 출발하여 "모든" 도시를 방문한 다음 원래의 도시로 돌아오는 경로 중 최단 경로를 찾는 순회 세일즈맨 문제(traveling salesman problem)는 어떤 알고리즘을 써도 쉽지 않다. 함수 중에는 그 함수값을 최대화하는 변수값을 찾기가 어려운 경우가 많다. 많은 입출력 데이터가 제공되고 이들간의 관계를 가장 잘 설명하는 시스템을 찾는 작업은 대부분 단순한 알고리즘으로는 만족스런 결과를 얻을 수 없다. 유전 알고리즘은 이러한 문제들, 즉 전통적 방법으로(보다 전문적으로 표현하면 결정론적인(deterministic) 방법으로) 좋은 해를 잘 구하지 못하는 경우에 특히 유용하다. 컴퓨터 과학의 대표적인 난제군인 NP-Hard 문제군의 최적화 버전(순회 세일즈맨 문제가 한 예다)이 좋은 예다.

머레이 겔만(Murray Gell-Mann)

칼텍(캘리포니아 공대)의 교수직에서 지금은 은퇴한 겔만은 쿼크 이론을 확립하여 노벨 물리학상을 받은 소립자 물리학자로 미국에서 현존하는 가장 위대한 이론 물리학자로 꼽힌다. 겔만은 1984년 미국 뉴멕시코주의 산타페 연구소를 태동시키는 데 산파역을 하였는데, 산타페 연구소의 주 연구 주제는 적응적 복잡계(adaptive complex system)다. 환원론적 방법의 첨단이라 할 수 있는 소립자 물리학의 이론적 기반을 제시한 겔만이 인생의 후반에 이와 정반대의 학문인 복잡성 과학으로 주관심사를 바꾼 것은 많은 지성들에게 충격을 주었다.

겔만은 존 브로크만의 저서 『제3의 문화』(대영사, 1996)에 게재한 그의 글에서 적응적 복잡계에 이르는 데이터의 흐름 속에 존재하는 규칙성은 스키마로 설명할 수 있으며, 실로 다양한 스키마간의 경쟁이 존재한다고 주장했다. 1.6절에서 언급한 바와 같이 스키마는 유전 알고리즘의 원리를 설명하는 핵심 개념이다. 이러한 용어의 구사는 겔만이 홀랜드의 영향을 많이 받았다는 것을 시사한다.

겔만은 과학자들이 복잡성의 압력이 좀 심하다 싶으면 손쉬운 수학에 의존하려 하는 경향을 꼬집으며, 인간사에 과학적 은유를 남용할 경우 폐단이 많다는 점을 지적한다. 대표적인 예가 경제학인데, 수학을 적용하기 위해 지나치게 단순화된 모델로 경제를 분석하려다 보니 수많은 중요 인자를 생략해 버림으로써 오류를 빚어낸다고 주장한다. 여러분은 문제가 어려워지면 골치 아픈 인자를 생략하거나 단순화해 손쉬운 행렬 계산 문제로 변형하고픈 유혹을 느끼지 않는가? 이러한 모델의 마사지는 과학 전반에 걸쳐 광범위하게 일어나고 있다.

데카르트, 뉴튼 이후로 200년 동안 세계를 지배해 온 환원론적 과학은 물질을 쪼개고 쪼개어 가장 기본적인 것, 예를 들어 쿼크나 초끈 같은 것의 존재를 밝혀보자는 방식이다. 이에 비해 복잡성 과학은 하위 계층 사물들의 결합으로 하위 구조에는 존재하지 않는 새로운 개념 또는 구조가 "창발"되는 원리를 밝혀보려는 종합적인 과학이다. 환원주의적 과학의 대표격인 겔만이 관심사를 유전 알고리즘이 중요한 역할을 하고 있는 복잡성 과학으로 바꾼 것은 세계 지성사의 대 사건으로 오래 기록될 것이다. 겔만 등을 중심으로 한 "산타페 마피아"의 활약은 유전 알고리즘에 대한 일반의 관심을 고조시키는 데 큰 역할을 했다.

Chapter 02

문제의 표현

*학습목표

- 해가 무엇인지 이해한다.
- 유전 알고리즘에서 해를 염색체로 표현하는 다양한 방법을 살펴본다.

Preview

문제의 해는 유전 알고리즘에서 염색체로 표현된다. 그러므로 염색체의 표현 방법이 결정되어야 이에 맞추어 교차 연산과 변이 연산을 결정할 수 있다. 이 장에서는 염색체로 표현되는 해가 무엇인지를 먼저 설명하고, 염색체의 표현법들을 소개한다.

전형적인 유전 알고리즘은 이진수를 이용한 일차원적인 표현을 사용했지만, 이제는 이것을 유전 알고리즘의 대표적인 특징으로 볼 수 없을 정도로 다양한 표현법이 등장하였다. 이 장에서는 다양한 표현법 중 대표적인 방법들을 소개한다. 단순한 표현법들의 나열을 지양하고 표현의 관점들을 대비시키는 방식으로 설명하기로 한다. 이진수 표현과 k-진수 표현, 실수 표현과 정수 표현, 고정 표현과 가변 표현, 위치 기반 표현과 순서 기반 표현, 일차원 표현과 다차원 표현 등으로 대비시킨다.

이들과 관계된 연산들은 3장에서 설명한다.

Section

01 해란 무엇인가?

단 하나의 해를 요구하는 문제도 있고, 여러 개의 해 중 하나만 요구하는 문제도 있다. 일차 방정식에서는 해가 하나뿐이다. 이차 방정식에서는 해가 최대 두 개다. 반면 순회 세일즈맨 문제는 해가 수없이 많다. 다만 이 수없이 많은 해 중 어떤 것은 품질이 좋고 어떤 것은 그렇지 않다. 그래서 이들 중 가장 품질이 좋은 해를 찾는 것을 목표로 한다. 수없이 많은 해가 존재하고 그 중 가장 좋은 해를 찾는 것이 최적화(optimization) 문제다. 유전 알고리즘은 대부분 최적화 문제를 대상으로 한다. 요구 조건만 만족하는 해를 찾는 드문 경우도 있는데 이런 경우에도 유전 알고리즘의 내부에서는 중간에서 생성되는 부분해들의 품질을 평가하여 진화시킨다. 결국 유전 알고리즘은 품질이 가장 좋은 해를 찾기 위한 방법이다. 우리가 해라고 부르는 것을 유전 알고리즘이 다루도록 하려면 유전 알고리즘이 이해하는 형태로 표현해야 한다. 해의 표현 방법은 실로 다양한데 지금부터 이들 중 대표적인 것들을 소개한다.

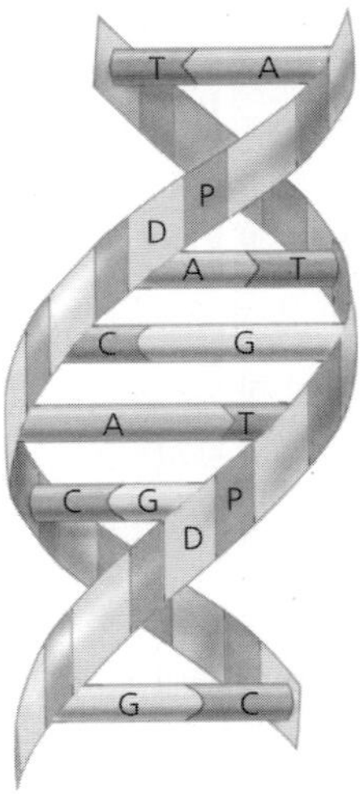

Section

02 이진수 표현 : k-진수 표현

이진수 표현과 16진수 표현: 1.5절 참고

1.5절에서 이진수 표현과 16진수 표현을 소개하였다. 홀랜드는 이진수 표현이 가장 다양한 스키마 처리를 가능하게 하여 가장 바람직하다고 주장했으나 이것은 더 이상 유전 알고리즘 커뮤니티에서 전적인 지지를 받지는 못하고 있다 [Antonisse, 1989; Rogers, 1991]. 이진수 표현이 좋은지 k-진수 표현이 좋은지에 대한 논쟁이 있으나 이들은 서로 장단점이 있다.

k-진수로 표현되는 유전자를 이진수로 표현하면, 교차시에 자름선을 둘 수 있는 위치가 보다 많아져 추가적인 변이의 효과가 발생한다. 아래와 같이 십진수로 표현된 염색체를 보자. 길이가 7이다. 여기서 염색체를 구성하는 7개의 각 단위 요소를 유전자라 한다(생물학에서는 유전자를 특정 염기들의 "집합"으로 정의하는데 유전 알고리즘에서는 유전자를 이것과 다른 의미로 사용한다).

5 6 2 4 0 9 3

이것을 아래와 같이 이진수 표현으로 바꿀 수 있다.

0 1 0 1 0 1 1 0 0 0 1 0 0 1 0 0 0 0 0 0 1 0 0 1 0 0 1 1

0부터 9까지의 수를 표현하려면 4비트가 필요하므로 십진수 표현 상의 한 유전자는 이진수 유전자 4개로 대치된다. 십진수 표현에서 한 유전자가 6이란 값을 가지면 6은 교차시에 의미 단위로 움직이므로 나누어질 수 없다. 하지만 이진수 표현에서는 0110으로 표현되므로 6이 의미 단위로 움직이지 않아 6을 나타내는 이진수 0110이 교차에 의해 분리될 수도 있다. 즉, 변이의 효과가 발생한다. 그러나 이러한 교차의 다양성이 좀 더 있다고 해서 이진수 표현이 k-진수 표현보다 좋은 것만은 아니다. 6이 의미 단위로 움직이는 것이 유전 알고리즘의 공간 탐색에 도움이 될 수도 있다. 또한 변이 효과가 중요한 영향을 미칠 수 있다면 k-진수 표현에서도 같은 효과를 내도록 변이 연산을 디자인할 수 있다. 이진수 표현이 좋은지 k-진수 표현이 좋은지에 대한 논쟁은 이런 맥락에서 보면 다소 의미없다고 할 수 있다.

Section

03 그레이 코딩

그레이 코딩은 이진수 표현의 한 갈래로, 인접한 수는 단 한 비트만 차이가 나도록 만든 이진수 코딩 체계다. 일반 이진 코딩과 그레이 코딩을 비교해보자. 이진 코딩을 그레이 코딩으로 대응시키는 방법은 다양한데 [그림 2-1]은 이들 중 가장 단순한 예다.

그레이 코딩: Gray coding

그레이 코딩의 매력은 인접한 두 수가 반드시 한 비트만 차이나도록 고안되었다는 것이다. 즉, 의미상으로 유사한 두 해가 문제 공간에서 가까이 위치하도록 하는 것이 이 코드의 사용 동기다. 이러한 성질은 임의의 비트를 변화시킬 때 급격한 변화를 막아주는 효과가 있다. 그런데 인접한 두 수는 한 비트만 차이나지만, 한 비트 차이의 두 수가 모두 인접한 수인 것은 아니다. 즉, 그레이 코딩에서 한 비트의 변화가 항상 작은 변화를 초래하는 것은 아니다. 예를 들어, 1001의 경우 위의 그레이 코딩에서 한 비트를 변화시켜 인접한 수가 될 확률은 1/2이다(1011과 1000). 이진 코딩에서는 이 확률이 1/4이다(1000). 그러나 맨 앞의 1을 변화시켰을 때는 오히려 이진 코딩보다 그레이 코딩에서 변화가 더 크다.

이진 코딩	그레이 코딩
0000	0000
0001	0001
0010	0011
0011	0010
0100	0110
0101	0111
0110	0101
0111	0100
1000	1100
1001	1101
1010	1111
1011	1110
1100	1010
1101	1011
1110	1001
1111	1000

[그림 2-1] 이진 코딩과 이에 대응되는 그레이 코딩의 예

매우 다양한 그레이 코딩이 존재한다. 인접한 두 수가 모두 한 비트씩만 차이가 나고, 맨 첫 수와 맨 끝수도 한 비트만 차이나는 조건만 만족하면 모두 그레이 코딩이라고 한다. [그림 2-2]는 보수 그레이 코드라고 하는 재미있는 코드다. 여기의 수를 원호 상에 균등하게 배치하면 마주 보는 두 수는 서로 보수 관계가 된다.

이진 코딩	보수 그레이 코딩
0000	0000
0001	0001
0010	0011
0011	0010
0100	0110
0101	0100
0110	0101
0111	0111
1000	1111
1001	1110
1010	1100
1011	1101
1100	1001
1101	1011
1110	1010
1111	1000

[그림 2-2] 이진 코딩과 이에 대응되는 보수 그레이 코딩의 예

그레이 코딩을 사용한 성능 향상이 [Caruana & Schaffer, 1988], [Hollstien, 1971] 등에 보고되었다. 그레이 코딩이 이진 코딩에 비해 항상 매력적인 것은 아니고 그레이 코딩이 더 매력적인 상황이 있다.

머리식히기

그레이 코드의 다양성

본문에서 소개한 보수 그레이 코딩을 원호 상에 그려보면 오른쪽과 같다. 마주보는 수들은 모두 보수 관계를 유지하면서 인접한 수와 한 비트씩 차이가 난다. 실로 다양한 그레이 코딩이 가능한데, 그럼 4비트짜리 수의 경우 가능한 보수 그레이 코딩의 수는 총 몇 가지일까?

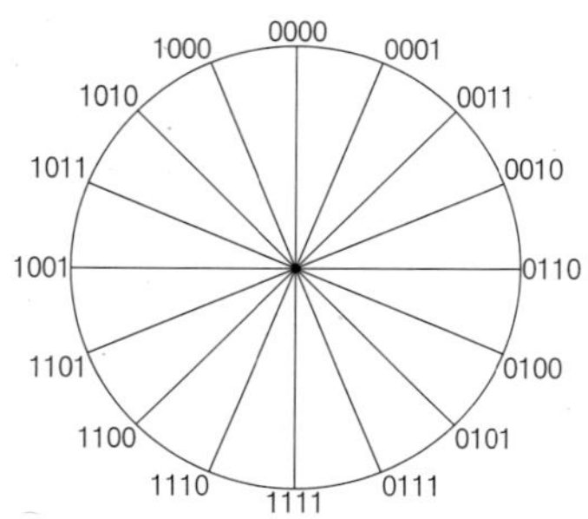

힌트 아래 그림과 그레이 코드를 관계지어 보라. 각 꼭지점에 수 하나를 대응시켜서 생각해보라.

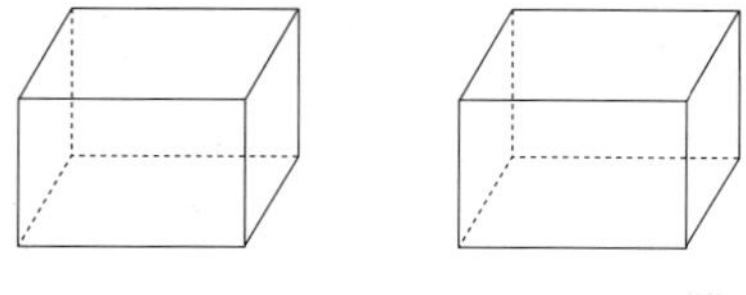

Section

04 실수 표현

유전 알고리즘에서는 교차 연산이 핵심 역할을 하므로 홀랜드가 교차 연산에 유리하다고 주장한 이진 표현이 자연스럽게 정석처럼 확립되었다. 그러나 독일의 "진화 전략 (Evolution Strategy)" 그룹은 초기에 교차 연산을 사용하지 않았으므로 굳이 이진 표현을 사용할 필요가 없었다 [Rechenberg, 1965]. 이들은 처음부터 자연스럽게 실수 표현을 사용하였다. 최근 진화 전략 분야의 대표적 연구자로 떠오른 Bäck(1993)은 유전 알고리즘과 진화 전략의 첫 번째 차이를 이진 코딩과 실수 코딩이라고 "과잉 분류"하기도 한다.

교차 연산을 사용하는 유전 알고리즘 분야에서 가장 먼저 실수 표현을 사용한 사람은 Bremermann(1962)이다. 그리고 실수 표현이 본격적으로 고려되기 시작한 것은 Weinberg(1970)에 이어 Bosworth 그룹에 의해서다 [Bosworth, Foo & Zeigler, 1972].

가장 간단한 실수 표현 방법은 실수 하나를 한 유전자로 삼는 것이다. C 프로그래밍 언어로 구현한다면 float 타입이나 double 타입의 변수 하나를 한 유전자에 할당하면 된다. 실수 표현의 큰 매력은 무엇보다도 인자들의 속성이 실수일 경우 인자와 유전자가 일대일 대응되는 간명함이다. 또한 수의 "크기" 개념을 연산에 담을 수 있다는 장점도 있다. 동일 위치에 있는 두 부모의 유전자들의 값을 평균 내어 자식의 동일 위치 유전자 값으로 삼는 산술적 교차(arithmatic crossover) [Michelewicz, 1992, p.104]가 한 예다. 실수 표현에 대한 비교적 자세하고 다양한 실험 결과는 [Michalewicz, 1992]의 pp.97–106에 소개되어 있는데, 전반적으로 실수 표현의 우수성을 강조하고 있다.

Section

05 가변 표현

유전 알고리즘에서는 보통 해의 표현 방법이 한 번 결정되면 유전 알고리즘이 끝날 때까지 변하지 않는 고정 표현 방식을 쓴다. 만일 이 표현이 그리 바람직하지 않다면 유전 알고리즘은 표현 상의 비효율로 인한 한계를 극복하기 힘들다. 이에 표현 방식을 미리 고정하지 않고 유전 알고리즘의 수행 중에 표현 방식이 변할 수 있도록 하는 방법들이 고안되었다. 절대 다수의 유전 알고리즘은 고정 표현을 사용하고 있으므로 아래에 몇 안되는 가변 표현의 예를 소개한다.

1. 역치 연산

역치: inversion

유전자 패턴의 생존 확률: 4장 참고

오래 전에 Bagley(1967)는 유전 알고리즘의 수행 중에 일군의 유전자들의 순서를 바꾸어 다시 표현하는 역치 연산을 제안하였다. [그림 2-3]은 역치 연산의 예다.

염색체 중 fghi 구간의 유전자 위치가 역순으로 바뀌었다. 만일 유전자 e와 유전자 i가 밀접한 관계를 갖는다면 이 역치를 통하여 두 유전자가 인접하게 위치함으로써 두 유전자가 만드는 패턴이 교차를 통해 생존하기 쉽게 된다(나중에 스키마 이론을 통해 설명됨). 이와 같이 역치 연산의 고안 동기는 좋은 패턴이 교차를 통해 덜 파괴되도록 하는 데 있다. 교차와 관련한 유전자 패턴의 생존 확률에 대한 본격적인 설명은 4장으로 미룬다.

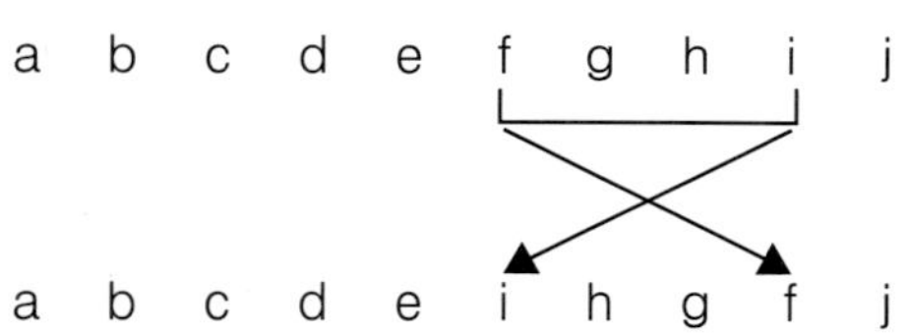

[그림 2-3] 역치 연산의 예

위의 예에서 유전자 e와 유전자 f가 밀접한 관계를 갖는다면 위의 역치를 통하여 오히려 나쁜 패턴으로 변하게 된다. 역치는 임의로 일어나므로 역치의 결과 표현이 개선될 확률과 나빠질 확률이 반반이다.

역치가 그간의 응용에서 그다지 눈에 띄는 결과를 내지는 못했다. 그러나 유전자들이 이루는 패턴을 바꾸어 보고자 하는 시도는 매우 의미가 있으며, 2.8절에서 소개되는 유전자 재배치의 동기를 제공해주었다.

유전자 재배치: 2.8절 참고

2 메시 유전 알고리즘

메시 유전 알고리즘: messy GA

유전학에서 어떤 유전자는 다른 유전자와의 상대적 관계 때문에 발현하지 못하고 있다가 다른 유전자가 없어지면 발현하기도 한다. 하지만 대부분의 유전 알고리즘에서는 모든 유전자가 의미를 가지므로 잠재적인 우수 유전자가 발현하지 않고 숨어 있기 힘들다. Goldberg, Korb, Deb(1989)은 염색체의 길이가 변하면서 발현하지 않은 잠재적 유전자를 가지는 메시 유전 알고리즘을 제안하였다. 일차원 스트링으로 표현되는 임의의 최적화 문제를 위한 메시 유전 알고리즘에서 각 유전자는 (위치, 속성) 쌍으로 나열된다. 한 위치에 대해 두 개 이상의 유전자가 나타날 수도 있고, 어떤 위치에 대해서는 유전자가 없을 수도 있다. 예를 들어 다음은 해 10*0을 의미한다.

(1, 1) (2, 0) (2, 1) (4, 0) (1, 0)

여기서 위치 1에 대해서는 (1, 1), (1, 0), 위치 2에 대해서는 (2, 0), (2, 1) 두 유전자가 각각 나타나는데 이런 경우를 과잉 표현(overspecification)이라 한다. 이 경우는 먼저 나타난 것만 발현된다. 즉, 위치 1의 값은 1이 되고, 위치 2의 값은 0이 된다. 위치 3에 대해서는 유전자가 없는데 이런 경우를 결손 표현(underspecification)이라 한다. 메시 유전 알고리즘에서는 염색체의 길이가 가변적이다.

과잉 표현은 해의 품질을 평가하는 데 아무런 문제를 일으키지 않는다. 맨 앞에 나타난 것만 의미를 갖고 나머지는 무시해버리기 때문이다. 결손 표현이 있을 경우에는 염색체의 품질을 평가하기 위해 어떻게든 온전한 해와 관계시켜 품질을 평가해야 한다. 골드버그 팀이 최초에 사용한 방법은 결손된 유전자 위치마다 임의의 값을 채워서 만든 온전한 해의 품질을 해당 염색체의 품질로 삼는 것이다. 그러나 임의의 값으로 결손을 메운 해가 가능한 모든 경우들 중 대표성을 갖기는 어렵다는 것을 곧 알게 되었고, 보완책으로 내놓은 것이 지역 최적해를 찾는 방법이다. 이 방법은 먼저 임의의 값으로 결손을 메운 다음 한 비트씩 변화시켜서 개선시킬 수 있는 한계까지 개선시킨다. 아주 약한 지역 최적화 방법이다.

골드버그는 유전 알고리즘의 궁극적 가능성은 메시 유전 알고리즘에 있다고 주장하면서 왜 이것이 유전 알고리즘 학계에서 주목을 받지 못하는지 이해가 안된다고 말한 바 있다. 필자도 이 의견에 상당 부분 공감하며, 나중에 여러분은 '내가 만든 유전 알고리즘에 메시 유전 알고리즘과 같은 요소를 가미하면 어떨까' 하고 한 번쯤 생각해보기를 권한다. 아직 메시 유전 알고리즘이 응용성이 강한 문제에 본격적으로 적용된 예는 드물다. INSPEC 데이터베이스를 조사해보면 메시 GA 관련 논문이 2007년까지 77개가 검색되고 있는데 골드버그의 바람만큼 그 가능성이 일반에게 알려져 있지는 않다.

❸ 유전 프로그래밍

유전 프로그래밍: 2.9절 참고

존 코자에 의해 제안된 유전 프로그래밍은 LISP 프로그램을 자동 제작해주기 위해 트리 형태의 표현을 이용한다. 트리의 크기나 모양에 있어 원칙적으로 아무런 제한을 두지 않는다. 유전 알고리즘의 수행 중에 트리의 크기와 구조가 자유로이 변한다. 근본적으로 트리의 크기와 모양 자체가 해를 결정하므로 가변적일 수밖에 없다. 유전 프로그래밍에 대해서는 2.9절에서 더 언급된다.

Section

06 위치 기반 표현 : 순서 기반 표현

대부분의 유전 알고리즘에서는 유전자의 위치가 해당 유전자의 속성을 결정한다. 예를 들어 함수 최적화 문제의 한 염색체에서 15번째 유전자는 15번째 변수의 값을 나타낸다거나, 이진 표현의 13번째 유전자부터 16번째 유전자의 집합이 5번째 변수를 나타내는 것과 같은 경우다. 임의의 그래프 문제의 염색체에서 28번째 유전자는 대부분 28번 노드의 속성을 나타낸다. 이러한 표현 방식을 "위치 기반 표현(locus-based representation)"이라 한다. 이에 반해서 유전자의 위치는 별 의미가 없고 유전자 값들의 상대적 순서가 의미를 갖는 표현 방법이 있다. 100개의 도시를 다 방문하고 돌아오는 최적의 경로를 찾는 순회 세일즈맨 문제의 경우 1부터 100까지의 숫자를 순열로 나열함으로써 한 순회 경로를 표현할 수 있다. 여기서 78번째 유전자는 그 위치가 별 의미를 갖지 않고 인접한 77번째 유전자와 79번째 유전자의 값이 무엇인가가 중요하다. 이러한 방식을 "순서 기반 표현(order-based representation)"이라 한다.

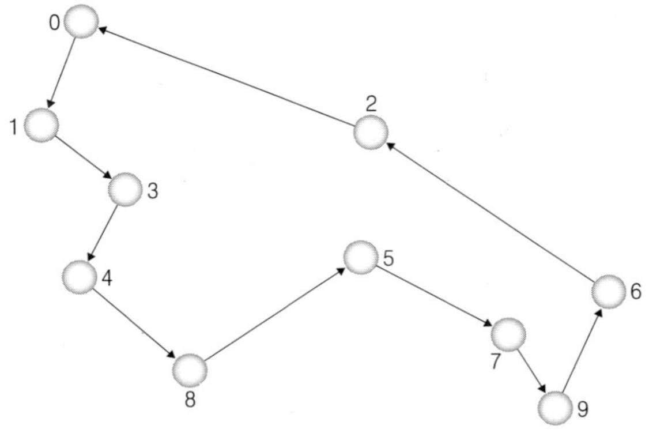

[그림 2-4] 순회 세일즈맨 문제의 한 해

[그림 2-4]는 순회 세일즈맨 문제의 한 해다. 10개의 도시는 각각 고유의 일련번호를 갖고 있는데 그림에서 보이는 순회 경로를 염색체로 표현하려 한다. 그림의 순회 경로에서 도시의 방문 순서는 0, 1, 3, 4, 8, 5, 7, 9, 6, 2 순이다. 순서 기반 표현은 이들을 그냥 방문 순서대로 나열하면 되는데, 다음과 같이 10가지의 표현이 동일한 경로를 나타낸다.

```
0134857962
1348579620
...
...
2013485796
```

순서 기반 표현은 이해하기 쉽고 밀접한 관계를 갖는 일군의 도시들이 염색체 상에서 비교적 가까운 위치에 자리하여 이로 인해 교차 연산시 중요한 스키마의 생존 확률을 높일 가능성이 많다(물론 모든 종류의 교차 연산에 이러한 성질이 적용되는 것은 아니다). 이 방법으로 표현된 염색체에는 일정한 위치를 기준으로 염색체를 분할하는 전통적인 교차 연산은 별 매력이 없어진다.

[그림 2-4]의 경로를 위치 기반 표현으로 나타낼 수도 있다. 10개 위치 각각을 도시 0부터 도시 9에 대응시킨다. 위치 i는 도시 i의 다음 방문 도시를 나타내도록 한다. 위의 해를 다음과 같이 위치 기반 표현으로 나타낼 수 있다.

```
1304872956
```

이것은 도시 0의 다음 방문 도시는 도시 1이고, 도시 1의 다음 방문 도시는 도시 3, ..., 도시 9의 다음 도시는 도시 6이라는 뜻이다. 앞에서 예를 든 순서 기반 표현에서는 동일한 의미를 갖는 10 개의 다른 염색체가 존재하는데 반하여, 위치 기반 표현은 한 해에 대하여 단 하나의 염색체를 갖는다.

유전자 재배치:
2.8절 참고

위치 기반 표현은 위와 같이 한 해에 대하여 유일한 염색체를 갖는 장점이 있으나, 유전자들의 위치가 교차 연산의 효율성에 영향을 많이 미치므로 대부분의 유전 알고리즘처럼 문제에서 주어지는 도시들의 일련번호를 그대로 이용해서는 유전자들의 배치로 인한 한계를 극복하기 힘들 수도 있다. 2.8절에서는 이러한 고정 표현을 개선하는 유전자 재배치 방법을 소개한다.

Section

07 일차원 표현 : 다차원 표현

유전 알고리즘 하면 대부분 일차원의 염색체를 연상할 만큼 일차원 염색체는 유전 알고리즘의 상징적 전통 중 하나다. 그러나 최근 들어 더 이상 유전 알고리즘을 특징짓는 성질 중의 하나라 할 수 없게 되었다.

많은 경우에, 어떤 문제의 해들은 일차원상의 염색체로 표현하는 과정에서 정보 손실이 많이 일어난다. 예를 들어 [그림 2-5]와 같이 이차원 격자 그래프를 일차원의 염색체로 표현하는 문제를 생각해보자. 격자 그래프로 어떤 문제를 푸느냐 하는 것은 여기서는 중요하지 않으므로 일단 논외로 한다.

[그림 2-5]에서 (a)의 이차원 격자 그래프를 가로열 순서대로 일차원 염색체에 대응시키면 (b)처럼 되는데, 원래의 그래프에서의 상하 인접 관계는 상당히 손실되는 것이 불가피하다. 이차원 배열에서 인접한 다섯 개 노드(회색 노드)의 위치가 일차원으로 배열했을 때 분산된 예다. 어떤 방법으로 일차원 표현을 하든 원래 그래프에 존재하는 노드의 인접 관계가 상당 부분 손상된다. 이러한 정보 손실이 반드시 유전 알고리즘의 성능을 저하시킨다는 이론적 증명은 쉽지 않을지라도, 표현 방법이 확정되고 나서 인접 관계의 손실이 일어나고 그 손실로 인해 발생하는 비효율성이 있다면, 표현을 바꾸지 않고는 회복하기 어려울 수도 있다.

(a)

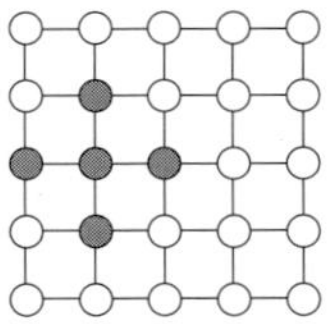

(b)

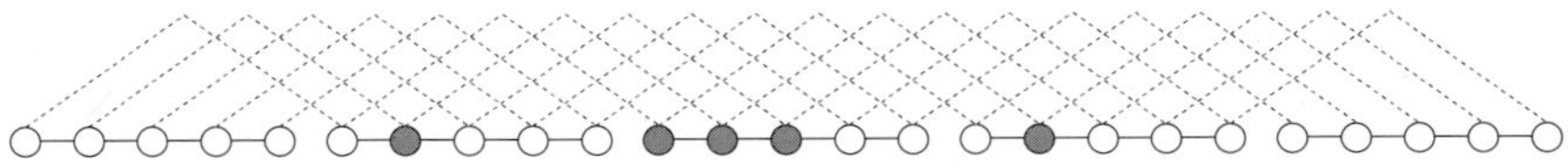

[그림 2-5] 이차원 그래프를 일차원으로 표현했을 때의 정보 손실

문헌 상에 나타나는 최초의 이차원 표현은 [Cohoon & Paris, 1986]에서 볼 수 있다. 이들은 VLSI 회로의 최적 배치를 위해 이차원의 격자형 염색체를 사용하였다. Anderson 등(1991)은 Ising 문제를 위하여 격자형 염색체를 사용하였다. 필자 등은 이를 N 차원까지 확장하였다 [Bui & Moon, 1995; Kahng & Moon, 1995].

Section

08 유전자 재배치

앞서 기술한 역치와 메시 유전 알고리즘은 문제에 깃든 정보를 사용하지 않고 유전 알고리즘의 수행 중에 표현이 바뀌는 동적인 재배열 방법이다. Bui & Moon(1993, 1996)은 유전 알고리즘 시작 전에 문제에 깃든 정보(유전자들간의 관계)를 이용하여 유전자들의 위치를 재배치하는 방법을 제시하였다. 이것은 유전 알고리즘의 시작 전에 단 한 번 이루어지므로 추가 비용이 거의 들지 않는다. 재배치를 유전 알고리즘 수행 중에 여러 번 할 수도 있다.

역치와 유전 알고리즘: 2.5절 참고

최초로 재배치가 적용된 문제는 그래프 이등분 문제다. 그래프에 BFS(너비우선탐색, breadth-first search) 또는 DFS(깊이우선탐색, depth-first search)를 실시한 다음 그 방문 순서에 의해 염색체 상의 유전자의 순서를 결정한다. 일점 교차를 하는 경우, 스키마의 생존 확률은 스키마의 길이에 반비례하는데(4.1절에 설명됨) BFS를 이용하는 재배치 방법은 그래프 문제에서 우수 스키마의 길이를 줄여주는 효과가 있음이 밝혀졌다. 다점 교차의 경우는 길이보다 스키마 내에서 특정 기호들이 군집적인 분포를 할 경우 생존에 유리하다는 것이 밝혀졌는데 DFS를 이용한 재배치는 우수 스키마의 특정 기호들의 분포를 군집적으로 바꾸어 주는 효과가 있다 [Bui & Moon, 1994b]. [그림 2-6]은 BFS를 이용한 재배치의 예다.

스키마의 생존 확률: 4.1절 참고

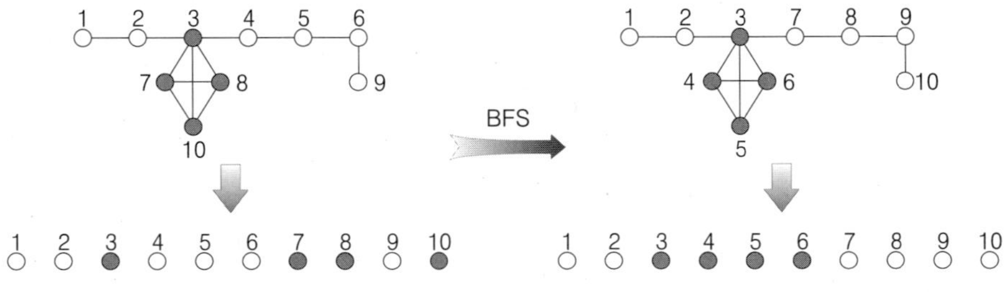

[그림 2-6] BFS를 이용한 유전자 재배치의 예

순회 세일즈맨 문제: 2.6절 참고

순회 세일즈맨 문제를 위한 위치 기반 표현에서 먼저 지역 최적화 알고리즘을 수행한 다음 이의 방문 순서를 유전자의 배치 순서로 삼는 방법도 제안되었다 [Bui & Moon, 1994a]. Moon & Kim(1997)은 VLSI 회로의 게이트들을 배치하는 문제를 위하여 이차원 격자 상 염색체를 사용하면서, 게이트들을 이차원 격자 상의 임의의 점에서 시작하여 먼저 배치된 게이트들과의 물리적 흡인력이 가장 강한 위치에 차례차례 배치해 나가는 방법을 사용하였다.

유전 알고리즘의 성능이 교차 연산과 그에 따른 우수 스키마의 보존에 큰 영향을 미치므로 우수 스키마의 보존을 도와주는 이 방법은 매우 큰 잠재력을 지니고 있다. 특히 그래프 형태로 나타내는 대부분의 문제에 효과가 있다. 다양한 문제에 대하여 재배치의 효과가 검증되었는데, 그래프 분할 [Bui & Moon, 1993, 1996], 최대 완전 그래프 문제 [Bui & Eppley, 1995], 순회 세일즈맨 문제 [Bui & Moon, 1994], VLSI 회로 배치 문제 [Moon & Kim, 1997], 신경망 최적화 [Kim & Moon, 2003, 2004] 등을 들 수 있다.

Section

09 트리 표현

유전 알고리즘의 일차원 염색체 표현의 관행을 깬 중요한 한 갈래는 트리 표현이다. 80년대 중반 존 코자(John Koza)는 LISP 프로그램을 자동 생산하는 유전 알고리즘을 제안하고 이를 유전 프로그래밍(Genetic Programming)이라 명명하였다. 임의의 LISP 프로그램은 S-expression으로 표현되고, 이는 트리 형태의 모양으로 표현할 수 있는데 코자는 이 트리 자체를 염색체로 사용하였다. LISP 프로그램의 자동 제작 이외에도 정보 검색에서의 질의어 최적화(query optimization) 등에 트리 형태의 염색체를 사용한 예도 있다 [Kraft 등, 1994]. [그림 2-7]은 LISP 프로그램 (* (SQRT (AND A B)) (+ A C))를 트리 형태의 염색체로 나타낸 예다.

최근까지 프로그래밍은 인간의 전유물이었다. 사람만이 프로그래밍을 할 수 있었다. 유전 프로그래밍은 프로그램의 품질을 외부에서 평가할 수만 있으면 컴퓨터가 프로그램을 자동으로 만들어 줄 수 있다는 특성으로 많은 저널리스트들의 호기심을 자극했다. 유전 알고리즘이 최근 들어 급격한 관심을 끌고 있는 데는 유전 프로그래밍의 이러한 특징도 한 몫을 하고 있다.

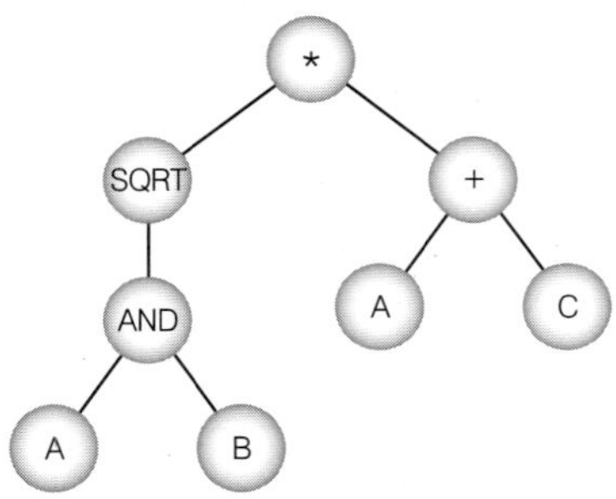

[그림 2-7] LISP 프로그램의 트리 표현 예

존 홀랜드

홀랜드는 유전 알고리즘의 대부다. 유전 알고리즘이 최근에 일반의 급격한 관심을 끌어 컴퓨터 과학의 막내둥이격으로 취급받고 있지만 아이러니컬하게도 이 분야의 대부인 홀랜드는 미국 최초의 컴퓨터 과학 박사 학위 취득자다. 그의 박사학위는 병렬 컴퓨터 구조에 관한 것이었는데, 유전 알고리즘의 타고난 병렬성을 그 때부터 염두에 두고 있었음이 틀림없다.

홀랜드의 병렬 컴퓨터에서 아이디어를 얻어 구현한 것이 유명한 싱킹 머신사의 커넥션 머신이다. 이 기계를 만든 싱킹 머신사 사장 다니엘 힐리스(Daniel Hillis)가 이 기계를 완성한 직후에 "이 기계는 홀랜드 머신이라고 불러도 좋다"고 말할 정도였다. 그에 보답이라도 하듯 힐리스는 유전 알고리즘에 의해 정렬 네트워크(sorting network)를 푸는 문제를 커넥션 머신 상에서 구현하였다. 16개의 입력에 대하여 그 때까지 알려진 가장 우수한 정렬 네트워크는 60 비교자를 사용했는데, 힐리스는 이것에 비해 단 하나 많은 61 비교자를 사용하는 정렬 네트워크를 찾아내었다. 싱킹 머신사는 90년대 중반에 위기를 맞아 쓰러지게 되는데, 힐리스가 그 때까지만 해도 시장의 인식이 부족했던 유전 알고리즘에 많은 시간을 쓰고, 이를 커넥션 머신의 중요한 응용 분야로 택한 것이 그 원인의 하나가 아닌가 생각한다.

홀랜드는 매우 이론적이고 자신의 학문을 대외에 전파하는 데 별 재주가 없는 사람이다. 1929년에 태어난 그는 오펜하이머와 폰 노이만이 이끌던 맨하탄 프로젝트의 지적 무게가 미국의 과학계를 지배하던 시기에 MIT 물리학과에 입학하였다. 재학 중 미 국방성의 미사일 탄도 계산 프로그램에 관여한 것을 인연으로 당시 몇 안되는 컴퓨터 전문가가 되는 행운을 잡아 IBM에 스카웃되었다. IBM에서는 최초의 상업용 컴퓨터인 701의 논리 설계팀 7명 중 한 사람이었다.

이러한 배경과 그의 보수적인 성향으로 인해 홀랜드는 기계어로 프로그래밍하는 것이 너무나 자연스러운 나머지 1980년 무렵까지도 기계어로 프로그래밍을 하고 있었다. 기계어로 짜놓은 프로그램을 누가 해독하려고 하겠는가? 온 캠퍼스가 중대형 컴퓨터로 득실거릴 때도 홀랜드는 16진법의 기계어에 더 편안함을 느꼈다. 아직까지 홀랜드가 짤 수 있는 유일한 고급 언어는 비주얼 베이직인 것으로 알고 있다.

홀랜드의 역사적 저서 『Adaptation in Natural and Artificial Systems』(MIT Press, 1992. 초판은 1975.)년를 보아도 홀랜드는 자신의 생각을 지적으로 표현할 줄은 알지만 평이한 언어로 표현하는 데는 별 재주가 없는 사람이라는 것을 알 수 있다. 이러한 홀랜드의 성향이 유전 알고리즘을 늦게 꽃피우게 한 중요한 원인 중 하나임에 틀림없다.

홀랜드가 산타페에서 모습을 드러내 세미나를 한 순간, 거기에 모인 노벨상 수상자들을 비롯한 청중들이 보인 반응은 대단했다. 미첼 월드롭의 책 『카오스에서 인공생명으로(Complexity)』(범양사, 2006)에서 소개한 브라이언 아서가 경험한 상황보다 모자라지 않았을 것이다.

> *어떤 과학자가 무언가 중요한 것을 가지고 있다고 느낄지라도, 그 공동체 안에서는 받아들여지지 않는 일이 충분히 있을 수 있다. 존 홀랜드는 수십 년동안 그런 환경 속에 있었다. 나도 분명히 그런 것을 느꼈으며, 내가 산타페 연구소에 들어서자 이 믿기 어려울 정도로 똑똑하고 책에서만 보았던 사람들이 나에게 "당신, 여기 오는 데 왜 이렇게 오래 걸렸어요?"라고 묻는 듯했다.*

홀랜드의 학문적 뿌리를 따라가면 그 할아버지 되는 자리에 폰 노이만이 있다. 천재 폰 노이만은 컴퓨터 상에서 자기 복제가 가능하다는 것을 일찌감치 감지하고 자기 복제하는 셀룰라 오토마톤이 적어도 하나 이상 존재함을 증명하였다. 또한 지금의 탁상용 전자 계산기 수준도 안되는 컴퓨터를 놓고 다들 신기해하고 있던 40년대 중반에 벌써 진화가 컴퓨터 상에서 미칠 영향을 예언하였다. 폰 노이만이 자기 복제 오토마톤에 관한 논문을 정리된 형태로 만들지 못하고 사망한 후에, 이 논문을 정리하여 편집한 사람이 미시간 대학의 아서 벅스(Arthur Burks)다. 바로 이 벅스가 홀랜드의 박사 과정 지도 교수다. 이로써 폰 노이만–아서 벅스–존 홀랜드로 이어지는 황금 계보가 만들어지게 된다.

홀랜드는 최근에 그의 유명세를 타고 『숨겨진 질서(Hidden Order)』(사이언스북스, 2001), 『Emergence』(Perseus Books Group, 1999) 등의 책을 써서 뒤늦게나마 이 분야의 철학적 기초를 일반에 알리는 작업을 하고 있다. 글쓰는 재주가 다른 사람들에 비해 좀 부족한 것이 흠이긴 하지만 그가 이런 정도의 활동을 시작했다는 사실이 다행스럽다.

Chapter

03

유전 알고리즘의 연산들

*학습목표

- 선택 연산의 역할과 선택압을 알아본다.
- 교차 연산의 다양성과 각 연산들의 세부 사항을 살펴본다.
- 변이 연산의 역할과 대표적인 변이 연산들을 이해한다.
- 대치 연산의 역할과 대표적인 대치 연산들을 이해한다.

Preview

> 나는 단백질처럼 그 어떤 인공적인 구조보다도 복잡하고
> 특정한 목적을 가진 유기적 요소가 임의적인 과정 속에서
> 필연적으로 탄생할 수밖에 없었다는 사실에 전율을 느꼈다.
>
> **존 폰 노이만**

이 장에서는 유전 알고리즘의 기본 연산들을 상세히 소개한다. 해집단에서 두 개의 해를 골라내는 연산이 선택 연산이다. 두 개의 해가 선택되면 교차 연산이 이들을 부분 결합하여 새로운 해를 만들어 낸다. 교차 연산이 만들어 놓은 해를 미소하게 변형하여 새로운 해를 만들어 내는 연산이 변이 연산이다. 새로운 해를 만든 후에 이를 해집단 내의 어떤 해와 대치할지를 결정하는 것을 대치 연산이라 한다. 모든 연산이 중요하지만 특히 주의를 기울여야 할 부분은 교차 연산이다. 유전 알고리즘의 가장 특징적인 연산 중의 하나인 교차 연산을 특히 깊이있게 다룬다.

Section

01 선택 연산

선택 연산은 교차에 쓰이는 두 개의 부모해를 고르기 위한 연산이다. 다양한 선택 연산들이 있으나 공통된 원칙은 우수한 해가 선택될 확률이 높아야 한다는 것이다. 우수한 해들과 열등한 해들 사이의 적합도 차이를 조절함으로써 선택 확률을 조절할 수 있는데, 이 차이의 정도를 선택압(selection pressure)이라 한다. 선택압이 높을수록 수렴은 빠르나 설익은 수렴(premature convergence)의 가능성이 높아진다. 반면, 선택압이 너무 낮으면 해집단의 평균 품질이 좋아지지 않을 가능성이 많다. 선택압은 프로그래머가 조절할 수 있는 파라미터다. 이 절에서는 몇 가지 대표적인 선택 연산과 선택을 위한 염색체의 적합도를 계산하는 방법을 소개한다.

1. 품질 비례 룰렛휠 선택

품질 비례 룰렛휠 선택은 가장 대표적인 선택 방법이다. 각 해의 품질을 평가한 다음 가장 좋은 해의 적합도가 가장 나쁜 해의 적합도의 k배가 되도록 조절한다. 임의의 비용 최소화 문제를 예로 들어 설명해보자. 해집단 내의 해 i의 적합도 f_i는 다음과 같이 계산된다.

$$f_i = (C_w - C_i) + (C_w - C_b) / (k - 1),\ k > 1$$

C_w: 해집단 내에서 가장 나쁜 해의 비용

C_b: 해집단 내에서 가장 좋은 해의 비용

C_i: 해 i의 비용

여기서 k 값을 높이면 선택압이 높아진다. 즉, 우수한 해가 선택될 확률과 열등한 해가 선택될 확률이 더 차이가 난다. 일반적으로 사용하는 k 값은 3~4이다. 이 적합도 값을 기준으로 룰렛휠 선택을 하게 된다.

앞과 같이 계산한 각 염색체의 적합도를 모두 합한 값만큼의 크기를 가진 룰렛휠을 가정한다. 각 염색체는 이 룰렛휠 상에 자신의 적합도 만큼의 공간을 배정받는다. [그림 3-1]은 8개의 염색체가 적합도에 비례해서 룰렛휠 상의 공간을 배정받은 모양의 예다. 여기에 활을 쏘면 각 염색체의 선택 확률은 배정된 공간의 크기에 비례하게 된다. 룰렛휠 선택은 [알고리즘 3-1]과 같이 간단히 구현할 수 있다.

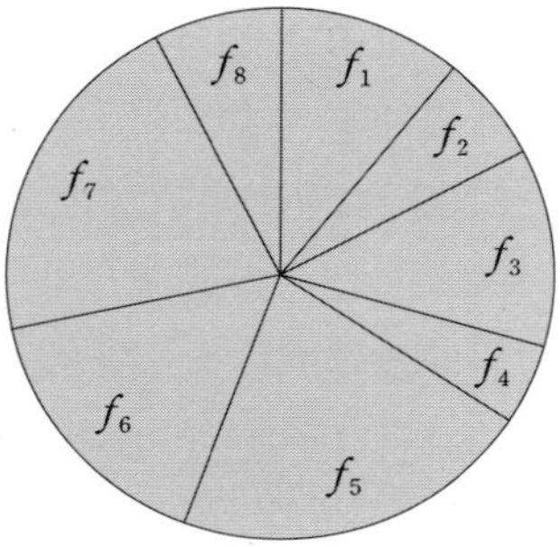

[그림 3-1] 룰렛휠 공간 배정의 예

[알고리즘 3-1] 룰렛휠 선택 알고리즘

```
point = random(0, SumOfFitnesses);
sum = 0;
for i = 0 to n−1 {
        sum = sum+ f_i;
        if (point<sum) return i;
}
```

여기서 f_i는 염색체 i의 적합도이고, SumOfFitnesses는 모든 염색체들의 적합도 값을 더한 수치다. random(0, SumOfFitnesses)은 [0, SumOfFitnesses) 구간에서의 랜덤값을 의미한다.

초보자들이 유전 알고리즘을 처음 구현하면서 흔히 범하는 실수는 이처럼 k를 사용해서 적합도를 조정하지 않고 주어진 문제에서의 해의 품질을 그대로 적합도로 사용하는 것이다. 이렇게 하면 대부분의 경우 해집단에서 가장 좋은 해와 가장 나쁜 해의 품질이 너무 차이가 나서, 적합도에 비례해서 선택 기회를 갖게 되면 나쁜 해들은 거의 선택될 기회를 잃게 된다. 결과적으로 엄청나게 큰 선택압을 주어 해의 다양성을 급속히 떨어뜨리는 결과를 부르게 된다.

② 토너먼트 선택

가장 간단한 토너먼트 선택은 두 개의 염색체를 임의로 선택하여 [0, 1) 범위의 난수를 발생시킨 다음, 이것이 t보다 작으면 두 염색체 중 품질이 좋은 것을 선택하고 그렇지 않으면 품질이 나쁜 것을 선택하는 것이다. 이것을 알고리즘으로 표현하면 [알고리즘 3-2]와 같다.

[알고리즘 3-2] 토너먼트 선택 알고리즘

두 염색체 x_1, x_2를 선택한다; ▷ 일반성을 잃지 않고 x_1의 품질이 더 좋다고 가정한다.

r = [0, 1) 범위의 난수;

if $(t > r)$ **then** select x_1;

else select x_2;

여기서 t는 파라미터화할 수 있는 것으로 t 값이 높을수록 선택압이 높아진다. t가 0.5 근처이거나 이보다 작은 것은 비합리적이다. 일반적으로는 두 개의 염색체를 선택하는 대신 [알고리즘 3-3]과 같이 2^k개의 염색체를 선택한 다음 이들을 토너먼트 형식으로 걸러내어 마지막으로 남은 것을 선택하는 아래와 같은 방법도 있다.

[알고리즘 3-3] 토너먼트 선택 알고리즘 (일반형)

2^k개의 염색체를 선택한다;

[알고리즘 3-2]의 경쟁룰에 기반한 토너먼트 경쟁으로 최종적으로 하나의 해를 선택한다;

여기서는 k 값이 클수록, 즉 토너먼트에 참가하는 염색체가 많을수록 선택압이 높아진다.

3. 순위 기반 선택

품질 비례 선택에서 k값을 조정함으로써 좋은 품질의 해와 나쁜 품질의 해가 지나치게 적합도 차이가 나는 것은 막을 수 있다. 그러나 해들의 적합도 분포는 조절할 수 없다. 순위 기반 선택은 해집단 내의 해들을 품질 순으로 "순위"를 매긴 다음 가장 좋은 해부터 일차 함수적으로 적합도를 배정하는 방법이다. [그림 3-2]는 순위 기반 선택의 적합도 배정 함수 그림이다. n개의 염색체 중 i번째 순위를 가진 염색체의 적합도는 다음 식으로 계산할 수 있다.

$$f_i = \max + (i-1) \times (\min - \max)/(n-1)$$

이 식에서 max와 min 값의 차이를 바꿈으로써 선택압을 조절할 수 있다. 해들의 적합도는 max와 min 사이에서 균일한 간격으로 분포하게 된다.

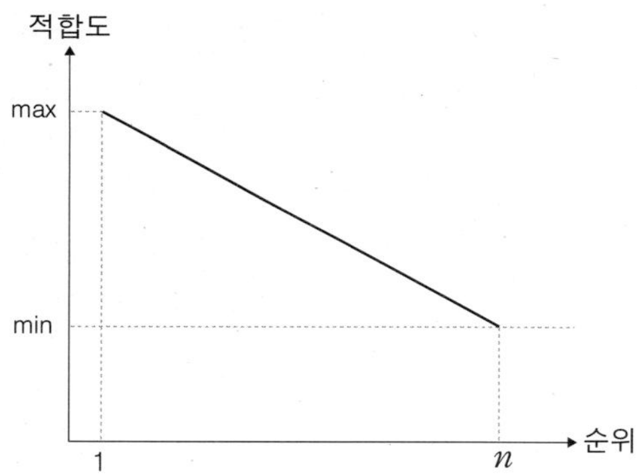

[그림 3-2] 순위 기반 선택의 적합도 배정 함수

4. 공유

공유: sharing

공유는 해집단의 다양성을 보다 오래 유지하고자 하는 목적에서 고안되었다. 공유는 먼저 품질 비례 선택이나 순위 기반 선택에서 쓰는 적합도 값을 구한다. 여기에 해당 염색체가 해집단 내의 나머지 염색체들과 유사한(특징을 "공유"하는) 정도가 높을수록 큰 값으로 나누어 적합도를 조정한다. 공유를 감안한 적합도는 다음과 같이 계산된다.

$$F_i = \frac{f_i}{\sum_{j=1}^{n} s(d_{i,j})}$$

F_i: 공유를 고려한 염색체 i의 적합도

f_i: 일반 적합도

$s(\cdot)$: 공유 함수

$d_{i,j}$: 염색체 i와 염색체 j의 차이

위의 공유 함수 $s(\cdot)$는 두 염색체의 차이가 적을수록 큰 값을 가져야 한다. 전형적인 공유 함수는 [그림 3-3]과 같이 일차 함수로 나타낼 수 있다. σ는 해집단에서 가장 차이가 많이 나는 두 해의 차이로 잡는 것이 합리적이다. 공유 함수는 그림과 같은 일차 함수를 쓰지 않고 다양한 변형도 가능하다. 예를 들어 $s(d)=1-(d/\sigma)^2$과 같이 잡으면 [Goldberg & Richardson, 1987] 염색체간의 유사성에 불이익을 더욱 많이 주게 된다.

공유는 해집단 내의 해들을 문제 공간 상에서 지리적으로 분산되게 도와주는 효과가 있다. 이는 몇 개의 부분 해집단을 각각 독립적으로 운영하며 가끔 교류시키는 섬식 방법(island method)과 유사한 동기를 갖고 있다.

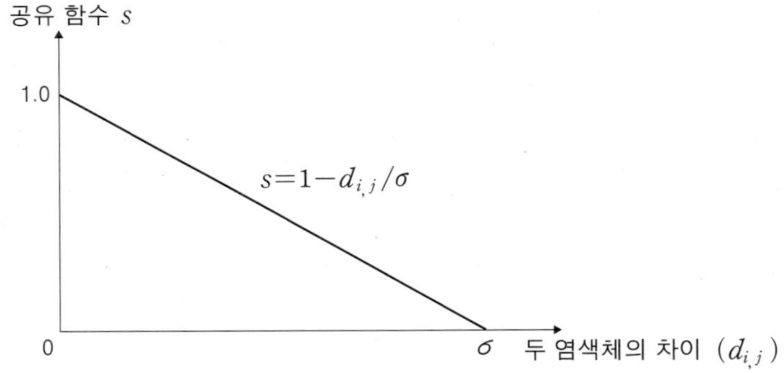

[그림 3-3] 간단한 공유 함수

공유는 두 해의 차이를 계산하는 기준을 잡는 방법에 따라 유전자형 공유와 표현형 공유로 나눌 수 있다. 유전자형 공유는 $d_{i,j}$를 위해 염색체의 모양 그 자체가 다른 정도를 사용하는 것이고(예를 들면 해밍 거리(Hamming distance)), 표현형 공유는 표현형의 차이를 계산 기준으로 삼는 것이다. 예를 들어, 각 해가 100개의 십진수를 파라미터로 갖는 문제의 경우 이진 표현에서 염색체는 400비트의 이진 스트링으로 표현할 수 있다. 유전자형 공유의 경우 두 염색체간의 해밍 거리, 즉 400비트 중 서로 다른 비트의 총 수를 사용하며, 표현형 공유의 경우 400비트로부터 100개의 십진수를 추출하여 두 염색체에서 각 십진수간의 크기의 차이를 사용할 수 있다. Goldberg와 Richardson(1987)에 의해 제안된 이후 공유를 이용한 많은 연구 결과들이 발표되어 있다[Darwen & Yao, 1997; Sareni & Krahenbuhl, 1998].

Section

2 교차 연산

교차 연산은 유전 알고리즘의 대표 연산이다. 연산 중 가장 다양한 대안이 존재한다. 이 절에서는 대표적인 몇 가지 교차 연산들을 소개한다. 해의 표현은 교차와 관계될 때만 의미가 있다. A라는 방법으로 해를 표현했는데 교차에서 이를 바꾸어 사용한다면 염색체가 A라는 방법으로 표현되었다고 말할 수 없다. 이 절에서 교차 연산을 일차원 연산과 다차원 연산으로 나누어 설명하는데 위와 같은 이유로 염색체의 표현이 일차원인 경우와 다차원인 경우에 대응된다. 여기서 소개되는 교차 연산들을 여러분이 응용하고자 하는 문제에 선택하여 사용하거나, 이들로부터 새로운 교차 연산을 만드는 실마리를 얻을 수 있을 것이다.

1. 일차원 교차 연산

일점 교차

일점 교차는 1.7절에서 소개한 바 있는 대표적인 교차 연산이다. 초기의 유전 알고리즘들은 대부분 일점 교차를 사용하였고, 요즘도 많이 사용된다. 길이가 n인 일차원 문자열로 된 염색체 상에서 일점 교차로 자르는 방법의 총 수는 $n-1$가지다.

일점 교차: one-point crossover, 1.7절 참고

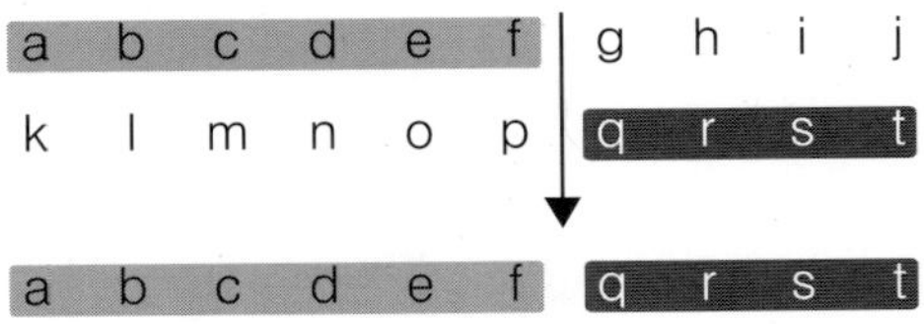

[그림 3-4] 일점 교차의 예

다점 교차

다점 교차: multi-point crossover, 1.7절 참고

$_nC_k$ 방식과 관련된 내용은 4.2절 참고

1.7절에서 다점 교차의 한 예인 삼점 교차를 소개한 바 있다. 다점 교차는 일반적으로 일점 교차보다 자르는 방법의 수가 훨씬 많다. 염색체의 길이가 n일 때 k점 교차로 자르는 방법의 총 수는 $_{n-1}C_k$가지다. 만일 맨 오른쪽 유전자의 오른쪽에도 자름선이 올 수 있도록 하면 위의 방법의 총 수는 $_nC_k$가 된다. 전통적인 유전 알고리즘은 $_{n-1}C_k$ 방식을 쓰고 있으나 사실은 $_nC_k$ 방식이 더 합리적이다. 다점 교차는 일점 교차보다 교란(perturbation)의 정도가 크다. 따라서 보다 넓은 탐색 공간을 탐색할 수 있다. 하지만 교란이 강하면 수렴성이 떨어져 주어진 시간 예산내에 제대로 수렴하지 않을 가능성이 있다.

미미틱 유전 알고리즘: 5장 참고

교란이 강하다는 것은 스키마가 파손될 확률이 높다는 것이다. 대신 새로운 스키마의 생성은 더 다양하게 할 수 있다. 따라서 항상 최적인 교란의 정도란 있을 수 없다. 일반적으로 다점 교차는 순수 유전 알고리즘보다 미미틱 유전 알고리즘(또는 혼합형 유전 알고리즘)에 더 어울린다. 왜냐하면 미미틱 유전 알고리즘에는 다소의 지역 최적화 기능이 있으므로 순수 유전 알고리즘보다 교란에 대한 회복력이 강하기 때문이다. 미미틱 유전 알고리즘의 경우, 교란의 정도가 너무 미약하면 후반부에 부모해와 같은 자식해가 만들어질 확률이 높아져 탐색 시간의 낭비가 커진다. 미미틱 유전 알고리즘은 5장에서 소개되는데 여기서는 지역 최적화 알고리즘과 유전 알고리즘을 결합한 것이라는 정도만 알아두자.

스키마의 생존 확률: 4장 참고

교차 연산에서 스키마의 파손 확률은 자름선의 개수에 영향을 많이 받는다. 일점 교차는 스키마의 길이가 결정적인 영향을 미치고, 다점 교차는 이의 영향을 덜 받는다. 일반적으로 자름선의 개수가 짝수일 때가 홀수일 때보다 스키마의 길이에 영향을 덜 받는다. 자름선의 개수가 짝수면 염색체의 첫 번째 유전자와 마지막 유전자가 인접한 것 같은 효과가 있어 사실상 염색체가 고리 모양을 하고 있는 셈이다.

균등 교차

균등 교차: uniform crossover

일점 교차와 다점 교차가 자름선을 이용하여 이루어지는 데 반해 균등 교차는 자름선을 이용하지 않는다. 균등 교차는 먼저 임계 확률 P_0를 설정한다. 가장 일반적인 임계 확률은 0.5이다. 두 부모해를 s_1, s_2라 하자. 각각의 유전자 위치에 대하여 난수를 발생한 다음 이 값이 P_0 이상이면 s_1의 같은 위치로부터 유전자를 복사하고, 그렇지 않으면(P_0 미만) s_2의 같은 위치로부터 복사한다. 다음은 $P_0=0.6$인 균등 교차의 한 예다.

s_1 :	a	b	c	d	e	f	g	h	i	j	
s_2 :	k	l	m	n	o	p	q	r	s	t	
난수 :	.83	.27	.33	.89	.91	.66	.44	.72	.42	.19	$P_0 = 0.6$

최종적인 자식해 : a l m d e f q h s t

[그림 3-5] 균등 교차의 예

균등 교차는 자름선을 이용하지 않으므로 일점 교차나 다점 교차에 비해 스키마의 결합 형태가 다양하다. 스키마내의 특정 기호의 위치가 영향을 미치지 않는다. 대신 일반적으로 교란의 정도가 크므로 수렴 시간이 오래 걸린다. Syswerda (1989)에 의해 제안된 이후 많은 주목을 받았고 폭넓게 이용되고 있는 교차 연산이다.

싸이클 교차

싸이클 교차: cycle crossover

싸이클 교차 [Oliver 등, 1987]는 TSP의 예에서와 같이 염색체가 순열로 표현되는 경우에 적용 가능한 교차 연산이다. 아래와 같은 두 부모해 s_1, s_2로부터 싸이클 교차를 한다고 하자.

s_1 :	8	7	1	0	6	3	4	9	5	2
s_2 :	0	2	4	3	1	5	6	7	8	9

[그림 3-6] 싸이클 교차를 위한 두 부모의 해

s_1의 첫 번째 유전자(8)로부터 복사를 시작한다. 방금 복사한 위치에 대응되는 s_2 유전자는 0이므로 s_1 상에서 0이 있는 위치를 찾아 자식해의 같은 위치에 0을 복사한다. 같은 원리로 s_1 상에서 3이 있는 위치를 찾아 자식해의 같은 위치에 복사한다. 마찬가지로 5가 복사된다. 이제 5와 같은 위치에는 8이 있는데 8은 이미 복사가 되었으므로 더 이상 진행할 수가 없다. 이 과정을 [그림 3-7]처럼 화살표를 따라 표시해보면 하나의 싸이클이 만들어진다. 그래서 싸이클 교차라는 이름이 붙여졌다.

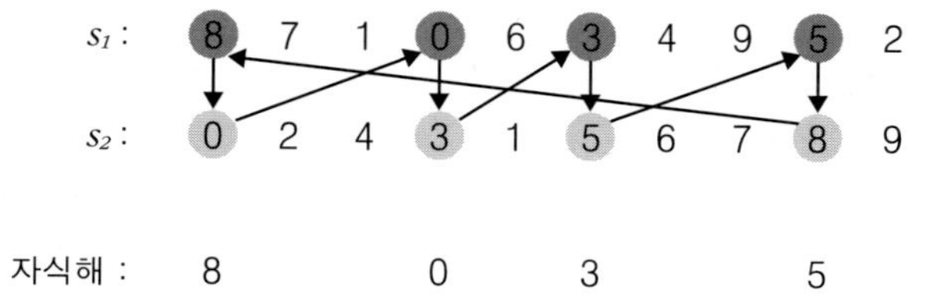

[그림 3-7] 싸이클 교차의 첫 단계

다음은 자식해의 유전자 값이 아직 결정되지 않은 것 중 가장 왼쪽에 위치한 것부터 시작하는데 이번에는 s_2로부터 시작한다. 2, 7, 9 순으로 복사하면서 [그림 3-8]처럼 다시 싸이클이 만들어진다. 이렇게 s_1과 s_2를 번갈아 시작해가면서 더 이상 결정되지 않은 유전자가 없을 때까지 계속하면 최종적인 자식해는 8210634759가 된다.

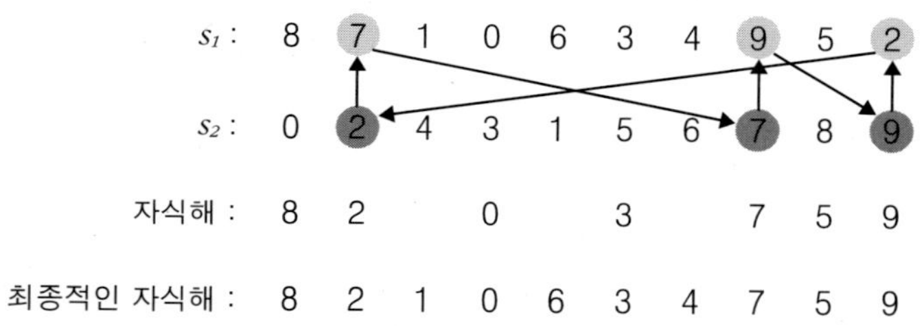

[그림 3-8] 싸이클 교차의 다음 단계

순서 교차

순서 교차: order crossover

순서 교차 [Davis, 1985] 역시 염색체가 순열로 표시되는 경우를 위하여 고안된 교차 연산이다. 마찬가지로 싸이클 교차에서 예로 든 두 부모해 s_1, s_2를 사용하여 설명한다. 먼저 임의로 두 개의 자름선을 정한 다음 두 자름선 사이에 있는 부분을 s_1으로부터 복사한다 (063). 나머지 위치는 s_2로부터 복사하되, 두 번째 자름선 바로 다음 위치부터 시작해 사용된 기호는 제외하고 순서대로 (2415789) 복사한다.

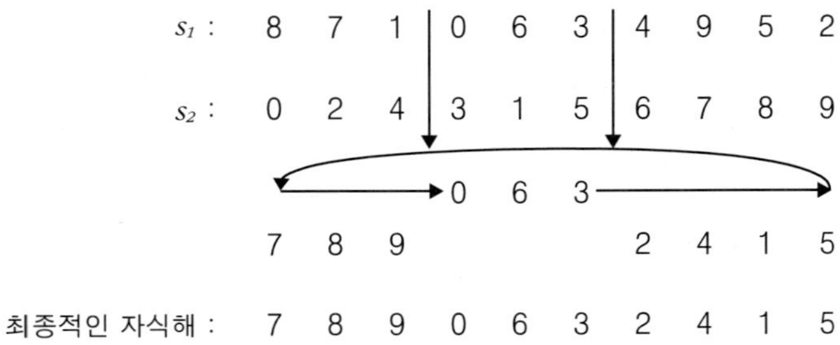

[그림 3-9] 순서 교차의 예

PMX

PMX [Goldberg & Lingle, 1985] 역시 염색체가 순열로 표시되는 경우를 위하여 고안된 교차 연산이다. 두 부모해 s_1, s_2에 임의로 두 개의 자름선을 정한 다음 두 자름선 사이에 있는 부분을 s_1으로부터 복사한다(063). 나머지 위치는 s_2로부터 복사하되, 이미 사용한 값이면 같은 값을 가진 s_1의 위치를 찾아 그 위치의 s_2 값을 복사한다(자식해의 0과 6 대신 3과 1). 이 값은 아직 사용되지 않았을 수도 있고(예, 1), 이미 사용되었을 수도 있다(예, 중간 과정의 × 표시된 3). 이런 식으로 모든 유전자가 중복없이 채워질 때까지 진행한다.

PMX: partially matched crossover

[그림 3-10] PMX의 예

산술적 교차

산술적 교차[Michelewicz, 1992, pp.104-5]는 실수 염색체를 사용하는 경우에 사용할 수 있는 교차 연산이다. 염색체의 각 위치에 대해 두 부모 염색체의 두 유전자 값에 대한 평균을 구해 자식해의 해당 위치로 배정한다. 다음은 간단한 산술적 교차의 한 예다.

산술적 교차: arithmatic crossover

s_1 :	1.98	3.31	20.43	12.01	−2.34	8.34	98.86
s_2 :	11.28	2.21	12.39	1.44	2.45	3.55	87.44
최종적인 자식해 :	6.63	2.76	16.41	6.73	0.06	5.95	93.15

[그림 3-11] 산술적 교차의 예

산술적 교차는 수의 "크기"라는 개념을 교차 행위에 사용한다는 점에서 큰 매력이 있다. 그렇지만 수들의 산술 평균을 지향하므로 매우 빠른 수렴을 보인다. 변이 등을 적절히 조절하여 설익은 수렴이 되지 않도록 주의해야 한다.

휴리스틱 교차

지금까지 소개한 교차 연산은 부모해의 유전자만을 바탕으로 자식해의 유전자를 결정한다. 이 외에 부모해의 유전자 정보에 더하여 문제에 대한 지식을 이용하는 교차 연산들이 있는데 이들은 다소간 지역 최적화의 특성을 띤다. 이런 교차들을 통칭하여 휴리스틱 교차라 한다. 다음에 소개할 간선 재조합도 약한 휴리스틱 교차라 할 수 있다. TSP를 위한 교차로서 강한 지역 최적화 경향을 지닌 간선 조립 교차(edge assembly crossover) [Nagata & Kobayashi, 1997]도 휴리스틱 교차의 한 예다.

간선 재조합

간선 재조합: edge recombination

간선 재조합 [Starkweather 등, 1991]은 TSP를 위해 개발되었다. TSP의 두 부모해를 분석, 각 도시에 연결된 인접 도시 목록을 만든다. 한 도시는 최대 4개까지의 인접 도시를 가질 수 있고(중복이 없을 경우), 최소 2개는 가진다. 먼저 시작 도시를 정한다. 시작 도시는 부모해 중 하나의 시작 도시가 될 수도 있고, 인접 도시수가 가장 적은 도시가 될 수도 있다. 현재 도시의 인접 도시 목록에 있는 도시 중 가장 인접 도시수가 적은 도시를 고른다. 후보 도시가 둘 이상이면 그 중 하나를 임의로 선택한다. 이렇게 부모해의 특징을 분석하여 휴리스틱하게 구성하는 방식은 다른 문제에도 응용할 수 있을 것이다.

s_1 :	0	1	2	3	4	5	6	8	7	9
s_2 :	2	5	0	9	7	3	8	6	1	4

간선 테이블 :	도시	인접도시 목록
	0	9, 1, 5
	1	0, 2, 6, 4
	2	1, 3, 4, 5
	3	2, 4, 7, 8
	4	3, 5, 1, 2
	5	4, 6, 2, 0
	6	5, 8, 1
	7	8, 9, 3
	8	6, 7, 3
	9	7, 0

최종적인 자식해 : 0 9 7 8 6 1 2 4 3 5

[그림 3-12] 간선 재조합의 예

❷ 다차원 교차 연산

지금까지 소개한 교차 연산들은 일차원의 염색체를 대상으로 했다. 일차원 염색체에서는 유전자들의 관계를 좌우로만 반영할 수 있으나 이차원 이상의 표현 방법에서는 더 다양하게 반영할 수 있다. 일차원 염색체에서 임의의 유전자에 바로 인접한 염색체는 2개다. 행렬 형태의 이차원 염색체를 사용하면 임의의 유전자에 바로 인접한 염색체는 4개다. 차원이 높아질수록 유전자간의 인접성을 반영할 수 있는 여지가 더 많아진다. 반면 교차를 요령있게 하지 않으면 교차 연산의 다양성이 심각하게 떨어져 좋은 결과를 기대할 수 없다.

Cohoon과 Paris의 블록 교차

Cohoon과 Paris(1987)는 VLSI 회로 배치 문제를 위해 이차원의 염색체를 사용하였고 이를 위한 교차 연산을 제안하였다. 이들은 이차원 행렬 모양인 한 부모해에서 정사각형을 잘라낸 다음 다른 부모해의 해당 부분으로 보충해 넣는 방식으로 교차를 하였다.

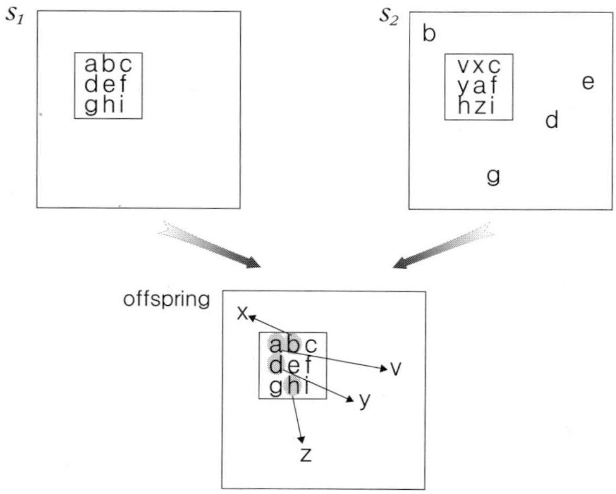

[그림 3-13] Cohoon과 Paris의 교차 연산의 예

[그림 3-13]은 이의 예다. 그림의 한 부모해 s_1에서 3×3의 사각형을 선택하여 이를 s_2의 같은 자리에 놓는다. 그리고 s_2에서 중복되는 b, d, e, g를 제거하고 그 위치에 s_2의 사각형에 들어 있던 v, x, y, z를 대치해 넣는다. 주의깊게 보면 이것은 PMX의 원리를 이차원으로 확장한 것임을 알 수 있다.

블록 균등 교차

블록 균등 교차: block-uniform crossover

Anderson 등(1991)은 이차원 행렬 모양의 염색체를 $i \times j$ 블록으로 분할한 다음 각 블록에 대해 난수를 발생시켜 0 또는 1의 값을 얻어 0이면 s_1으로부터, 1이면 s_2로부터 해당 블록을 복사하는 블록 균등 교차(block uniform crossover)를 제안하였다. [그림 3-14]는 이의 예다. Bui와 Moon(1995)은 이를 일반적인 N차원으로 확장하였다.

지오그래픽 교차

지오그래픽 교차: geographic crossover

다차원의 교차 연산에서 직선만으로 염색체를 분할하는 방법은 일차원 상의 교차 연산보다 다양성이 줄어 새 스키마의 생성 능력이 오히려 떨어진다. 그래서 이 직선의 제약을 없앤 다차원 지오그래픽(geographic) 교차 연산이 제안되었다 [Kahng & Moon, 1995]. [그림 3-15]는 이의 예다. 지오그래픽 교차 연산에서는 자름선이 일직선일 필요가 없다. 자름선은 염색체의 사면 중 한 면에서 시작한다. 자름선의 움직임은 좌우 중의 한 방향, 상하 중의 한 방향으로만 움직인다. 즉, 단조적으로 움직인다. 자름선의 제약을 완전히 제거한 것보다는 다양성이 떨어지지만 이러한 방식은 구현을 쉽게 해주면서 교차 연산의 다양성은 현저하게 향상시킨다.

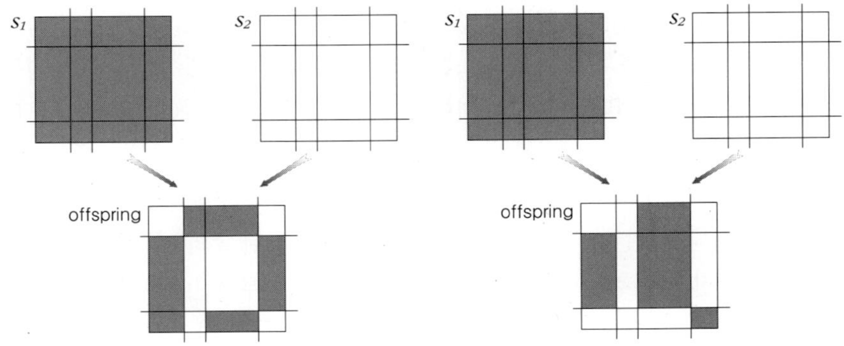

[그림 3-14] 블록 균등 교차의 두 예

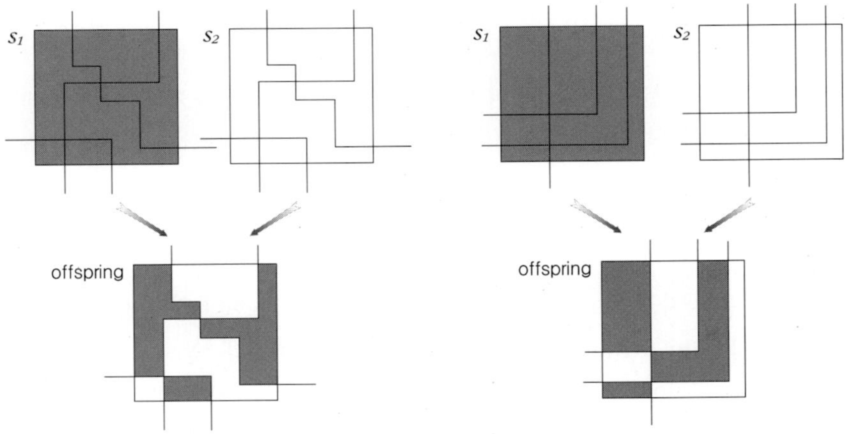

[그림 3-15] 직선의 제약을 없앤 이차원 지오그래픽 교차의 두 예

내추럴 교차:
natural crossover

내추럴 교차

유전자를 이차원 행렬과 같은 모양으로 위치시키는 방법은 일차원 표현보다는 유전자들간의 지리적 인접성을 잘 반영하지만 문제 자체에 깃든 유전자들간의 지리적 정보를 얼마간 잃어버리는 것은 피할 수 없다. 앞에서 소개한 다차원 교차들은 모두 행렬 형태의 정형적인 염색체를 사용하였다. 이것도 상당한 제약으로 문제의 해를 이러한 행렬 형태로 구겨 넣는 과정에서 정보의 손실이 생긴다. 이에 착안하여 Jung과 Moon(2000, 2002)은 TSP를 위한 이차원 교차인 내추럴 교차를 제안하였다. 내추럴 교차는 이차원 지도 상의 도시들의 분포와 투어의 모양 그 자체를 염색체로 삼는다. 이렇게 하면 염색체 표현 과정에서 도시들의 인접성 정보는 손실되지 않는다. 교차는 이 그림 위에서 자연스런 손의 궤적을 따라 긋는 선들에 의해 이루어진다. 내추럴 교차는 다음과 같은 과정으로 이루어진다.

① 이차원 상에서 도시들의 위치가 표시된 그래픽 이미지 상에서 자연스런 손의 궤적을 따라 k개의 자름선을 긋는다.

② 스텝 ①로 인해 모든 도시가 두 개의 그룹으로 나뉜다. 나뉜 두 그룹을 각각 클래스 1, 클래스 2라 하자.

③ 부모해 1에 속한 간선들 중 두 끝점이 모두 클래스 1에 속한 간선을 자식해에 포함시킨다. 마찬가지로 부모해 2에 속한 간선들 중 두 끝점이 모두 클래스 2에 속한 간선을 자식해에 포함시킨다.

④ 스텝 ③의 결과로 나온 부분적 경로들에 간선들을 보충하여 유효한 경로를 만든다.

스텝 ②의 "그룹"은 동치군(equivalence class)을 직관적으로 표현한 말인데, 이에 대한 이론적인 증명은 [Jung & Moon, 2000, 2002]에 제시되어 있다. 앞에서 설명한 다른 교차 연산들에 비해 구현이 다소 까다로운 교차 연산이다. 스텝 ①에서 자연스런 손의 궤적을 따라 긋는 선을 구현하여 실험한 결과는 아직 없다. 대신 [Jung & Moon, 2000, 2002]에서는 직선, 원, 삼각형, 사각형 등의 도형을 사용하여 이를 근사적으로 구현하였다. 내추럴 교차는 지오그래픽 교차에서 더욱 발전한 형태로, 다차원 표현의 이점은 극대화하되 약점이 될 수 있는 새 스키마의 생성 능력을 효율적으로 보완한 연산이다. [그림 3-16]은 내추럴 교차 연산의 예다.

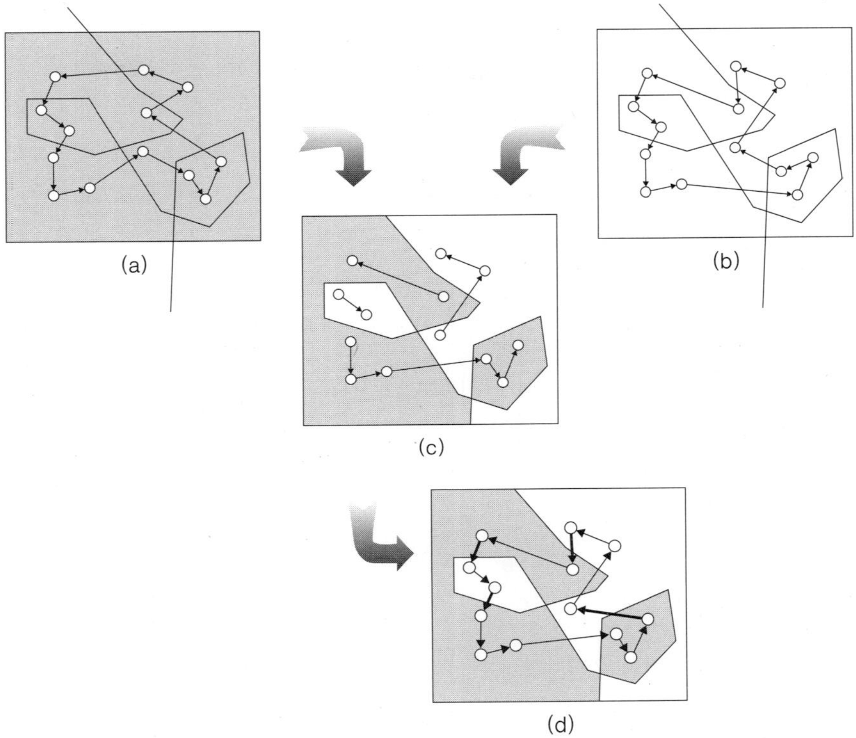

[그림 3-16] 내추럴 교차의 예

❸ 정규화

하나의 해를 표현하기 위한 염색체가 여러 개인 경우가 있다. 즉, 하나의 표현형에 대해 여러 개의 유전자형이 대응되는 경우다. 이런 경우, 교차 연산은 심각한 혼란을 겪는다. 1.5절에서 소개한 그래프 이등분 문제를 예로 들어보자. 염색체 0000111101과 1111000100을 부모로 삼아 다음과 같이 일점 교차를 해보자.

> 정규화: normalization
>
> 그래프 이등분: 1.5절 참고

```
0  0  0  0 | 1  1  1  1  0  1
1  1  1  1 | 0  0  0  1  0  0
           ↓
0  0  0  0   0  0  0  1  0  0
```

사실 염색체 0000111101과 1111000100은 모양이 많이 다르지만 실제로는 유사점이 많다. 1~4번, 5, 6, 7, 10번 노드가 이등분의 양쪽에 그룹지어져 있는 것은 매우 유사한 특성이다. 그러나 위의 교차의 결과로 만들어진 염색체는 두 부모해가 가진 특성을 제대로 물려받지 못한 밋밋한 해가 되어 버렸다(이 해는 정확한 그래프 이등분을 못 만들므로 수선(repair)을 해서 이등분으로 고쳐주는 것이 좋지만 여기서는 논점을 벗어난 주제이므로 다루지 않는다). 위의 교차는 두 해의 특성을 부분 결합하는 교차의 본래 목적과는 달리 아주 심한 변이 효과를 낸다. 이러한 일이 발생하는 이유는 한 해에 대해 두 개의 염색체가 존재하기 때문이다. 여기서 1111000100을 똑같은 해를 나타내는 0000111011로 바꾸어 보자.

그러면 아래와 같이 염색체 0000111101과 0000111011 사이에 교차가 일어난다. 이 결과는 앞의 교차 결과보다 부모해의 특징을 훨씬 잘 반영하고 있다.

```
0 0 0 0 | 1 1 1 1 0 1
0 0 0 0 | 1 1 1 0 1 1
        ↓
0 0 0 0   1 1 1 0 1 1
```

그래프 분할의 정도가 커지면 유전자형의 불일치 문제는 더욱 심각해진다. 그래프 32등분 문제의 경우에는 동일한 하나의 해에 대해 32!개의 서로 다른 염색체가 존재한다.

위와 같이 동일한 해에 대해 복수 개의 염색체가 존재할 때, 두 부모 염색체 중 하나의 염색체를 바꾸어서 부모해의 특성을 보다 잘 반영하도록 하는 것을 정규화라 한다. 정규화의 필요성은 다양한 문제에 대해서 발생하는데 그래프 분할 [von Laszewski, 1991; Bui & Moon, 1993, 1996; Kang & Moon, 2000], 정렬 네트워크의 최적화 [Choi & Moon, 2002], 뉴럴 네트워크 최적화, 지수귀문도 최적화 등이 정규화의 필요성이 확인된 주제들이다. 한 해를 서로 다른 염색체로 표현할 수 있을 때 일단 정규화에 대해 생각해볼 필요가 있다.

Section

03 변이 연산

1 전형적 변이

변이 연산은 부모해에 없는 속성을 도입하여 탐색 공간을 넓히려는 목적을 가진 연산이다. 전형적인 형태의 변이 연산은 각각의 유전자에 대하여 [0, 1) 범위의 난수를 생성하여 미리 정한 임의의 임계값 미만의 수가 나오면 해당 유전자를 임의로 변형시키고 그 이상의 수가 나오면 그냥 둔다. 전형적인 임계값으로는 0.015, 0.01 등을 들 수 있는데 이것은 문제와 유전 알고리즘의 타입에 따라 상당한 폭으로 변할 수 있다. 변이 연산이 임의로 일어나므로 변이는 절대적인 비율로 해의 품질을 저하시킨다. 변이의 결과로 잘못 만들어진 유전자는 시간이 흐르면서 사라지고 가끔 발생하는 성공적 변이는 집단의 품질을 향상시키는 데 기여를 하게 된다.

변이 연산: 1.8절 참고

2 비균등 변이

유전 알고리즘의 초기에는 해들의 품질이 좋지 않은 것이 보통이고 시간이 지남에 따라 점점 품질이 좋아진다. 따라서 초반에는 변이의 정도가 다소 강해도 품질 향상이 일어날 가능성이 있지만, 해가 상당한 수준에 이른 후반에는 변이가 강하면 품질 향상이 일어나기 힘들다. 이에 착안하여 유전 알고리즘이 진행됨에 따라 변이의 강도를 점점 줄여가는 비균등 변이(non-uniform mutation) 연산이 제안되었다 [Michalewicz, 1992, pp.103–4]. 임의의 실수 유전자 v에 대한 비균등 변이는 이진 난수 r을 발생시킨 다음 아래와 같이 이루어진다.

$$v = \begin{pmatrix} v + \Delta(t, UB - v), & \text{if } r = 0 \\ v - \Delta(t, v - LB), & \text{if } r = 1 \end{pmatrix}$$

여기서 UB와 LB는 유전자 v가 가질 수 있는 상한값과 하한값이다. $\Delta(t, y)$는 0과 y 사이의 값을 갖는데 시간 t가 증가함에 따라 점점 0으로 근접하는 특성을 갖는다. $\Delta(t, y)$를 위해 아래와 같은 식을 사용할 수 있다.

$$\Delta(t, y) = y \cdot (1 - r_2^{(1-t/T)^b})$$

r_2 : [0, 1] 범위의 난수

T : 최대 세대수(끝나는 시간)

b : 시간에 따른 의존도를 조절하기 위한 파라미터

시뮬레이티드 어닐링(simulated annealing)에서도 시간이 지남에 따라 교란의 정도를 감소시켜 가는데 비균등 변이도 비슷한 동기를 가진 변이 연산이다.

3. 수선

수선 : repair

교차와 변이 연산의 결과로 생긴 해는 적법한 해(feasible solution)가 아닌 경우가 많다. 앞에서 예를 든 그래프 이등분 문제의 경우, 임의의 염색체에는 1을 값으로 가진 유전자 수와 0을 값으로 가진 유전자 수가 같아야 한다(설명의 편의상 유전자의 총수가 짝수라 가정한다[총 유전자의 수가 홀수면 하나 차이가 나야 한다]). 임의의 두 부모해로부터 교차와 변이를 수행하면 대부분 1의 수와 0의 수가 일치하지 않는다. 이를 해결하기 위한 간단한 방법을 한 가지 소개해본다. 먼저 1의 개수와 0의 개수의 차이를 계산한 후 이를 d라 하자. 그래프 이등분 문제의 경우 이 d는 항상 짝수다. 염색체 상에서 임의의 위치에서 시작하여 오른쪽으로 움직이며 맨 처음 나타나는 $d/2$개의 1을 모두 0으로(또는 0을 모두 1로) 바꾼다. 이 결과로 생긴 염색체는 1의 개수와 0의 개수가 일치하는 해가 된다.

순회 세일즈맨 문제의 경우에는 도시들이 중복 방문되는 경우가 생길 수 있다. 중복 방문이 있으면 방문되지 않은 도시가 있기 마련이므로 중복 방문된 도시들을 적당한 방법으로 제거하고 방문되지 않은 도시들을 포함시키면 된다. 위치 기반 표현을 사용하는 경우에는 도시의 중복이 발생하지 않는 경우에도 하나의 사이클 대신 여러 개의 부분 사이클로 나눠져 버리는 경우가 자주 발생한다. 부분 사이클 문제는 각 사이클에서 적어도 하나의 간선을 제거하고 전체가 하나의 사이클을 이루도록 만들어 주면 된다. 이 과정에서 어떤 간선들을 사

용하여 적법한 사이클을 만드느냐 하는 것은 선택의 문제다. 임의의 간선들을 더할 수도 있고(random repair), 지역최적화 관점에서 가장 매력적인 간선을 더할 수도 있다(greedy repair).

교차와 변이가 모두 해의 적법성을 깰 수 있으므로 대부분 수선은 변이까지 수행한 후에 행하게 된다. 수선 자체도 일종의 변이 효과를 초래한다. 수선이 초래하는 변이를 즐기고 싶으면 교차와 변이 후에 각각 해주어도 상관은 없다.

4. 기타

어떤 변이 연산은 k개의 연속된 유전자를 취하여 값을 뒤집는 방법을 쓰기도 하고 [Colorni 등, 1991], 일련의 연속된 유전자를 마구 뒤섞는 방법을 쓰기도 한다 [Davis, 1991]. 임의의 두 유전자 값을 서로 치환하는 변이도 있다 [von Laszewski, 1991]. TSP를 위한 유전 알고리즘 중에서는 경로에서 간선 두 개를 제거하고 다른 두 개로 수선을 하는 더블브리지(double-bridge) 변이라는 특수한 형태의 변이를 쓰기도 한다 [Merz & Freisleben, 1997]. 이외에도 다양한 변이 연산이 있는데 문제의 특성에 따라 합리적인 변이 연산은 다를 수 있다.

앞에서 소개한 비균등 변이는 합리적인 방법이기는 하나 유전 알고리즘에 지역최적화 알고리즘이 결합되는 미미틱 유전 알고리즘에 적용할 경우에는 조심스러울 필요가 있다. 지역최적화 알고리즘은 임의의 해를 주변의 지역최적점으로 당기는 효과가 있다. 유전 알고리즘의 후반부에는 해집단이 수렴하여 대부분의 (또는 많은) 해들이 같거나 유사하게 되는데 이러한 두 해를 부모해로 삼아 교차를 수행하여 만들어진 자식해는 부모해와 매우 유사할 확률이 높다. 즉, 교차가 아주 미약한 교란을 초래하게 되는 것이다. 이럴 때 지역최적화 알고리즘의 성능이 충분히 강하다면 자식해는 두 부모해 중의 하나로 돌아가 버릴 가능성이 높다. 따라서 비균등 변이는 미미틱 유전 알고리즘에서는 그리 매력적인 대안은 아니다. 미미틱 유전 알고리즘의 경우는 오히려 후반부에 변이의 정도를 높여주는 것이 더 좋다는 필자 연구실의 초기 실험 결과가 있다.

미미틱 유전 알고리즘: 5장 참고

변이는 유전 알고리즘에만 국한되지 않고 시뮬레이티드 어닐링, 큰스텝 마르코프 체인(large-step Markov chain) 등에서도 연구되고 있는 주제다.

Section

04 대치 연산

1.9절에서 언급한 바와 같이 세대형 유전 알고리즘의 경우는 해집단 내의 염색체가 대부분 대치되므로 대치 연산이 비교적 간단하다. 안정 상태 유전 알고리즘은 한 개 또는 소수의 해가 생기는 즉시 해집단 내의 해(들)와 대치하게 되므로 대치될 대상을 고르는 작업이 매우 중요한 영향을 미친다. 이미 언급한 바와 같이 대치 연산은 문제의 난이도, 교차 · 변이 연산의 교란 강도와 연관되어서 결정되어야 한다.

편의상 자식해가 생기는 대로 즉시 해집단 내의 해 하나와 대치를 하는 가장 강한 안정 상태 유전 알고리즘을 대상으로 설명한다.

가장 손쉬운 방법은 해집단 내에서 가장 품질이 낮은 해를 대치하는 것이다 [Whitley, 1988]. 이는 새로 만들어진 해가 해집단의 진화에 즉각 영향을 미침으로써 강한 수렴성을 갖는다. 반면, 설익은 수렴을 하지 않도록 주의를 기울여야 한다. 해집단에서 가장 우수한 해는 대치되어 없어지지 않도록 하는 것을 엘리티즘(elitism) [deJong, 1975]이라 한다. 엘리티즘은 세대형 유전 알고리즘이나 안정 상태 유전 알고리즘에 다 적용될 수 있다. Cavicchio(1970)는 두 부모해 중 품질이 나쁜 해와 대치하는 preselection을 제안하였다. 해집단에서 자신과 닮았을 가능성이 가장 높은 해가 부모해이므로 다른 해보다 부모해 중의 하나를 제거하는 것은 해집단의 다양성을 오래 유지시키는 데 도움이 된다. 부모해 중의 하나보다 품질이 좋을 경우에는 부모해와 대치하고 그렇지 못하면 해집단에서 가장 나쁜 해를 대치하는 방법도 있다. 부모해 중의 하나보다 좋을 때만 대치하고 그렇지 않은 경우에는 대치를 포기하는 방법도 해집단의 다양성을 유지하는 데는 강력한 방법이나 수렴성이 너무 떨어져 "아주" 충분한 시간 예산이 없으면 시도하기 조심스러운 방법이다.

해집단의 다양성을 유지하기 위해 해집단 전체를 비교하여 자신과 가장 가까운 해를 대치하는 방법을 쓰기도 한다. 이에 대한 실용적 변형으로써 DeJong(1975)은 해집단에서 임의로 몇 개의 해를 선택하여 그 중 새로 만든 해와 가장 닮은 해를 제거하는 군집대치(crowding)를 제안하였다. 유전 알고리즘의 초반에는 해집단 내의 해들이 서로 많이 달라

군집대치가 임의로 하나를 대치해 버리는 방식과 큰 차이가 없다. 하지만 유전 알고리즘이 진행됨에 따라 점점 유사한 해가 많이 발생하여 수렴하려는 경향이 있으므로 유전 알고리즘의 후반에는 군집대치가 해집단의 다양성을 높이는 데 기여한다. 군집대치에서 비교를 위해 고려하는 후보해의 개수를 늘릴수록 해집단의 수렴은 늦추어진다. 3.1절에서 소개된 공유(sharing) 기법과 유사한 동기를 갖고 있다.

공유: 3.1절 참고

크리스토퍼 랭턴

홀랜드의 소극적 성향으로 대외적으로 주목을 끄는데 다소 느렸던 유전 알고리즘이 90년대 들어 급속히 발전한 것은 앞에서 이야기한 산타페 연구소의 활약도 있었다. 하지만 유전 알고리즘의 대표적 응용 분야의 하나인 인공 생명이라는 분야가 각광을 받기 시작한 것도 중요한 계기가 되었다. 이 역시 산타페 연구소를 주 무대로 일어났다. 인공 지능이 인간의 지능을 이해하려는 것이라면 인공 생명은 진화를 이해하려는 것이다. 인공 생명이라는 용어는 이 분야의 산파로 불리는 크리스토퍼 랭턴(Christopher Langton)에 의해 만들어졌다.

분야마다 많은 선구자가 있지만 크리스토퍼 랭턴만큼 특이하고 재미있는 인생을 살아온 사람도 드물다. 그는 랜드로버 자동차 배달원, 주택 개조 회사의 목수, 스테인드 글라스 회사의 점원 등 새 천년의 촉망받는 분야의 대가의 모습과는 어울리지 않는 다양한 블루 컬러의 경험을 갖고 있다.

메사추세스주의 한 고등학교를 평균 C 학점으로 졸업한 랭턴은 일리노이주의 작고 이름없는 록퍼드 대학에 입학하였으나 2년 만에 대학 당국으로부터 퇴학 권유를 받고는 자퇴했다. 월남 징병을 거부하고는 양심적 병역 거부자로 판정을 받아 메사추세스 종합병원의 시체 보관실에서 근무하게 되었는데 근무 일주일 만에 검시실로 옮기던 시체가 벌떡 일어나 앉는 사건이 발생하였다. 이를 계기로 부서를 변경할 수 있는 기회를 얻어 컴퓨터실에 배정을 받았다. 여기서 랭턴은 컴퓨터에 입문하였다.

군복무 후 랭턴은 보스턴 대학에서 수학과 천문학을 청강한 후 아리조나 대학에 입학 허가를 받았다. 천문학자가 될 꿈을 안고 자동차에 행글라이더를 싣고 아리조나로 입학하러 가던 길에 적당한 산이 보이면 세워서 행글라이더 놀이를 하곤 했다. 그러다 대형 추락 사고를 당해 팔다리가 부러지고 35개의 뼈가 손상을 입고, 폐 · 안구벽 · 턱 등이 찌그러졌다. 몇 개월 동안 무려 14번의 수술을 했다고 한다. 재미있게도 그는 14번의 수술을 거치며 회복되는 동안 그의 정신이 온전하게 돌아오는 과정이 단절된 패턴들이 자체 조직화를 통해 자신과 합체가 되는 가상 기계의 생명 게임을 보는 듯 했다고 말하고 있다. 본인의 말에 의하면 그 1년의 치료 기간 동안 스폰지가 물을 빨아들이듯 천문, 철학, 유전학, 진화론 등 트럭 한 대분의 독서를 하였다고 한다. 1년 뒤 아리조나 대학 물리학과에 입학한 후 한 학기 만에 그만두고 철학과 인류학을 복수 전공하게 된다. 인류학과에서 인간의 관습, 신앙, 풍습에 대해 공부하고 문명의 흥망성쇠와 300만 년에 걸쳐 진화해 온 인류의 기원 등에 대해 듣고 생물학적 진화와 문화적 진화는 동전의 앞뒷면과 같다는 결론을 얻게 된다. 모든 진화는 정보의 진화로 귀착된다고 생각한 그는 이 진화 현상을 컴퓨터에서 재현하고 싶은 유혹을 느꼈다.

진화의 핵심 기전 중의 하나가 생명의 자기 복제 기능이라고 생각한 그는 컴퓨터 상에서 자기 복제가 가능하리라고 어렴풋이 느꼈다. 그러나 주변의 그 누구도 그를 미친 사람 이상으로 취급하지 않았고 도움이 될 만한 자료도 구하지 못했다. 그러던 어느 날, 도서관에서 아서 벅스가 편집한 폰 노이만의「자기 복제 오토마타 이론(The Theory of Self-Reproducing Automata)」논문을 발견하고는 또 한 명의 미친 사람이 있었다는 것을 알게 된다. 천재 폰 노이만은 자기 복제를 할 수 있는 셀룰라 오토마톤이 최소한 하나 이상 존재하여야 한다는 것을 이론적으로 증명하고 있었다. 아울러 십년 전에 홀랜드의 학생인 테드 코드가 간단한 자기 복제 오토마톤을 이론적으로 발견했다는 사실도 알게 되었다. 랭턴이 폰 노이만의 논문을 읽고 코드의 아이디어를 변형시켜 실제로 팔을 뻗었다가 움츠러들며 새로운 개체들을 만들어 내는 최초의 인공 생명체를 완성하는 데는 두 달 정도가 걸렸다. 이 결과를 가지고 홀랜드의 지도 교수이기도 한 미시간 대학의 아서 벅스와 연결되어 그의 아래에서 박사 과정을 밟게 되었다. 그 곳에서 랭턴은 컴퓨터 과학의 강의들을 섭렵하고 다양한 인생 역정 동안 섭렵했던 많은 지식들이 한꺼번에 서로 결합되면서 비로소 화려하게 학문적 꽃을 피우게 된다. 그리고 1987년 로스알라모스에서 제 1회 인공 생명 워크샵을 조직, 개최하여 이 분야의 대표로 떠오르게 되었다.

만일 랭턴이 아무 일 없이 시체 보관실에서 제대할 때까지 근무하거나, 온 몸이 부서져 책 읽는 것 말고는 할 일이 없는 기간을 갖지 않았더라면, 이 시대의 가장 탁월한 선구자 중의 한 사람이 될 수재가 사장된 채 인공 생명이란 분야는 훨씬 늦게 다른 이름을 가지고 피어났을지 모른다. 운명이란 참 묘한 것이다. 실제로 수많은 아인슈타인, 에디슨들이 피어날 기회를 갖지 못한 채 역사 속에서 평범한 블루 컬러의 삶을 살다 사라져 갔을 것이다. 지금 이 순간에도 인류의 지적 수준을 높이는 데 크게 기여할 수 있는 사람이 우리의 경직된 교육 시스템으로 인해 자신감을 잃고 있을지도 모른다.

Chapter 04

스키마와 문제 공간

*** 학습목표**

- 스키마의 정의와 중요성을 알아본다.
- 스키마의 모양과 교차 연산에 따라 스키마의 생존 확률이 달라짐을 살펴본다.
- 유전자들간의 관계가 문제의 난이도에 중요한 역할을 함을 이해한다.
- 문제 공간이 무엇인지 알아보고 그 복잡성에 대해 직관적으로 이해한다.

Preview

적응적 복잡계에 이르는 데이터의 흐름 속에 존재하는 규칙성은 스키마들로 설명할 수 있으며, 실로 다양한 스키마간의 경쟁이 존재한다.

머레이 겔만, 1969년 노벨 물리학상 수상자

유전 알고리즘의 작동 이론에서 가장 중요한 인자를 하나 든다면 단연 스키마다. 이 장에서는 스키마 관련 이론을 소개한다. 유전 알고리즘의 기본 정리라 불리기도 하는 스키마 정리, 빌딩 블록 가설, 교차 연산과 관련한 스키마의 생존 확률 등을 다룬다. 문제를 구성하는 인자들간의 상호관계가 복잡하면 문제는 더 어려워진다. 이러한 관계를 지칭하는 "상위"에 대해 배우고 이를 이용해서 다양한 난이도의 문제를 설계하는 방법을 배운다. 이 장의 또 한 가지 중요한 주제는 문제 공간이다. 문제의 해들이 다차원 공간에서 어떤 분포와 모양을 이루는지에 대한 다양한 실험 결과를 소개한다.

Section

01 스키마 정리와 빌딩 블록 가설

1. 스키마 관련 용어 추가

1.6절에서 스키마, 특정 기호, 무관 기호를 정의하였다. 스키마는 이미 정의했듯이 염색체들에 포함되어 있는 패턴을 의미한다. 길이 n인 이진 염색체 하나에는 총 2^n개의 스키마들이 포함되어 있다. 임의의 스키마와 대응되는 모든 염색체들의 평균 품질을 그 스키마의 품질이라 한다.

유전 알고리즘은 초기의 염색체들에 포함되어 있던 "소규모의" 스키마들이 결합되어 점점 규모가 더 큰 고품질의 스키마로 만들어져 가는 과정이다. 스키마의 맨 왼쪽 특정 기호에서 맨 오른쪽 특정 기호에 이르는 길이를 스키마의 길이(defining length)라 하고, 스키마에 포함된 특정 기호들의 총 수를 그 스키마의 차수(order)라 한다.

2. 스키마 정리

일점 교차에서 스키마의 크기 등이 다음 세대에서 그 스키마를 가지는 염색체들의 개수에 미치는 영향을 공식화한 것이 유명한 홀랜드의 스키마 정리(Schema Theorem) [Holland, 1975]다. 이 정리의 핵심은 일점 교차를 사용하는 유전 알고리즘에서 스키마의 생존에 스키마의 길이와 품질이 큰 영향을 미친다는 것이다.

정리 01 스키마 정리(Holland, 1975)

유전 알고리즘의 세대 $t+1$에서의 임의의 스키마 H를 포함하는 염색체의 개수의 기대치는 다음과 같다.

$$m(H,\ t+1) \geq m(H,t) \cdot \frac{f(H,t)}{\zeta(t)} [1-P_c \frac{\delta(H)}{l-1} - o(H)P_m]$$

$m(H,\ t)$: 세대 t에서 스키마 H를 포함하는 염색체의 수

$f(H,\ t)$: 세대 t에서 스키마 H를 포함하는 염색체들의 평균 적합도

$\zeta(t)$: 세대 t에서 해집단 내의 모든 염색체들의 평균 적합도

P_c: 교차 확률

P_m: 변이 확률

$\delta(H)$: 스키마 H의 길이

$o(H)$: 스키마 H의 차수

l: 염색체의 길이

스키마 정리에서 $\frac{\delta(H)}{l-1}$는 염색체에서 자름선이 놓일 수 있는 모든 경우에 대한 스키마 길이의 비율, 즉 스키마가 파손될 확률이다. 그러나 자름선이 스키마 내부에 놓이는 경우라 하더라도 상대 부모해가 똑같은 특정 기호를 갖고 있다면 그 스키마는 파손되지 않는다. 즉, 스키마 정리는 스키마의 생존 가능성에 대한 하한선을 제시한다.

유전 알고리즘은 해집단에 속한 모든 염색체의 적합도를 평가하고 그로부터 각 염색체는 선택 확률을 배정받는다. 그러나 사실상 이면에는 현재의 해집단에 있는 염색체들이 갖고 있는 훨씬 많은 수의 스키마의 품질을 동시에 평가하고, 이 암묵적 품질에 따라 스키마들은 스키마 정리에서처럼 늘어나거나 줄어든다. 홀랜드는 이렇게 해집단의 해들의 품질을 평가함으로써 그 속에 깃든 훨씬 많은 수의 스키마의 품질을 동시에 평가하게 되는 유전 알고리즘의 성질을 내재적 동시성(implicit parallelism)이라 하였다.

3. 빌딩 블록 가설

빌딩 블록 가설: building-block hypothesis

스키마 정리는 교차와 변이의 파괴적 성질과 관련시켜 분석한 것이고 교차의 건설적 성격은 명시적으로 나타나 있지 않다. 빌딩 블록 가설은 유전 알고리즘의 동작 원리를 교차의 건설적인 측면과 관련해 설명하는 핵심적인 가설인데, 유전 알고리즘이란 궁극적으로 작은 (저차수의) 스키마들의 "병렬 배치(juxtaposition)"에 의해 점점 더 큰 (고차수의) 스키마로 발전하는 과정이라는 것이다.

이 과정에서 후에 고품질의 스키마를 구성할 작은 스키마들이 잘 보존되어야 할 필요가 있다. 일점 교차를 사용하는 유전 알고리즘에서는 길이가 짧은 고품질의 스키마들이 빌딩 블록 역할을 한다. 교차 연산이 달라지면 빌딩 블록의 특성은 확장된다. 이러한 스키마의 보존 · 파괴는 인코딩 방식과 교차 연산의 영향을 가장 많이 받는다. 기존의 스키마들로부터 새로운 스키마를 생성하는 능력에 대한 연구는 별로 이루어져 있지 않다[Thierens & Goldberg, 1993; Spears, 1993]. 또한 실제로 스키마들이 발달하는 과정을 쉽게 파악할 수 있는 문제는 거의 없다.

왕도 함수: 4.6절 참고

스키마의 결합과 발달 과정을 관찰하기 위해 Mitchell, Forrest, Holland(1992)는 개별 스키마들의 품질을 미리 정의하고 이와 함께 발달 과정을 미리 알 수 있는 함수를 디자인하여 연구에 사용하였는데 이를 왕도 함수(royal-road function)라 한다.

4. 스키마가 만드는 공간의 모양

스키마를 초평면(hyperplane)이라고도 한다. 스키마가 다차원 문제 공간에서 항상 특정 영역과 대응되기 때문이다. 예를 들어 세 개의 유전자로 이루어진 이진 염색체를 보자. 스키마 000, 001 등은 한 점을 가리킨다. 스키마 00*, 0*1 등은 한 선(두 점)을 가리킨다. 스키마 0**, *1* 등은 한 면(네 점)을 가리킨다. 스키마 ***은 문제 공간 전체를 가리킨다. 이것을 [그림 4-1]에서 보인다. 그림에서 첫 번째 유전자와 두 번째 유전자의 위치가 바뀌면 스키마 0*1은 스키마 *01로 바뀌고 따라서 이 스키마의 공간적 의미가 달라진다. 유전자의 위치가 바뀌면 문제 공간에서의 적합도 지형(fitness landscape)이 달라지는 것이다. 결국, 염색체의 표현을 결정하는 것은 하나의 적합도 지형을 선택하는 행위다.

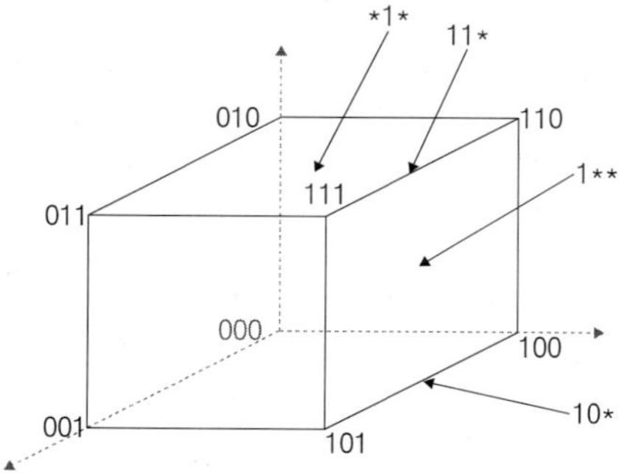

[그림 4-1] 스키마와 대응 공간

이번에는 x가 0부터 31까지의 정수값을 가질 때 함수 $f(x)=x^2$의 최적해를 구하는 문제를 예로 들어보자. 32개의 정수는 5비트의 이진수로 표현 가능하므로 5비트의 이진 염색체로 해를 표현하자. 물론 이 예는 후보해가 32개에 불과해 유전 알고리즘을 이용할 필요가 없다. 오로지 스키마와 문제 공간에 대한 설명을 위한 예일 뿐이다.

[그림 4-2]는 스키마 1****에 대응되는 문제 공간을, [그림 4-3]은 스키마 ****1에 대응되는 문제 공간을 보여준다. 이 함수에 대해서는 스키마 1****가 스키마 ****1보다 품질이 좋다. 왜냐하면 1****에 대응되는 해들의 평균 품질이 스키마 ****1에 대응되는 해들의 평균 품질보다 좋기 때문이다. 단 한 개의 특정 기호만 갖는 스키마들 중에서는 1****이 품질이 가장 좋다.

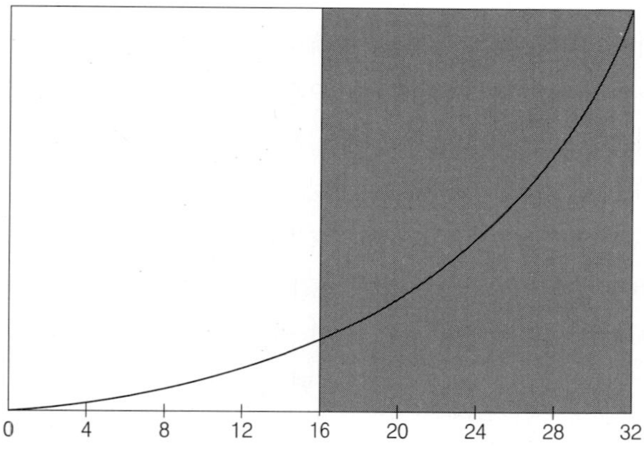

[그림 4-2] 스키마 1**의 대응 공간**

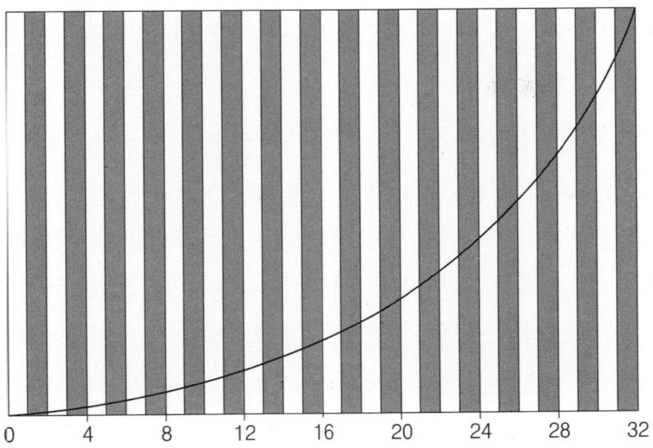

[그림 4-3] 스키마 ****1의 대응 공간

그러므로 스키마 1****를 포함하는 스키마들은 확률적으로 생존에 유리할 것이다(주로 선택 연산에 의해서이고 대치도 약간 영향을 미칠 수 있다). [그림 4-4]는 스키마 **1*1에 대응되는 문제 공간이다.

[그림 4-1]부터 [그림 4-4]는 [Goldberg, 1989]에 있는 그림을 빌려 왔음을 밝혀 둔다. 엄밀히 표현하려면 5차원의 공간에 표현해야 하지만 용이하지 않으므로 다섯 비트를 십진수와 대응시켜 그려본 것이다. 다섯 비트 중 최상위 비트만 다른 두 해는 [그림 4-2]~[그림 4-4]에서 거리가 16만큼 떨어져 있다. 최하위 비트만 다른 두 해는 1만큼만 떨어져 있다.

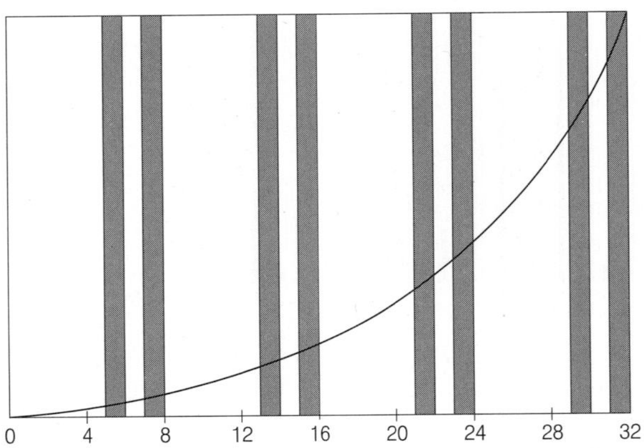

[그림 4-4] 스키마 **1*1의 대응 공간

5차원 공간에서는 두 경우 다 1만큼만 떨어져 있을 뿐이다. 각 비트의 순서가 바뀌면 문제 공간의 모양은 달라진다.

[그림 4-5]는 임의의 500노드짜리 그래프를 10개씩의 노드를 가진 50개의 클러스터로 나눈 다음(50-way 그래프 균등 분할 알고리즘 사용) 각 클러스터에 속한 노드들이 만드는 스키마의 길이를 측정한 것이다. 강력한 분할 알고리즘을 사용했으므로 각 클러스터는 상대적으로 연결 강도가 높은 10개씩의 노드로 이루어져 있다. 그러므로 이들이 만드는 스키마는 대부분 그래프 문제에서 같은 차수의 스키마들의 평균 품질을 상회할 것이다. 그림에서 흰색 막대는 주어진 일련번호를 사용하여(벤치마크 제공 사이트에서 주어진 번호를 사용하여) 표현했을 때 각 스키마의 길이고, 검정색 막대는 그래프를 BFS의 방문 순서에 따라 재배치한 다음 각 스키마의 모양이 변한 후의 길이다. BFS 재배치로 인해 이 스키마들의 길이가 대부분 대폭 감소함을 관찰할 수 있다. 이로 인해 문제 공간의 모양도 달라지고 스키마의 공간적 의미도 크게 달라진다. 그래프 이등분 문제를 이용한 실험에서 이 재배치로 인한 스키마의 모양 변경은 극적인 성능 향상으로 연결되었다 [Bui & Moon, 1993, 1996].

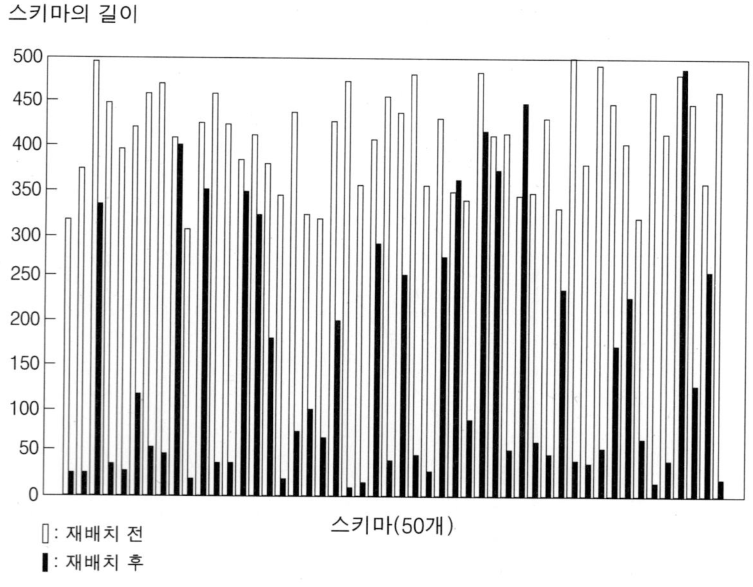

[그림 4-5] 유전자 재배치를 전후한 스키마의 길이 변동

Section

02 스키마의 생존 확률

일점 교차는 스키마의 길이가 생존에 절대적 영향을 미치나 다점 교차는 그 정도가 훨씬 덜하다. DeJong과 Spears(1992)는 스키마의 길이와 생존 확률을 자름선의 개수와 관련하여 조사하였다. 기본적인 사실은 모든 특정 기호들 사이에 짝수 개의 자름선이 존재하면 (0인 경우 포함) 스키마는 생존한다는 것이다. r차 스키마의 특정 기호들에 0부터 $r-1$의 일련번호를 매기자. L_i는 가장 왼쪽의 특정 기호로부터 특정 기호 i까지의 길이($i=1, 2, ..., r-1$) l은 염색체의 길이라 하자. 임의의 m차 스키마에서 k점 교차를 사용할 경우 모든 특정 기호 사이에 짝수 개의 자름선이 놓이는 확률 $P_{m,\ even}(k)$는 다음과 같이 계산할 수 있다 [DeJong & Spears, 1992].

$$P_{m,\ even}(k)=\sum_{i=0}^{\lfloor k/2 \rfloor}\binom{k}{2i}\left(\frac{L_{m-1}}{l}\right)^{2i}\left(\frac{l-L_{m-1}}{l}\right)^{k-2i}P_{m-1,\ even}(2i) \qquad \text{식 (1)}$$

이 식은 자름선들은 모두 독립적이라는 가정 하에 만들어진 것이다. 실제로는 두 자름선이 한 위치에 중복될 수 없으므로 독립이 아니다. 또한 L_{m-1}이 $2i$보다 작거나, $l-L_{m-1}$이 $k-2i$보다 작은 경우는 k점 교차가 성립될 수 없지만 위의 식에서는 그러한 경우도 배제하지 않고 있다. 그러므로 이 식은 근사치다. 그렇지만 k가 l보다 아주 작으면 두 자름선이 중복될 확률이 매우 희박하므로 실용성이 있다.

DeJong과 Spears는 이 식을 이용하여 [그림 4-6]의 스키마 생존 그래프를 그려보았다. 그림은 길이 30인 염색체에서 차수가 3인 스키마들의 생존 확률이 스키마의 길이에 따라 어떻게 변하는지 여러 가지 교차 연산에 대해 식 (1)을 사용하여 계산한 것이다. 대체로 자름선의 개수가 늘어날수록 생존 확률이 줄어든다. 홀수 개의 자름선을 사용하는 경우에는 스키마의 길이가 길어질수록 생존 확률이 대체로 줄어든다. 스키마의 길이가 매우 길 경우에는 짝수 개의 자름선을 갖는 교차와 홀수 개의 자름선을 갖는 교차는 재미있는 대조를 보인다.

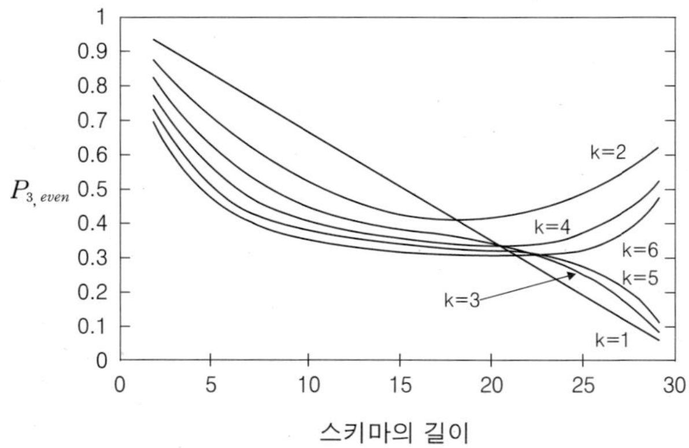

[그림 4-6] 길이 3인 스키마들의 자름선 개수에 따른 생존 확률

짝수인 경우가 생존 확률이 좀 높은데, 이는 홀수 개의 자름선을 사용할 경우 모든 특정 기호 사이에 짝수 개씩의 자름선을 놓고 나면 특정 기호대의 바깥에 반드시 하나 이상의 자름선이 놓여야 하기 때문이다. 짝수 개의 자름선을 사용할 때는 이런 제약이 없다.

자름선을 사용하는 전통적 교차는 이처럼 스키마 내의 특정 기호들의 위치가 중요한 영향을 미치나, 자름선을 사용하지 않는 균등 교차는 특정 기호들의 위치에 무관하다. 또한 P_0를 변경함으로써 스키마의 파손 확률을 조절할 수 있다. [그림 4-7]은 균등 교차에서 P_0를 변경하면서 스키마의 생존 확률을 그려본 것이다. 비교를 위해 일점 교차 및 다점 교차의 결과와 중첩시켜 그렸다.

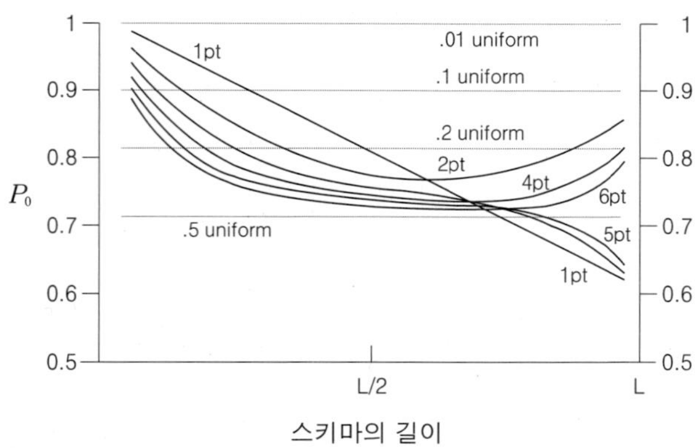

[그림 4-7] 균등 교차에서 P_0값 변화에 따른 생존 확률 변화

균등 교차와 관계된 생존 확률은 오직 스키마의 차수만이 상관이 있고 스키마의 모양과는 무관하다.

다음의 두 8차 스키마 H_1과 H_2를 생각해보자.

H_1: ***#***#***#***#***#***#***#***#***

H_2: ***###*#*********************#*###***

기호는 특정 기호의 위치를 나타낸다. H_1에서는 특정 기호들이 균일하게 분포하고 있고, H_2에서는 기호들이 군집을 이루고 있다. 두 스키마의 길이는 모두 28이다. 만일 일점 교차를 사용하면 두 스키마의 생존 확률은 동일하게 $\frac{6}{34}$이다. 이점 교차의 경우에는 H_1의 생존 확률은 $\frac{7\binom{4}{2}+\binom{6}{2}}{\binom{34}{2}}=\frac{57}{561}$이고, H_2의 생존 확률은 $\frac{\binom{20}{2}+2\binom{2}{2}+\binom{6}{2}}{\binom{34}{2}}=\frac{207}{561}$이다(이것은 (1)의 근사식으로 계산한 것이 아니다). H_2의 생존 확률이 서너 배 가까이 됨을 볼 수 있다. 이런 현상은 정도의 차이는 있지만 자름선의 개수가 더 늘어나도 일관되게 유지된다. 그러므로 다점 교차에서는 스키마의 "길이"를 중심으로 하는 생존 확률의 분석이 일점 교차에서와 비교해서 크게 의미가 떨어진다. 다음에 소개할 c-스키마 모델은 이러한 배경에서 스키마의 특정 기호들의 "분포"를 중심으로 생존 확률을 분석한다.

앞에서 언급한 바와 같이 자름선이 스키마 내부에 놓이는 경우라 하더라도 파손될 특정 기호의 위치에 상대 부모해가 똑같은 특정 기호를 갖고 있다면 그 스키마는 파손되지 않는다. 하지만 이 장에서는 분석의 편의를 위해 이러한 경우는 고려하지 않는다.

1 c-스키마

c-스키마는 $D_0C_1D_1 \ldots C_qD_q$, $C_i \in \{0,1\}^+$ $(i=1, 2, \ldots, q)$, $D_i \in \{*\}^+$ $(i=1, 2, \ldots, q-1)$, $D_0D_q \in \{*\}^*$와 같이 표현된다. 즉, C_i들은 특정 기호가 연속된 것을 나타내고, D_i들은 무관 기호들이 연속된 것을 나타낸다. 여기서 q를 이 c-스키마의 도수(degree)라 한다. $P_k(D_0C_1D_1 \cdots C_qD_q)$를 c-스키마 $D_0C_1D_1 \cdots C_qD_q$가 k점 교차를 통해 생존할 확률이라 하자. 이 c-스키마가 생존하기 위해서는 D_0와 D_q를 제외한 모든 D_i 상에 짝수 개(0 포함)의 자름선이 놓여야 한다. 또한 어떠한 C_i 상에든 자름선이 놓여서는 안된다. D_j 상에 놓이는 (짝수 개의) 자름선의 개수를 $2i_j$라 하자. 이렇게 하고 남은 자름선의 개수를 i_q라 하자

(즉, $i_q = k-2(i_1+\cdots+i_{q-1})$). 위의 모든 D_i 상에 짝수 개의 자름선이 놓이는 경우의 총 가지 수는 집합 $S=\{(i_1, \cdots, i_{q-1}) \mid 2(i_1+\cdots+i_{q-1}) \le k\}$의 원소의 개수와 일치한다. 그러므로 c-스키마 $D_0C_1D_1\cdots C_qD_q$가 생존하기 위해서는 $(i_1, \cdots, i_{q-1}) \in S$이고 나머지 자름선들은($i_q$개) 모두 D_0나 D_q 상에 놓여야 한다. 이로부터 다음의 확률을 얻을 수 있다 [Bui & Moon, 1994, 1998].

$$P_k(D_0C_1D_1\cdots C_qD_q) = \sum_{i_1+\cdots+i_{q-1}\le\lfloor k/2\rfloor} \frac{\binom{|D_1|+1}{2i_1}\cdots\binom{|D_{q-1}|+1}{2i_{q-1}}\binom{|D_0D_q|+1}{i_q}}{\binom{l}{k}} \qquad \text{식 (2)}$$

식 (2)는 식 (1)과 달리 모든 자름선들이 독립이 아니라는 사실이 반영되었다. 이 식은 중요한 사실을 보여주고 있는데 스키마의 생존에는 D_i들의 분포가 결정적인 영향을 미친다는 것이다. 임의의 r차 스키마의 도수가 q라 하자. 정의상 q는 r보다 항상 작거나 같다. 스키마의 특정 기호들의 군집 정도가 강해지면, q가 r보다 현저히 작아지고 c-스키마 모델은 생존 확률 분석이 식 (1)에 비해 훨씬 단순해진다. q가 작을수록 스키마의 특정 기호들이 덜 조각나고 스키마는 생존 확률이 대체로 높아진다.

식 (1)을 계산하기 위한 점근적 복잡도(asymptotic complexity)는 $\Omega(m^k)$, 식 (2)를 계산하기 위한 점근적 복잡도는 $O(q^k)$으로 잡을 수 있다. 매우 큰 k에 대해서는 두 식 다 현실적으로 계산이 불가능하다. $q \ll m$일 경우는 증가율에 큰 차이가 나 식 (2)는 식 (1)에 비하여 계산 가능한 범위가 훨씬 넓어진다. 어느 정도 이상 복잡한 스키마의 생존 확률을 분석할 때는 식 (2)가 식 (1)보다 더 정확하고 효율적이다.

식 (2)를 이용해 스키마의 모양과 생존 확률에 대한 다른 분석도 가능한데 [그림 4-8]은 길이가 50인 염색체에서 차수가 20인 스키마들의 생존 확률을 c-스키마 상의 q(도수)와 관계하여 그려본 것이다. 이차원적 그림의 제약으로 인해 그림에서 각 점의 넓이는 각 점에서의 빈도수를 나타낸다. 가장 넓은 부분은 (9, 0.004) 지점이다. 차수가 같은 스키마들은 도수가 낮을수록 생존 확률이 현저히 높아지고 있다. 즉, 특정 기호들의 군집 정도가 결정적인 역할을 한다. 이것은 문제의 표현에 따라 스키마들의 모양이 변하므로 문제의 표현이 얼마나 중요한지를 말해주고 있기도 하다.

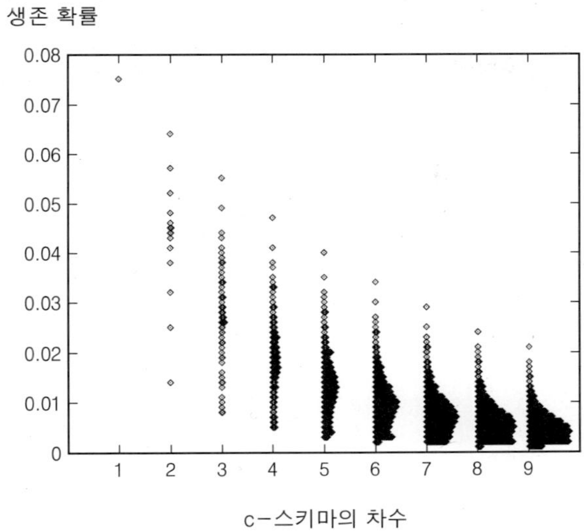

[그림 4-8] 동일 차수 c-스키마의 도수와 생존 확률

[그림 4-9]는 같은 도수를 가진 c-스키마들이 $|D_1|$, $|D_2|$, $|D_{q-1}|$, $|D_0D_q|$들의 표준 편차에 따라 생존 확률이 어떻게 변하는지를 보여준다. 도수가 같은 c-스키마들끼리는 대체로 표준 편차가 클수록 생존 확률이 높아짐을 확인할 수 있다.

[그림 4-10]은 [그림 4-9]의 (a)를 두 경우로 나누어 본 것이다. (a)는 $|D_i|$들 중 $|D_0D_q|$보다 긴 것이 하나도 없는 경우고, (b)는 그렇지 않은 경우다. [그림 4-10]의 (a)는 [그림 4-9]의 (b)와 모양이 거의 유사하다. [그림 4-10]의 (b)는 홀수 개의 자름선을 사용할 때는 스키마의 특정 기호들의 바깥 쪽 공간이 좁으면 생존이 절대적으로 불리해짐으로 인한 것이다. 즉, [그림 4-10]은 [그림 4-9]의 (a)에 나타나는 두 가지 경향을 매우 선명하게 분리해내고 있다. 앞서 언급되었듯이 홀수 개의 자름선을 사용할 경우 특정 기호들 사이에 짝수 개씩의 자름선을 놓고 나면 특정 기호대의 바깥에(D_qD_0 상에) 반드시 하나 이상의 자름선이 놓여야 하지만 짝수 개의 자름선을 사용할 때는 이런 제약이 없다. 이것이 [그림 4-6]에서 스키마의 길이가 길 때 홀수 개의 자름선을 사용한 경우와 짝수 개의 자름선을 사용한 경우가 차이를 보이는 이유이기도 하다.

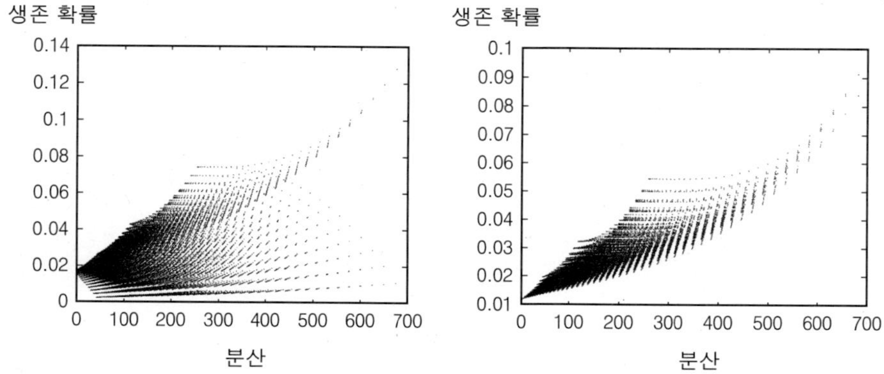

(a) 홀수 개의 자름선을 사용하는 경우 (b) 짝수 개의 자름선을 사용하는 경우

[그림 4-9] 같은 도수를 가진 c-스키마들의 $|D_i|$들의 표준 편차에 따른 생존 확률

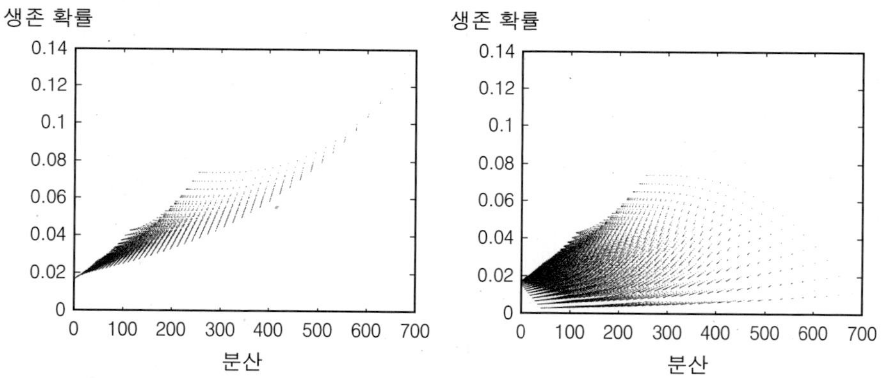

(a) $|D_0D_q|$가 모든 $|D_i|$들보다 큰 경우 (b) 그렇지 않은 경우

[그림 4-10] 그림 4-9(a)를 두 경우로 나누어 본 그림

② 다차원 스키마

이차원으로 표현된 염색체는 스키마의 길이에 대한 정의가 적용될 수 없다. 이차원의 $l \times l$ 격자 형태의 표현을 사용하는 염색체에서 스키마는 그 모양이 [그림 4-11]과 같다. 단 하나의 수평 또는 수직의 직선을 사용하여 교차를 하는 가장 간단한 경우를 보자. 스키마가 생존하려면 $\delta_x(H)$와 $\delta_y(H)$로 만들어지는 사각형 안에 자름선이 지나가면 안된다. 즉, 파손 확률은 일차원인 경우의 $\frac{\delta(H)}{l-1}$ 대신 $\frac{\delta_x(H)+\delta_y(H)}{2(l-1)}$가 된다.

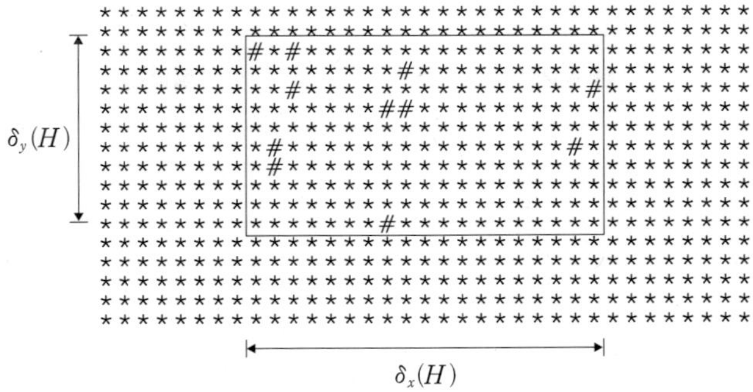

[그림 4-11] 이차원 스키마의 예

복수 개의 수평/수직선을 사용해서 교차를 하는 경우를 생각해보자. [그림 4-12]와 같이 k 개의 자름선으로 염색체를 분할하여 이들을 번갈아 복사하는 교차 연산을 가정하자. 스키마가 보존되려면, 임의의 두 특정 기호 사이를 잇는 임의의 선을 그었을 때(직선 또는 곡선 제한 없음) 항상 짝수 개의 자름선을 거쳐간다면 이 두 특정 기호는 해당 교차 연산에 대해 같이 움직인다. 그러므로 모든 특정 기호쌍에 대해 이러한 성질이 성립하면 그 스키마는 해당 교차 연산자에 대해 생존한다. 이차원에서 곡선을 자름선으로 이용해도 마찬가지다.

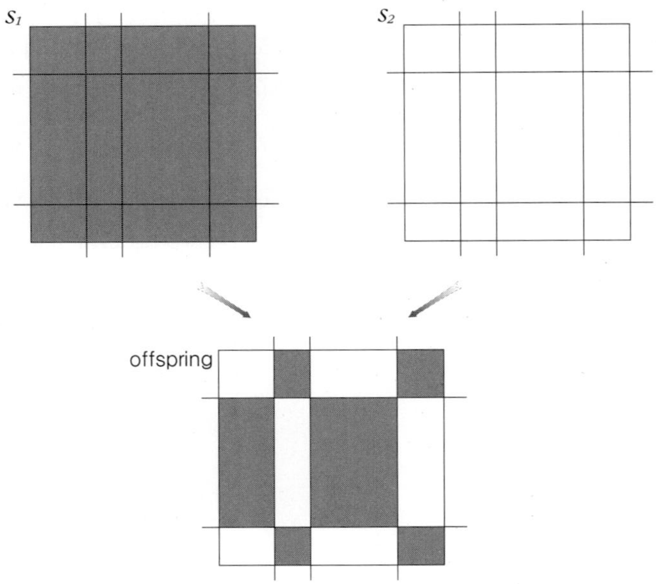

[그림 4-12] 이차원 교차의 한 예

이러한 성질은 다차원으로도 확장된다. 이차원에서 곡선의 자름선은 N 차원에서는 초곡면(hypersurface)의 형태를 띠게 되는데 각 초곡면이 모든 유전자들의 위치를 두 개의 그룹으로 나누는 조건만 만족하면 이러한 초곡면을 복수 개 사용해서 적법한 교차 연산을 만들 수 있다는 것이 이론적으로 증명되어 있다 [Kahng & Moon, 1995]. 이 경우 모든 특정 기호쌍에 대해 이 둘을 잇는 임의의 선이 짝수 개의 초곡면을 거쳐간다면 이 스키마는 생존하게 된다.

❸ 스키마의 생존이 다는 아니다

앞에서 스키마의 생존 확률을 다루었다. 생존 확률은 중요하지만 유전 알고리즘의 성능을 향상시키는 데 절대적인 조건은 아니다. 만일 모든 스키마에 대해 전반적으로 최소의 파손성을 갖도록 하려면 일점 또는 이점 교차나 아주 높은 P_0 값을 가진 균등 교차가 가장 유리하다. 그러나 파손성이 적다고 해서 우수한 교차 연산인 것이 아니며, 반대로 파손성이 크다고 해서 우수한 교차 연산인 것도 아니다. 염색체 표현이 바뀜으로써 한 스키마의 생존 확률이 높아지면 그에 따라 생존 확률이 낮아지는 스키마가 필연적으로 생긴다. 중요한 것은 대체로 고품질의 스키마의 생존 확률이 높아지도록 할 수 있으면 유리하다는 것이다. 어려운 점은 유전 알고리즘의 시작 전에 고품질의 스키마를 미리 파악하는 것이 그리 쉽지 않다는 것이다. 고품질의 스키마의 특징들을 예측할 수 있는 경우도 있는데 대부분의 그래프 문제의 경우 "상대적으로 강한 결합성을 갖고 있는 부분 그래프(clustered subgraph)"에 대응되는 스키마들은 고품질일 가능성이 높다.

임의의 교차 연산이 채굴(exploitation)의 경향이 강하면 탐험(exploration)의 경향이 약해지고, 탐험의 경향이 강해지면 채굴성이 떨어진다. 공간 탐색의 관점에서 본다면 채굴이란 이미 가본 곳 근처를 좀 더 심도 있게 보려는 경향이고, 탐험은 여태껏 가보지 않은 곳을 가보려는 경향이다. 이 두 경향을 적절한 선에서 조절하는 것이 유전 알고리즘의 성능에 중요한 영향을 미친다.

Section

03 상위

원래 상위란 말은 유전학에서 한 유전자가 다른 유전자의 발현을 억제하는 역할을 할 때 사용되지만 유전 알고리즘이나 복잡계 연구에서는 유전자 또는 인자들간의 상호 관계를 총칭하는 말로 사용한다. 상위가 작은 문제는 유전자들을 "비교적" 독립적으로 취급할 수 있으므로 문제 공간의 적합도 지형은 단순해지고 문제는 쉬워진다. Davidor(1990)는 임의의 문제의 상위의 정도를 정량적으로 측정할 수 있는 방법을 제안하였다. 현재까지 유전 알고리즘은 "중간" 정도의 상위도를 가진 문제에 가장 적합한 것으로 인식되고 있고 상위도가 지나치게 낮으면 언덕오르기(hill climbing)와 같은 간단한 방법들이 더 효율적이다. 상위도가 높은 문제를 표현 방식이나 적합한 연산을 통하여 상위도를 떨어뜨릴 수 있으면 유전 알고리즘에게 더 쉬운 문제로 변하므로 이러한 연구는 상당히 매력적이다. Beasley, Bull, Martin(1993)은 문제의 상위도를 떨어뜨릴 수 있는 expansive coding을 제안하였다.

상위 : epistasis

Kauffman(1989)은 상위의 강도가 미리 결정되는 문제 디자인 방법을 제안하였다. *NK*-지형(*NK*-landscape)이라고 명명된 이 모델에서 N은 염색체의 길이, K는 각 유전자가 영향을 받는 다른 유전자들의 개수다. K는 유전자들간의 상호 작용의 정도를 나타내며, 0에서 $N-1$까지의 값을 가질 수 있다. *NK*-지형은 다음과 같이 만들 수 있다.

① 길이 N인 비트열 $b=b_1b_2\cdots b_N$에서 각 비트 b_i의 적합도 기여치를 결정하는 K개의 다른 비트를 지정한다. 인접한 K개의 비트를 선택하건 임의로 선택하건 상관없다.

② 각 비트 b_i에 대해 벡터 w_i를 만드는데, 벡터의 원소 수는 2^{K+1}이고 각 원소는 [0, 1] 범위의 난수값을 갖는다. 각 원소는 $K+1$비트의 모든 가능한 조합들 중 한 경우의 적합도 기여치를 나타낸다. 임의의 비트열이 주어지면 비트 b_i의 적합도 기여치를 결정하는 K비트와 자신의 값을 살펴 w_i에서 기여치를 가져오게 되는데 이를 f_i라 하자.

③ 비트열 $b=b_1b_2\cdots b_N$의 적합도 $f(b)$는 각 비트의 적합도 기여치를 평균한 값으로 한다. 즉, $f(b)=\frac{1}{N}\sum_{i=1}^{N}f_i$가 된다.

이 모델의 가장 큰 매력은 K를 조절해서 적합도 지형을 조절할 수 있다는 점이다. K가 0이면 각 유전자들이 완전히 독립적인 쉬운 문제가 되고 K가 커짐에 따라 해들과 그 품질을 나타내는 N 차원의 문제 탐색 공간의 적합도 지형은 점점 더 복잡해진다.

Wolfram(1984)은 셀룰라 오토마타들의 역학적 전개가 "i) 한 점으로의 수렴, ii) 반복적인 사이클링, iii) 완전한 무규칙, iv) 국소적 패턴을 가진 무주기적 전개"의 네 개의 유형으로 나누어진다는 사실을 제시하였다. 이 중 네 번째 유형을 제외하고는 물리나 화학계에서 이미 알려져 있다. Langton(1992)은 셀룰라 오토마타의 상태 전이 함수를 조절함으로써 이러한 네 개의 유형을 재현할 수 있음을 보였다. 셀룰라 오토마타의 한 상태를 문제 공간상의 한 해로 대응시켜 보면, 해들의 이동 패턴이 몇 개의 유형으로 분류될 수 있다는 사실은 문제 공간 탐색에 매우 중요한 시사를 한다. 예를 들어, 유형 i)의 셀룰라 오토마타가 만들어 내는 문제 공간에서는 지역 최적점이 단 하나밖에 없다. 가장 관심을 끄는 유형의 문제는 국소적 패턴을 가진 무주기적 전개 방식을 가진 문제들(유형 iv)로서, 이들이 복잡계(complex system)라고 부르는 군에 속하는 문제들이다. 완전히 무규칙적인 문제는 문제의 효율적인 해결이라는 것이 가능하지도 않고 의미도 없다. 후에 Kauffman은 NK-지형에 의해 디자인된 시스템에서도 Wolfram과 Langton이 발견한 네 가지 유형을 재현할 수 있음을 발견하였다 [Waldrop, 1992].

위의 예들은 모두 상위의 강도와 문제의 난이도에 관한 것이고, 앞에서 언급한 유전자 재배치는 상위의 강도를 그대로 유지한 채 상위의 공간적 형태를 바꾸어 주는 효과가 있다. 상위가 높은 유전자끼리 공간적으로 더 효율적인 배치를 이루면 교차 연산을 통해 생존할 확률이 높아지게 될 것이다. 4.1절과 4.2절에서 일점 교차는 고품질 스키마의 길이가 짧도록 해주는 것이 유리하고, 다점 교차는 길이의 중요성이 다소 감소하며 스키마의 특정 기호들이 군데군데 군집을 이루도록 해주는 것이 유리하다는 사실을 배웠다. 상위 관련 연구는 문제 공간에 대한 연구가 아직 초창기에 불과하고, 문제 공간을 변형시켜 문제의 난이도를 조절하고자 하는 아이디어가 매력적인 만큼 계속 증가할 것이다.

최근의 연구로는 상위 관련 계산에 지수함수적 시간이 드는 복잡한 문제에서 이의 측정 시간을 이차 함수 수준으로 떨어뜨리는 방법 [Seo and Moon, 2003], 복잡한 문제를 구성하는 부분 집단 간의 상위를 정의하고 이를 이용해서 문제의 난이도를 해석하려는 시도 등이 있다 [Seo and Moon, 2007].

Section

04 문제 공간의 모양

1. 적합도-거리 상관 관계

Jones와 Forrest(1995)는 문제 공간 상에서 해의 품질과 전역 최적해(global optimum)와의 거리간의 상관 관계를 나타내는 적합도-거리 상관관계(fitness-distance correlation)를 조사함으로써 문제의 난이도를 예측하려는 시도를 하였다. 임의의 해들의 집합 $S=\{s_1, s_2, \ldots, s_n\}$에 대해 $F=\{f_1, f_2, \ldots, f_n\}$을 각 해들의 적합도라 하고, $D=\{d_1, d_2, \ldots, d_n\}$을 가장 가까운 전역 최적해와의 거리라 한다. 여기서 가장 가까운 전역 최적해와의 거리를 사용하는 이유는 전역 최적해가 하나 이상 있을 수 있기 때문이다. 이들로부터 상관계수(correlation coefficient) γ는 다음과 같이 계산된다.

$$\gamma = \frac{\text{cov}(F, D)}{\sigma_F \sigma_D},$$

$$\text{cov}(F, D) = \frac{1}{n}\sum_{i=1}^{n}(f_i - \bar{f})(d_i - \bar{d})$$

σ_F, σ_D: 표준 편차

$\bar{f}$: 집합 F의 해들의 적합도 평균

$\bar{d}$: 집합 D의 거리들의 평균

이들은 상관 계수 γ가 0.15 이상이면 공간 탐색을 호도하는 문제(misleading problems), −0.15보다 작으면 쉬운 문제(straight forward problems), −0.15부터 0.15 사이의 문제는 어려운 문제라는 가설을 세웠다. 0.15라는 수 자체는 논란의 여지가 있지만 문제의 난이도를 예측하는 데 아주 유용한 도구다. 이들은 실험적 예로서 *NK*-지형의 *N* 값을 고정시켜 놓고 *K* 값을 변화시킴에 따른 적합도-거리 상관관계의 분포를 계량적으로 관찰하였다. 즉, 상위가 강해짐에 따라 문제가 점점 더 어려워지는 정도를 관찰하였다.

② 상관 거리

Manderick 등(1991)은 임의의 연산을 통해 만들어지는 해들의 시계열적인 성격을 분석하여 문제 공간이 해당 연산에 대해서 얼마나 오랫 동안 상관성을 유지하는지 가늠해보는 시도를 하였다. 먼저 상관함수(autocorrelation function) $\rho(h)$는 임의의 확률과정(Random Process) $\{X_t\}_{t\in Z}$에서 h만큼 떨어진 두 확률 변수의 상관계수를 나타낸다. 확률과정 $\{X_t\}_{t\in Z}$는 시불변이라 가정한다(확률변수 $\{X_t\}$가 모든 $t_1, t_2, \ldots, t_k$와 h에 대하여 $\{X_{t_1}, X_{t_2}, \ldots, X_{t_k}\}$와 $\{X_{t_{1+h}}, X_{t_{2+h}}, \ldots, X_{t_{k+h}}\}$의 결합 분포(joint distribution)가 일치할 때 시불변이라 한다).

$$\rho(h)=\frac{1}{\sigma^2}R(h)=\frac{R(h)}{R(0)},$$
$$R(h)=E[(F_h-\mu_F)(F_0-\mu_F)]$$

F_h: 스텝 h에서의 적합도

μ_F: 평균 적합도

F_0와 F_h가 독립이면 $R(h)$는 0이 된다. Manderick 등은 상관거리(correlation length) τ를 $\rho(h)=1/2$이 되는 h로 정의하였다. 시간이 지나면서 h가 커지면 $R(h)$는 계속 작아져서 언젠가는 $\rho(h)$를 1/2 아래로 떨어뜨릴 것인데 이에 걸리는 시간을 τ로 잡은 것이다. [표 4-1]은 이들이 Genitor GA[Whitley, 1989]를 사용하여 *NK*-지형에서 $N=96$으로 고정하고 $K=0, 1, 2, 4, 8, 16, 32, 48, 95$로 변화시키면서 τ를 측정하고 2,048 세대 동안 개선이 일어난 횟수를 측정한 것이다(5번 수행의 평균). K가 증가하면서 상관거리가 짧아지는 것을 관찰할 수 있고, 문제는 점점 더 어려워짐을 볼 수 있다.

[표 4-1] NK-지형에서 K, 상관거리, 개선 횟수의 관계

K	0	1	2	4	8	16	32	48	95
τ	29.96	24.37	19.51	14.15	7.06	3.90	1.72	1.00	0.52
개선횟수	19.80	16.00	15.20	11.60	8.60	6.20	3.80	5.4	5.2

3. 큰 계곡

큰 계곡: big valley

문제 공간의 모양에 관한 재미있는 연구로 빼놓을 수 없는 것이 Boese 등(1994)의 연구다. 이들은 해들의 모양 상의 차이를 이용해서 문제 공간의 모양을 상상해보려고 시도하였다. 우선 상당한 수의(예, 2,500개) 서로 다른 지역 최적해들을 모은 다음, 각각의 해에 대해 ① 나머지 해들과의 거리의 평균과 ② 이 지역 최적해들 중 가장 좋은 해와의 거리를 계산하여 이들과 각 해의 품질과의 관계를 그려 보았다.

TSP와 그래프 이등분 두 문제에 대해 실험을 하였는데 [그림 4-13]과 [그림 4-14]는 각각 TSP와 그래프 이등분 문제에 대한 결과다. 비용이 낮을수록(품질이 좋을수록) 다른 해들과의 평균 거리가 대체로 짧고, 가장 좋은 해와의 거리도 짧다. 이 그림은 N 차원의 공간을 그릴 수 없어 이런 방법으로 추정을 해 본 것인데 전형적인 두 NP-Hard 문제의 공간의 모양에 대해 아주 중요한 힌트를 던지고 있다. 즉, 문제 공간은 최상의 해를 중심으로 "큰 계곡(big valley)"을 이루고 있음을 강하게 시사한다. 가장 대표적인 두 NP-Hard 문제의 지역 최적해들이 이러한 큰 계곡을 이루고 있는 것으로 추정됨에 따라 광범위한 문제들에 대해 이러한 특성이 있으리라고 추정된다.

Boese 등은 이 통찰로부터 복수 개의 지역 최적해들의 공통 부분을 제외하고 나머지만으로 최적화를 시도하는 adaptive multi-start 기법을 제안하여 이 기법이 효율적임을 보였다. "큰 계곡"에 대한 통찰은 이러한 문제의 해결에 최적해들끼리 부분 결합하여 새로운 해를 만드는 혼합형 유전 알고리즘도 효율적일 것임을 아울러 암시하고 있다고 하겠다. Boese 등이 제시한 adaptive multi-start 기법도 넓은 의미에서 유전 알고리즘의 일종이다.

Boese 등은 큰 계곡을 작은 계곡들이 프랙탈처럼 계층적으로 중첩되면서 배치되어 있는 모습일 것으로 추정하였는데 필자도 이에 강력히 동의한다. Boese는 필자와의 개인적인 만남에서 논문 심사위원들이 이에 대한 설득력 있는 설명을 요구하였는데 마땅한 설명을 할 수 없었다고 토로한 바 있다.

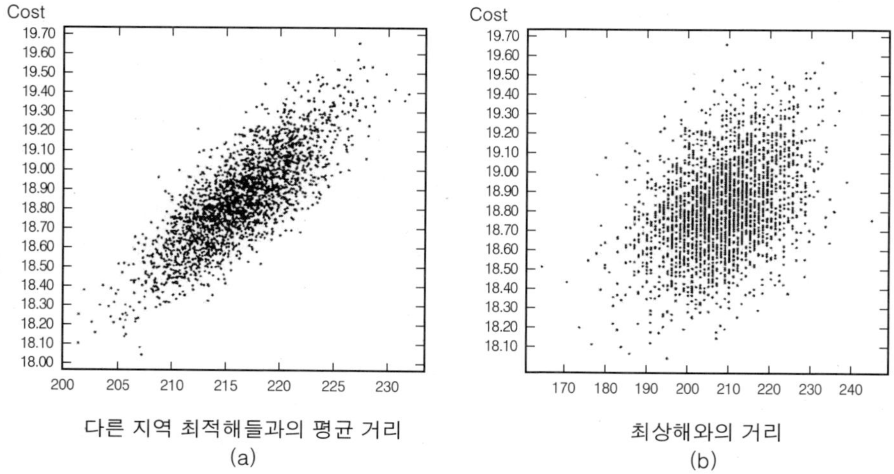

[그림 4-13] 532 도시 TSP의 2,500개 지역 최적해들을 사용한 측정 결과

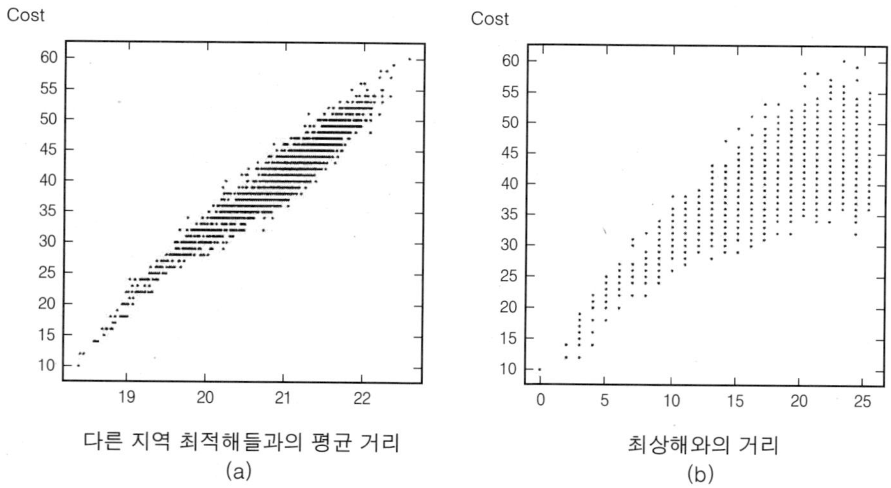

[그림 4-14] 100 노드 그래프 이등분 문제의 2,500개 지역 최적해들을 사용한 측정 결과

④ 문제 공간 중앙 부근의 매력

이번에는 많은 수의 서로 다른 지역 최적해들을 수집한 다음 이들의 유클리드 공간 상의 중점을 단순 계산에 의해 구하여 이의 품질을 알아본다.

[표 4-2]는 그래프 분할 문제에서 6개의 그래프를 대상으로 한 실험 결과다. 표에서 해의 총수는 각각의 그래프에 대해 구한 서로 다른 지역 최적해의 총수다. 그래프에 따라 2,221개부터 9,882개까지 다양하다. 이 수의 많고 적음이 특별한 의미를 가지는 것은 아니다. 표에서 최상해는 각각의 그래프에 대해 여기서 구한 해들 중 가장 품질이 좋은 해를 말한다. 평균해는 구한 해들의 평균치다. 예외없이 최상해들과 상당한 차이를 보인다. 상관계수는 [그림 4-14]의 (a) 실험에서와 같이 다른 해들과의 평균 거리와 품질간의 상관관계를 나타낸다. 실험한 모든 그래프에 대해 상관관계가 상당히 높음을 볼 수 있다.

중점해는 여기서 말하고자 하는 핵심으로, 지역 최적해들의 유클리드 공간 중심점의 품질이다. 아무런 알고리즘적인 개선 노력 없이 단순 계산으로 구한 지점인데 놀라울 정도로 좋은 품질을 보여준다. 우리가 문제 공간 상에서 임의의 점을 지정한 다음 그 품질을 구해 보면 지역 최적해들의 평균보다 훨씬 못해야 자연스럽다. 그래프 중 G250.04만이 지역 최적해들의 평균보다 나쁜 품질을 가졌고, 나머지는 모두 지역 최적해들의 평균을 다소 또는 훨씬 상회한다. 특히, U500.10은 최상해와 동일한 품질을 보였고, U500.05에서는 오히려 최상해보다 좋은 품질을 보였다. 구한 중점에 지역 최적화 알고리즘인 FM 알고리즘을 한 번 적용했을 때 6개의 그래프 중 3개는 최상해와 동일한 해를 찾았고, 최상해보다 좋았던 U500.05는 그대로 유지되었다. 이 실험 결과가 말하는 것은, 이러한 알고리즘을 써서 해를 찾자는 것이 아니고 문제 공간에서 지역 최적해들의 중심 영역이 아주 매력적인 구역이라는 것이다. 접근 방식은 달라도 Boese 등(1994)의 결론과 일치한다.

[표 4-2] 지역 최적해들에 대한 조사 결과

	G500.005	U150.05	G250.04	U1000.10	U500.10	U500.05
해의 총수	7,000	2,221	9,882	5,000	9,368	7,000
최상해	52	2	351	41	24	6
평균해	64.47	10.04	366.88	145.08	83.78	35.89
상관계수	0.79	0.87	0.76	0.90	0.91	0.90
중점해	59	7	379	42	24	5
중점해+FM	53	2	356	41	24	5

⑤ 지역 최적해들의 군집도

Boese 등의 주장처럼 문제 공간이 큰 계곡의 모양을 이루더라도 그리 단순하지는 않을 것임은 누구나 짐작할 수 있다. [그림 4–15]는 이에 대한 단초를 제공한다. 이것은 임의의 지역 최적해 s와 최상해까지의 거리, s와 모든 다른 지역 최적해들간의 거리의 평균과의 관계를 그려본 것이다. 최상해로부터 멀어지면서 다른 지역 최적해들간의 평균 거리가 멀어져 개략적으로 군집의 정도가 낮아져 가는 것을 볼 수 있다. 그렇지만 최상해로부터 먼 거리에서도 상당히 작은 평균 거리를 갖는 해들을 볼 수 있는데 이는 독자적인 군집을 나타내는 강력한 증거다. 이에 대한 보다 구체적 실험을 해본다.

[그림 4–16]은 임의의 해에 대해 위와 같이 구한 중점과의 거리를 X축으로 놓고, 이 해를 중심으로 일정 크기의 다차원 볼(ball)을 설정했을 때 이 볼 속에 포함되는 지역 최적해들의 수를 세어 본 것이다. 중심과의 거리가 멀어지면서 볼의 밀도(볼 속의 지역 최적해들의 수)가 급감하는 것을 볼 수 있다. 그러나 중점과의 거리가 아주 멀어도 볼의 밀도가 매우 높은 경우를 쉽게 볼 수 있는데 이것은 분명히 지역 최적해 군집들의 존재를 의미한다.

문제 공간의 모양에 관한 연구는 유전 알고리즘의 직접적 특성과는 상관없으나 유전 알고리즘 역시 공간을 효율적으로 탐색하는 것이 최우선적인 목표이므로 문제 공간에 대한 이해는 아무리 강조해도 지나치지 않다.

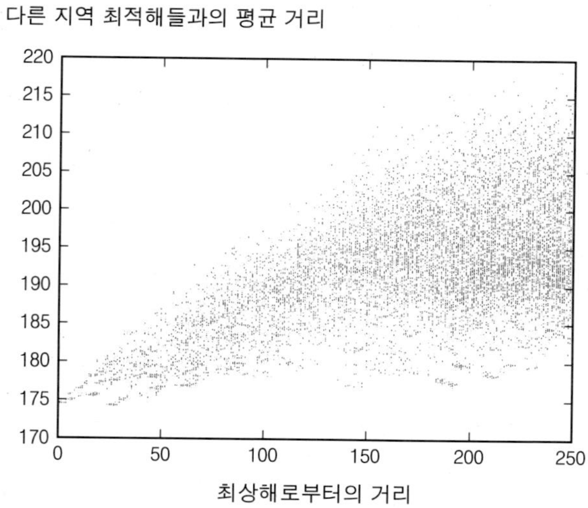

[그림 4–15] 최상해로부터의 거리와 다른 지역 최적해들로부터의 평균거리

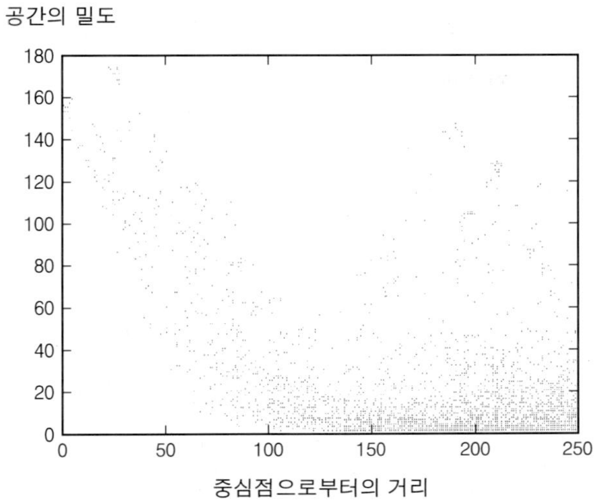

[그림 4-16] 중심점으로부터의 거리와 지역 최적해들의 군집성

문제 공간의 모양이나 지역 최적해들의 분포에 대한 제대로 된 이해 없이 공간 탐색을 시도하는 것은 눈을 감은 채로 길을 찾는 수준에서 그리 멀리 벗어나지 못한 셈이다.

6 끌개의 수, 분포, 밀도

지역 최적해는 끌개(attractor)라고도 한다. 문제 공간에서 해의 이동을 통해 탐색을 하려면 해를 바꾸는(이동시키는) 기본 연산이 있어야 한다. 이 연산에 따라 문제 공간의 모양이 결정된다. 예를 들어, TSP의 경우 한 해로부터 간선 두 개를 삭제하고 다른 두 개의 간선으로 대치하는 2-change 연산을 들 수 있다. 어떤 해에서 한 번의 2-change를 통해 이를 수 있는 주변의 해 중 어디로 이동할 것인가에 대해서는 일관된 규칙을 정하고 이에 따라야 문제 공간의 모양에 모호함이 없어진다. 임의의 해로부터 이렇게 이동하는 행위를 반복하면 궁극적으로 더 올라갈 수 없는 해를 만나게 되는데 이것이 지역 최적점, 곧 끌개다. 이 과정에서 만나는 해들은 모두 이 끌개의 지배를 받는다. 이런 식으로 궁극적으로 이 끌개에 이르게 되는 해들의 총수를 이 끌개의 크기라 정의하자. 그러면 우리가 보통 어렵다고 말하는 문제들에는 도대체 얼마나 많은 끌개가 존재하는지 궁금해진다. 지금부터 4.5.2절까지의 실험들은 필자의 연구실 학생들과 정보 올림피아드 훈련을 한 고등학생들이 필자의 지도하에 행한 실험 결과다. 아직 초기 단계고 정리가 덜 되어 여러 가지 다른 연산자에 대한 실험들이 섞여 있다. 실험의 세팅에 따라 같은 문제라도 끌개의 수는 아주 다양하게 변할 수 있다. 따라서 끌개의 수의 절대값보다 전체적인 경향과 그들간의 관계를 눈여겨 보기 바란다. [그림 4-17]은 최대 끌개의 크기가 52만 정도인 어떤 TSP 문제에서 끌개의 크기의 분포를 조사한 결과다. X축은 끌개의 크기를 1만으로 나눈 단위고, Y축은 해당 범위의 크기를 가진 끌개의 수다. 크기가 2만 이하인 끌개가 전체의 70% 정도를 차지하고 있다. 93% 정도가 크기 12만 이하의 끌개다. 상대적으로 보면 아주 작은 끌개들이 압도적으로 많음을 볼 수 있다.

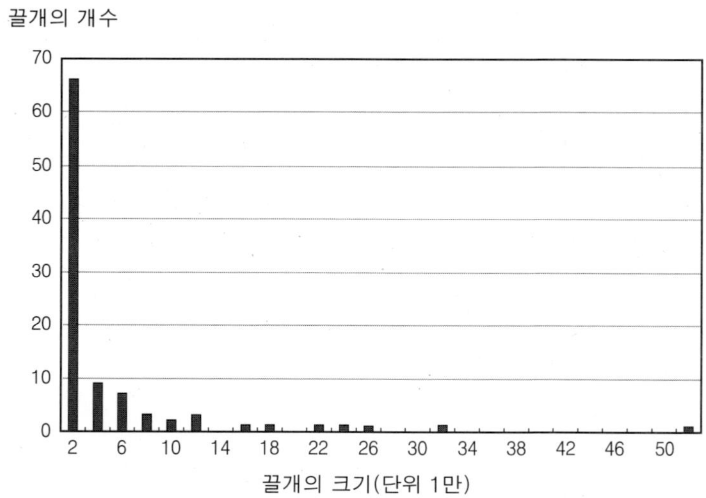

[그림 4-17] 끌개의 크기 분포

좀 더 구체적인 예를 하나 보자. [표 4-3]은 20개의 끌개를 갖는 어떤 TSP 문제에서 각 끌개의 크기를 나열한 것이다. 12-도시 TSP의 모든 가능한 해의 수는 11!이다. 여기에 서로 방향이 정확하게 반대인 두 경로는 같은 해이므로 이것까지 고려하면 모든 가능한 해의 수는 $\frac{11!}{2} = 19{,}958{,}400$개다. 이들 각각은 모두 하나씩의 끌개에 속하도록 탐색 방법을 제한하였다. 20개의 끌개 중 가장 큰 2개가 약 1,200만개의 해를 차지하였다. 나머지 18개의 끌개가 약 800만개의 해를 나누어 가졌다. 이중 6개의 끌개는 크기 10만 이하의 작은 끌개고, 이중 3개는 크기 3천 이하의 끌개다. 가장 작은 끌개의 크기는 약 1000, 가장 큰 끌개의 크기는 약 680만이다. 끌개 크기의 편차가 매우 심함을 볼 수 있다.

[표 4-3] 20개의 끌개를 갖는 12-도시 TSP에서 각 끌개의 크기

끌개의 크기
1,019
1,177
2,633
13,238
42,571
53,156
137,381
138,382
148,167
276,739
283,702
517,350
528,564
530,884
631,121
952,746
1,377,788
1,894,901
5,650,952
6,775,929

[그림 4-18]은 TSP의 도시수와 끌개의 수의 관계를 그린 그래프다. X축은 도시의 수, Y축은 도시수가 같은 TSP들의 평균 끌개의 개수다. 도시수가 증가함에 따라 끌개의 수는 기하급수적으로 증가한다. 사용하는 연산자의 종류에 따라 끌개의 수가 달라지고 대칭성이 있는 해들을 어떻게 처리하느냐에 따라서도 끌개의 수가 달라지지만 지수함수적인 증가 추세는 공통적으로 관찰된다. 문제의 난이도를 계량적으로 정의하기는 힘들어 엄밀한 표현은 아니지만, 도시수가 증가함에 따라 TSP의 난이도는 기하급수적으로 높아진다.

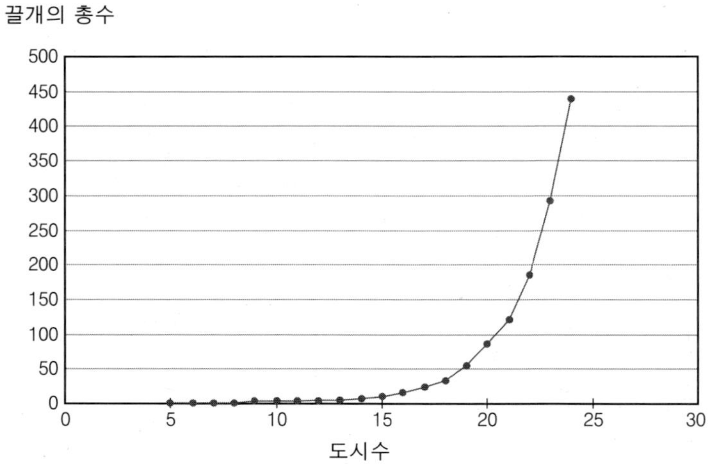

[그림 4-18] 도시의 수와 끌개의 수

[그림 4-19]는 끌개의 밀도와 품질간의 관계를 그려본 것이다. 기본 연산을 최소 *k*번 사용해서 한 해에서 다른 해로 이동할 수 있으면 두 해는 거리가 *k*라고 정의한다. 먼저 각 끌개에서 일정 거리 이내의 다차원 볼 안에 몇 개씩의 다른 끌개가 존재하는지 측정했다. 즉, 각 끌개 주변의 밀도를 측정했다. X축은 끌개의 밀도, Y축은 해당 끌개의 품질을 나타낸다. 끌개의 밀도가 높아질수록 품질은 대체로 좋아짐을 볼 수 있다. 더욱이 이것은 강한 일차적 상관관계를 가진다. 또한 최적해 근처는 아주 높은 밀도를 보여준다.

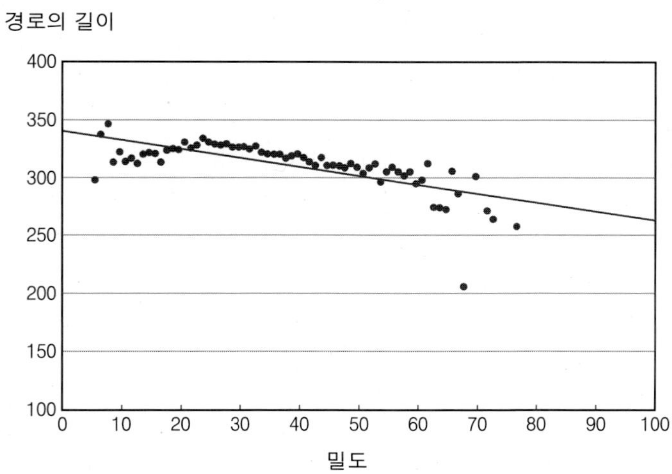

[그림 4-19] 밀도와 해의 품질간의 관계

[그림 4-20]은 끌개의 크기와 품질간의 상관관계를 그린 것이다. 앞에서 끌개의 크기는 해당 끌개로 귀착되는 해들의 총수라고 정의한 바 있다. 대체로 끌개의 크기가 클수록 품질은 좋아지는 경향이 있음을 볼 수 있다. 이 문제의 경우 크기가 가장 큰 4개의 끌개가 품질이 가장 좋은 4개의 끌개임을 볼 수 있다. 아주 강한 상관관계를 갖는다는 것은 분명하다. [그림 4-19]의 실험에서 끌개의 밀도가 클수록 품질이 좋아지는 경향이 있다고 했다. 밀도가 크다는 것은 근처에 끌개들이 많다는 것이다.

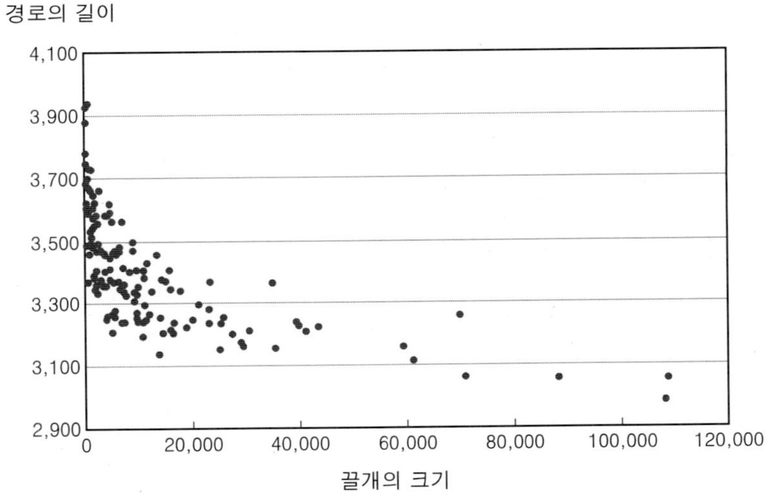

[그림 4-20] 끌개의 크기와 품질간의 관계

얼핏, 근처에 끌개들이 많으면 밀집되어 있으므로 끌개의 크기가 대체로 작을 것처럼 생각하기 쉽다. 이렇게 생각하면 [그림 4-19]와 [그림 4-20]의 결과는 모순되는 듯이 보인다. 근처에 끌개들이 많다고 해서 끌개의 크기가 대체로 작은 단순한 공간이 아닌 것 같다. 이런 것들로부터 여러 가지 상상을 해보는 것이 과학을 하는 재미 중의 하나다.

Section

05 연산자와 문제 공간

❶ 연산자가 문제 공간에 미치는 영향

문제 공간은 연산자에 따라 결정된다. 연산자가 탐색 알고리즘이 문제 공간에서 어떻게 이동할 것인지를 결정해주기 때문이다. A라는 연산자로는 끌개가 되는 해가 B라는 연산자로는 끌개가 아닐 수 있다. 서로 다른 연산자가 만드는 상이한 공간을 관찰하기 위해 TSP를 위한 세 개의 간단한 연산자로 실험을 해본 결과를 소개한다.

첫 번째 연산자는 2-change다. TSP의 해에서 2개의 간선을 버리고 다른 2개의 간선으로 수선을 하는 연산자를 2-change라 한다. 참고로, TSP의 해에서 임의의 2-change를 시도해 보아 품질의 개선이 있으면 취하고 그렇지 않으면 버리는 작업을 더 이상 개선이 없을 때까지 반복하는 탐색 방법을 2-OPT라 한다. [그림 4-21]은 2-change를 시각적으로 그린 것이다. 설명의 편의상 해(TSP의 싸이클)를 원호로 그렸다.

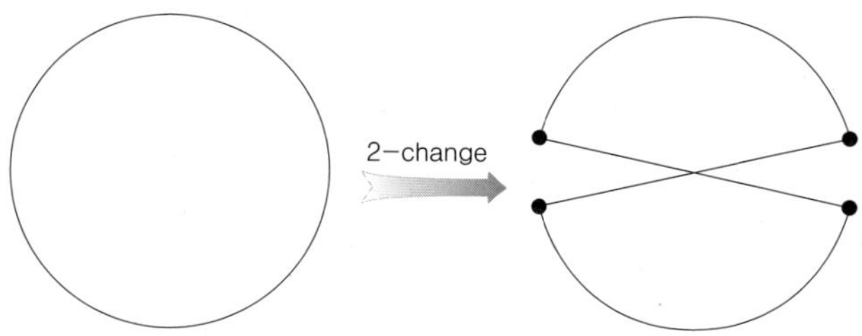

[그림 4-21] 2-change

두 번째 연산자는 Or-change다. 원래 Or-change는 TSP의 해에서 임의로 3개 이하의 연속된 정점을 통째로 다른 곳으로 옮기는 연산자다. 임의의 해에서 가능한 Or-change는 5가지가 있다. [그림 4-22]는 5가지의 Or-change를 시각적으로 그린 것이다. 여기서는 Or-change의 원형이나 탐색의 품질을 최대한 좋게 하는 것은 관심의 대상이 아니므로 가능한 5가지의 Or-change 중 한 정점을 다른 곳으로 옮기는 연산자만 Or-change라 부르기로 하자. 즉, 그림의 오른쪽 맨 아래로만 제한한다.

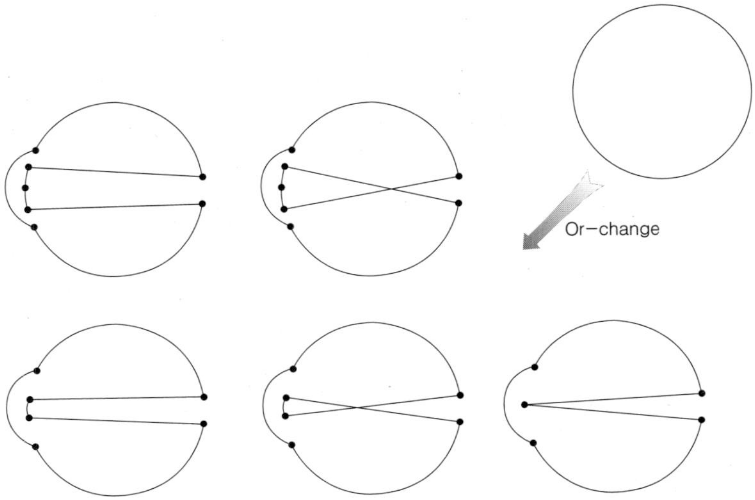

[그림 4-22] Or-change

세 번째 연산자는 swap-change다. 이 연산자는 TSP의 싸이클에서 두 개의 도시를 서로 맞바꾸는 연산자다. [그림 4-23]은 swap-change를 시각적으로 그린 것이다. Swap-change는 얼핏 2-change와 비슷해 보이지만 대부분 4개의 간선이 바뀌는 결과를 초래한다. 가끔 2개의 간선이 바뀌기도 한다.

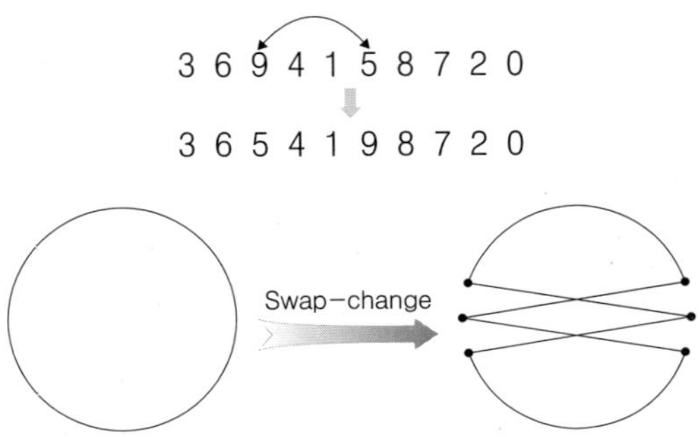

[그림 4-23] swap-change

이 3개의 연산자가 만드는 문제 공간의 차이를 살펴보자. [표 4-4]는 여러 크기의 TSP 문제들에 대하여 2-change, Or-change, swap-change로 인해 만들어지는 끌개의 수를 센 것이다. 3개의 연산자 중 2-change가 가장 작은 수의 끌개를 만드는 것을 볼 수 있다. Swap-change는 다른 2개의 연산자에 비해 현저히 많은 끌개를 만든다. 공간에서 끌개가 많다는 것은 그만큼 공간이 구불구불하다는 것이다. 대체로 탐색하기가 더 힘들어진다. 예를 들어, 정점의 수 20인 경우를 보자. 2-change는 평균 86개, Or-change는 평균 132개, swap-change는 평균 45,815개 정도의 끌개를 만든다. 즉, 2-change는 끌개 86개 중 가장 좋은 것을 만나면 최적해를 찾고, swap-change는 무려 4만 6천여 개의 끌개 중 가장 좋은 것을 찾아야 한다.

[표 4-4] 3개의 연산자가 만드는 끌개의 수

도시수 \ 연산자	2-change	Or-change	swap-change
5	1.07	1.00	1.05
6	1.15	1.02	1.17
7	1.28	1.12	1.30
8	1.51	1.28	1.66
9	1.78	1.57	2.69
10	2.32	2.04	5.19
11	2.79	2.86	11.51
12	3.94	4.11	26.42
13	5.20	5.91	63.09
14	7.74	9.36	145.46
15	10.63	14.36	351.81
16	16.81	21.90	880.28
17	24.58	34.83	2198.47
18	33.84	51.73	5916.97
19	54.50	83.30	15931.67
20	86.05	131.53	45814.55
21	121.25	N/A	N/A
22	184.63	N/A	N/A
23	292.30	N/A	N/A
24	439.41	N/A	N/A

[표 4-5]는 100-도시 TSP에서 임의의 해로부터 해당 해를 끌어들이는 끌개까지 도달하는 데 필요한 거리, 즉, 연산 횟수를 측정한 결과다. 임의로 1,000개의 초기해를 만들어 이들로부터 끌개에 이르는 거리를 재어 통계를 낸 것이다. 2-change가 가장 빨리 끌개에 이름을 볼 수 있다. 얼핏 생각하면 끌개에 이르는 거리는 끌개의 수가 많을수록 짧아질 것으로 예상할 수도 있다. 즉, 2-change, Or-change, swap-change 순으로 끌개 도달거리가 길 것으로 추정할 수 있다. 끌개의 수가 많으면 끌개의 평균 크기는 작아지기 때문이다. 그렇지만 실험 결과는 Or-change, swap-change, 2-change 순이다. 예상과는 정반대로 2-change가 가장 짧다. 2-change와는 비교할 수 없이 작은 평균 끌개 크기를 가진 swap-change의 공간이 더 긴 끌개 도달 거리를 가진다는 것은 공간이 그만큼 많이 뒤틀려 있다는 것이다.

[표 4-6]은 100-도시 TSP에서 각 연산자를 사용한 탐색 결과를 측정한 것이다. 임의로 1,000개의 초기해를 만들어 이들로부터 각 연산자를 사용해 탐색한 결과를 통계낸 것이다. 2-change, Or-change, swap-change순으로 품질이 좋다. 끌개의 수와 품질이 음의 상관관계를 보이고 있다.

[표 4-5] 100-도시 TSP의 임의의 해에서 끌개에 도달하는 데 필요한 거리(연산 횟수)

도달 거리 / 연산자	최소 거리	최대 거리	평균 거리
2-change	87	123	102.2
Or-change	102	188	136.5
Swap-change	79	163	114.9

[표 4-6] 100-도시 TSP에 대한 각 연산자의 탐색 결과

품질 / 연산자	최소 경로 길이	최대 경로 길이	평균 경로 길이
2-change	8081.9	9275.4	8555.0
Or-change	8788.1	12851.9	10569.3
Swap-change	11116.2	18773.0	14487.3

❷ 끌개의 개수 추정하기

TSP의 경우 도시의 수가 일정 크기 이상이면 모든 해로부터 끌개를 세어보는 것이 매우 어려워진다. 서른 개 가까이 되면 거의 불가능해진다. 이제는 전체 해 중의 일부만으로 실험을 한 다음 이를 바탕으로 추정을 할 수밖에 없다. X 축을 확인해 본 초기해의 수로 놓는다. Y 축은 해당 X개의 초기해에 대해 발견된 서로 다른 끌개의 수로 놓고 그래프를 그린 다음 이를 설명하는 회귀 함수를 구하는 것이다. 이 회귀 함수 상에서 X 축의 값이 모든 가능한 해의 수와 일치하는 점에서 Y 축의 값이 끌개 개수의 추정치다. [그림 4-24]는 회귀 함수의 예다.

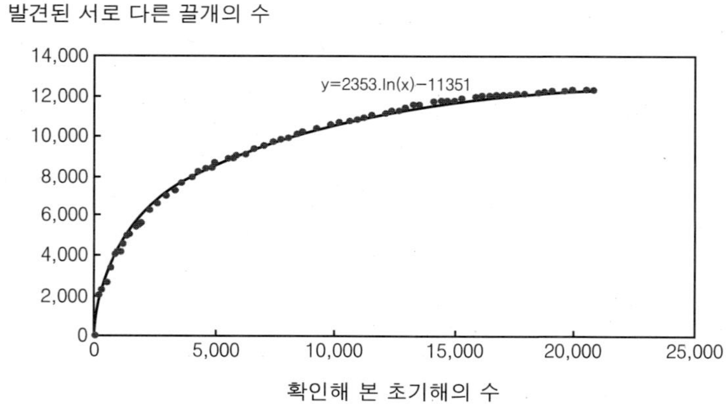

[그림 4-24] 회귀 함수에 의한 추정법

회귀 함수를 이용해 추정을 하지만 이 방법이 얼마나 정확한지는 확신할 수 없다. 그래서 다른 방법으로 추정하여 둘을 비교해보면 정확성에 대해 어느 정도 가늠을 할 수 있을 것이다. X 축을 지금까지 발견한 끌개의 총수로 놓는다. Y 축은 X 값이 하나 늘어날 때(즉, 새 끌개가 하나 발견될 때) 확인해 본 초기해의 수로 놓아 그래프를 그린 다음 이를 설명하는 회귀 함수를 그린다. 이 회귀 함수를 0부터 적분하여 면적이 총 해의 수가 되는 X 값이 끌개 개수의 추정치가 된다. [그림 4-25]는 적분법을 사용하는 예를 그린 것이다.

[표 4-7]은 25-도시 TSP 문제 5개에 대해 위의 두 가지 방법으로 측정한 결과다. 사용한 연산자는 Or-change다. 이 두 방법은 대체로 큰 차이를 보이지 않는다. 평균 5% 정도의 차이를 보인다.

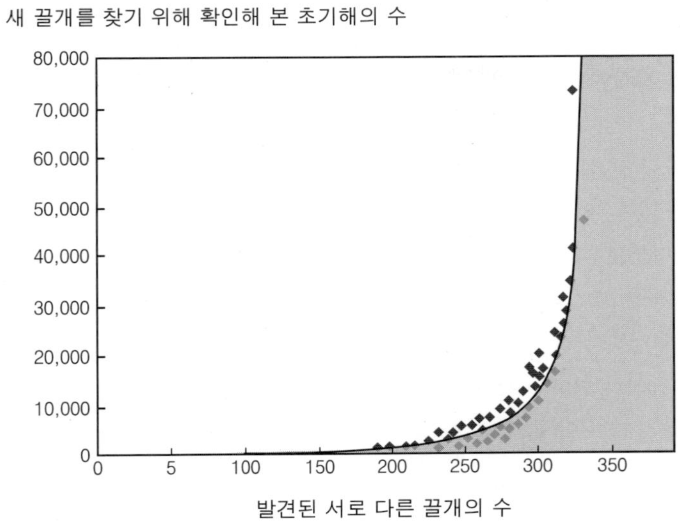

[그림 4-25] 적분에 의한 추정법

[표 4-7] 25-도시 TSP와 Or-change가 만드는 공간의 끌개수 추정치

추정법 \ 문제 번호	1	2	3	4	5	평균
회귀 곡선법	19104	3245	3344	3770	6884	7269.4
적분법	18856	3708	3898	4250	7369	7616.2

[표 4-8]은 30-도시 TSP 문제 5개에 대해 위의 두 가지 방법으로 측정한 결과다. 사용한 연산자는 Or-change다. 30-도시 문제의 경우, 두 방법은 평균 30% 정도의 차이를 보인다. 모집단의 크기를 키우면 차이는 더 좁혀질 수 있을 것이다. 이 정도의 차이는 애초에 우리가 예상한 것보다는 작다. 나중에 100-도시 문제에 대해서도 추정을 할 경우, 1000배 정도의 차이도 아주 만족할 것이다.

[표 4-8] 30-도시 TSP와 Or-change가 만드는 공간의 끌개수 추정치

추정법 \ 문제 번호	1	2	3	4	5	평균
회귀 곡선	24863	153585	157476	38275	301774	135194.0
적분	19311	162775	240536	36527	423827	176595.1

③ 삼차원으로부터의 은유 정도로는 안된다

흔히 다차원 문제 공간을 시각적으로 상상하기 힘들므로 삼차원 공간으로부터 은유적 상상을 한다. 아직 충분한 연구가 이루어지지는 않았지만 초기 연구 결과에 의하면 TSP와 같은 문제의 문제 공간은 삼차원 공간의 특성과는 너무도 다르다. 앞의 실험들로부터 어느 정도 경험은 한 바 있다. 예를 들어, 삼차원의 지형도를 생각할 때, 어떤 끌개의 영역에서 막 벗어나서(끌개 A에 속하는 경계로부터 거리 1만큼만 바깥으로 벗어났을 때) 그곳으로부터 이를 수 있는 다른 끌개는 제한적이다. 일반적인 삼차원 지형을 생각하면 한 산봉우리에서 눈에 보이는 이웃 봉우리 몇 개 정도가 이런 방식으로 이를 수 있다. 한 끌개의 영역에서 막 벗어나서 이를 수 있는 다른 끌개는 얼마나 될까? 작은 TSP 문제로 간단한 실험을 해보았는데 결과는 아주 놀랍다. 뜻밖에도 거의 모든 끌개들끼리 이런 방식으로 서로 이를 수 있다. 가깝다는 것과 이웃하다는 것의 정의는 이런 종류의 공간에서는 완전히 다시 쓰여야 할 것으로 보인다.

이번에는 두 끌개간의 종속 관계를 생각해보자. 한 끌개가 다른 끌개의 공간 가운데에 온전히 속해 있으면(즉, 얹혀 있으면) 이를 종속끌개 정도로 부를 수 있을 것이다. 이런 종속끌개의 존재를 찾기 위해 한 학생이 다음과 같은 아이디어를 내었다. 두 개의 끌개 A, B에 대해 끌개 B에 더 가까운 어떤 해가 B에 속하지 않고 끌개 A에 속한다면 끌개 B는 끌개 A의 종속끌개 후보가 아닐까 추정한 것이다. 이러한 성질을 만족하면 끌개 B를 끌개 A의 종속끌개 후보라 하자. B가 A의 종속끌개 후보고, A는 B의 종속끌개 후보가 아니라면 B는 A의 종속끌개일 가능성이 있다. 이런 종속끌개의 존재를 많이 찾아낼 수 있으면 끌개들의 중첩에 관한 조그만 힌트가 될 것이다. 그렇지만 이런 기대를 바탕으로 한 실험 결과는 역시 전혀 예상 밖이다. 대부분의 끌개들이 서로 종속끌개 후보 관계를 갖는다. 즉, 서로 종속적이지 않고 대등한 관계를 이룬다.

Boese 등은 큰 끌개 위에 작은 끌개들이 층층이 중첩되어 배치되어 있다고 추정했지만 그에 대한 설득력 있는 설명은 제시하지 못하는 것에 대한 당혹스러움을 토로한 바 있다. 종속끌개와 같은 실험도 이런 것에 대한 작은 단초를 잡아보기 위한 것인데 쉽지가 않다. 이러한 추측을 실험적으로 또는 이론적으로 뒷받침할 수 있는 좀 더 명확한 근거를 제공하는 것은 만만치 않지만 아주 재미난 연구가 될 것이다.

Section

6 왕도 함수

앞에서 스키마의 보존과 파손에 관해 다루었으나 스키마의 생성에 대해서는 거의 연구된 것이 없다고 하였다. Mitchell, Forrest, Holland(1992)는 이를 연구하기 위해 적합도 지형이 미리 디자인된 함수를 제안하였다. 이것은 빌딩 블록들을 미리 알 수 있도록 하여 빌딩 블록들이 결합해 가면서 진화하는 과정을 손에 잡히게 관찰하고자 하는 동기에서 출발하였다. 빌딩 블록 가설에 의하면 유전 알고리즘은 짧고, 저차수고, 고품질인 스키마들이 결합하여 점점 더 고차수의 고품질 스키마로 발전하는 과정이라는 것이다. 왕도 함수는 인위적으로 이들 고품질의 스키마들을 만들어 준다. 이들이 예로서 만든 함수는 다음과 같다.

왕도 함수: royal-road function

$$R(x)=\sum_i c_i\sigma_i(x),\ \ \sigma_i(x)=\begin{cases}1 & \text{if } x\in s_i\\ 0 & \text{otherwise}\end{cases}$$

s_1 : 11111111** $c_1=8$
s_2 : ********11111111** $c_2=8$
s_3 : ****************11111111** $c_3=8$
s_4 : ************************11111111******************************** $c_4=8$
s_5 : ********************************11111111************************ $c_5=8$
s_6 : **11111111**************** $c_6=8$
s_7 : **11111111******** $c_7=8$
s_8 : **11111111 $c_8=8$

이것은 매우 작위적이고 단순하지만 적어도 최적해에 이르는 길을 알고 있다는 점에서 의미가 크다. 좀 더 복잡하고 세련된 왕도 함수가 고안되면 더욱 복잡한 스키마의 생성 과정을 추적할 수 있을 것이다. 또한 앞에서 설명한 상위와 연결하여 디자인할 수 있는 가능성도 있다. Holland(1993)는 언덕오르기 알고리즘으로는 풀기 힘든 수준의 보다 복잡한 왕도 함수를 제안하였다(해설적 설명은 [Jones, 1994] 참조). 최근에 왕도 함수와 관련된 연구들이 간헐적으로 보인다[Collard& Gaspar, 1996; Sebag & Schoenauer, 1996; Ichimura & Kurimaya, 1998; Seo & Moon, 2006]. 유용하고 중요한 도구다.

존 폰 노이만

폰 노이만은 현존하는 대부분의 컴퓨터가 속하는 폰 노이만 기계의 창시자로 잘 알려진 컴퓨터 과학의 대부다. 프로그램을 저장하여 처리할 수 있는 폰 노이만 기계의 개념을 창안하여 컴퓨터 문명의 찬란한 씨앗을 뿌렸다. 우리가 피상적으로 알고 있는 것보다 너무나도 다양한 행적을 남긴 사람이다.

컴퓨터에는 폰 노이만 기계를 따르지 않는 비 폰 노이만 기계들도 있는데 이들 중 대표적인 것이 셀룰라 오토마타다. 재미있는 것은 이 비 폰 노이만 기계의 아버지도 역시 폰 노이만이라는 것이다. 헝가리의 부유한 은행가 집안에서 태어난 그는 어릴 때부터 부다페스트에서 수학 신동으로 이름을 떨쳤다. 스물 세 살에 프린스턴 고등연구소의 교수가 된 그에 관해서는 많은 신화적 이야기들이 전해온다. 전화번호부를 단 한 번 보고 한 페이지를 통째로 기억할 수 있었을 정도로 기억력이 뛰어났다고 한다. 컴퓨터의 대부로만 주로 알려져 있지만 그 당시의 대표적인 양자 역학의 이론가이기도 했고, 게임 이론의 실질적 창시자이기도 하며, 미국의 원자폭탄 제조를 위한 맨하탄 프로젝트를 이끈 핵심 멤버이기도 하였다. 논란의 여지는 있지만 20세기 최고의 수학적 업적을 남긴 천재 수학자 괴델이 그의 괴델 정리를 확립하던 시기에 결정적인 검증자 역할을 한 사람도 폰 노이만이며, 만성적으로 심신이 쇠약했던 괴델이 죽음을 감지하고 그의 미발표 논문을 유서로서 맡긴 사람도 폰 노이만이었다(재미있게도 유서를 맡은 폰 노이만은 먼저 죽고 괴델은 폰 노이만보다 20년이나 더 살다가 죽는다). 한 노벨상 수상자는 그를 "톱니 바퀴의 맞물림이 1천분의 1인치까지 정확하게 돌아가는 두뇌"라고 극찬했고 저명한 물리학자 한스 베테는 "나는 폰 노이만과 같은 특출한 두뇌라면 일반적인 인간과는 다른 종으로 분류되어야 한다는 생각이 들기도 한다"고 말하기도 하였다. 또한 폰 노이만이 낀 과학적 토론에서 폰 노이만이 의견을 말한다는 것은 결론을 내린다는 의미와 같아 더 이상 토론이 되지 않을 정도였다고 전해진다. 이와 관련한 가장 유명한 농담은 폰 노이만은 사람이 아니라 반신반인(반은 신이고 반은 인간인 존재)인데 인간을 너무 잘 이해했기 때문에 인간 행세를 했다는 것이다.

컴퓨터가 제 모습을 나타내기도 전에 폰 노이만은 반세기 후의 일까지 예견하는 통찰력을 보이고 있다. 진화에 대해서 "나는 단백질처럼 그 어떤 인공적 구조물보다도 복잡하고 특정한 목적을 가진 유기체가 임의적인 과정 속에서 필연적으로 탄생할 수밖에 없었다는 사실에 몸서리를 쳤다"고 기술하여 진화의 위력에 대해 강한 믿음과 놀라움을 표현하였다(Steven Levy의 저서 『인공 생명(Artificial Life)』(사미서각, 1996) 참조).

앞 장에서 언급했듯이 1940년대 말의 한 강연회에서 그는 자기 재생산을 할 수 있고 점점 더 복잡한 기능으로 진화할 수 있는 기계의 출현을 예고하였다. 폰 노이만이 진정한 관심을 가졌던 것은 재미있게도 비 폰 노이만 기계였던 것이다. 남들이 요즈음의 탁상용 계산기보다 훨씬 못한 초기 컴퓨터를 놓고 신기해하고 있던 40년대 말에 진화가 후일 컴퓨터에 미칠 영향을 예견하고 있으니 그의 생각이 얼마나 앞서 갔던가를 가히 짐작할 수 있다. 그로부터 10여년 후에 진화의 원리를 이용한 계산 기법들이 등장하기 시작하였고, 현재 유전 알고리즘으로 대표되는 진화 연산, 인공 생명 등의 학문이 90년대에 들어 급격히 발전하고 있다. 폰 노이만이 궁극적으로 꿈꾸었던 자기 복제와 진화의 기능을 갖는 기계를 향한 연구가 소프트웨어적 관점에서 가시권에 들어온 것만은 분명하다.

이러한 천재 폰 노이만도 지금의 관점에서 보면 어이없는 판단 착오를 일으킨 예가 있다. IBM에서 포트란 언어를 설계한 존 배커스는 『컴퓨터를 만든 15인의 과학자(Out of Their Minds)』(세종연구원, 1998)라는 책에서 당시 IBM의 고문을 맡고 있던 폰 노이만이, 모든 프로그래밍이 기계어로 이루어지던 당시에 고급 언어의 필요성을 느끼지 못하고 포트란의 개발을 반대해서 그를 극복하고 프로젝트를 시작하는 데 힘들었던 기억을 언급하였다. 당시의 상황이 왜곡없이 전해진 것인지는 모르겠으나 지금은 당연하게 느껴지는 고급 언어의 필요성을 현대 컴퓨터의 설계자 폰 노이만이 느끼지 못했다는 것은 참 아이러니컬하다.

폰 노이만은 그의 선구자적 설계의 편린을 남겨 놓고 54세에 전립선암으로 사망하였다.

Chapter 05

확장된 주제들

＊학습목표

- 염색체 표현을 위상학적으로 분류한다.
- 정규화의 필요성과 예제를 살펴본다.
- 목적 함수가 복수 개일 때의 처리 방법을 알아본다.
- 전통적 유전 알고리즘의 한계와 미미틱 유전 알고리즘의 원리 및 중요성을 이해한다.
- 개체군집최적화와 공진화의 동기 및 원리를 이해한다.
- 분류자 시스템의 구조와 그 작동 원리를 이해한다.
- 열린 시스템과 닫힌 시스템의 차이를 알아보고, 에코 모델을 개략적으로 살펴본다.

Preview

우연성이라는 조건에서 출발하여 자연을 프로그래밍하라.
그 다음부터는 자연이 모든 것을 떠맡는다.

스티븐 레비, 그의 저서 「Artificial Life(인공생명)」에서
존 홀랜드와 유전 알고리즘을 설명하면서

이 장에서는 좋은 유전 알고리즘을 만드는 데 중요한 주제와 앞에서 간략히만 언급해 좀 더 심도있는 설명이 필요한 것을 다룬다. 우선 다양한 염색체 표현 방법을 위상학적 관점에서 정리해본다. 염색체 표현에 있어 유전형의 다양함은 공간 탐색 상의 비효율을 초래하는데 이를 개선하는 정규화를 심도있게 다룬다. 목적 함수가 여러 개인 경우는 지금까지와는 다른 접근을 필요로 하는데 이를 위한 몇 가지 방법을 소개한다. NP-Hard에 속하는 난제들은 문제 크기가 어느 정도 되면 순수한 유전 알고리즘으로는 경쟁력을 갖기 힘들다. 유전 알고리즘의 취약점인 지역 최적점 근처에서의 튜닝 기능을 강화한 미미틱 알고리즘을 이에 대한 대안으로 소개한다. 아주 절실한 주제다. 이 밖에 병렬 유전 알고리즘, 공진화를 유전 알고리즘에 이용하는 방법, 분류자 시스템, 유전 알고리즘과 좀 다르지만 집단적 진화의 맥락에서 관계가 있는 개체군집최적화, 에코 시스템 등을 소개한다.

Section

01 염색체 표현의 위상학적 재분류

2장에서 염색체를 표현하는 다양한 방법을 배웠다. 이진수 표현과 k-진수 표현, 일반 이진수 표현과 그레이 코딩, 정수 표현과 실수 표현, 고정 표현과 가변 표현, 위치 기반 표현과 순서 기반 표현, 일차원 표현과 다차원 표현 등을 서로 대비시키면서 설명하였다. 여기서는 이 염색체 표현법을 표현의 공간적 차원과 위상적(topological) 관계를 중심으로 다시 분류해본다.

[그림 5-1]은 현재까지 알려진 대표적인 염색체 표현 방법을 위상적 관점에서 정리한 것이다. 일차원 배열, 순환형 배열, 이차원 배열, 삼차원 배열, 일차원 실수 공간, 이차원 실수 공간, 완전 그래프의 7가지로 정리했다. 현재를 포함해서 역사적으로 절대적인 비중을 차지하는 것은 (a)의 일차원 배열이다. 이것은 유전자들이 일차원 배열 위에 위치한다고 본다. (b)의 이차원 배열과 (c)의 삼차원 배열은 다차원 배열의 각 셀에 유전자가 하나씩 위치한다고 본다. (d)의 순환형 배열은 배열의 처음과 끝이 연결되어 있다고 본다 [Lobo 등, 1998; Harik and Goldberg, 2000]. 명시적으로 표현하지는 않지만 일차원 배열은 짝수개의 자름선을 쓰는 교차 연산을 사용할 경우에는 순환형 배열로 취급되는 셈이다. (e)의 일차원 실수 공간은 유전자들이 일차원 실수 공간에 분포한다고 본다 [Lee and Antonisson, 2001]. (f)의 이차원 실수 공간은 필자의 연구실에서 처음 사용한 방법인데 유전자들이 이차원 실수 공간에 분포한다고 본다 [Jung and Moon, 2000, 2002]. (g)의 완전 그래프는 유전자들이 관계의 네트워크로 구성되어 있다고 본다. 염색체가 모든 유전자들간의 관계의 강도를 반영하는 가중치를 가진 완전 그래프라고 본다 [Green, 2002; Seo and Moon, 2002, 2003]. (a)~(f)는 모두 유클리드 공간에서의 표현이고, (g)는 비유클리드 공간에서의 표현이다.

유클리드 공간에서는 유전자들간의 거리가 유클리드 거리로 간단히 정의되지만 비유클리드 공간에서는 그렇지 못하다. Green(2002)은 모든 유전자쌍에 대해 그들이 결합해서 좋은 빌딩 블록을 구성하는 정도를 수치로 나타내었다. Seo and Moon(2002)은 유전자들이 서로 상위(epistasis)에 의해 연결되어 있다고 간주하였다. 이런 표현을 쓰기 위해서는 해당 문제에서 유전자들간의 관계나 상위를 계산하는 방법이 동시에 정해져야 한다.

이차원 배열과 다차원 배열: 2장 참고

이렇게 다양한 표현법이 존재하는 것은 유전 알고리즘 초기부터 지배적 역할을 해온 일차원 배열 방식의 유전형(염색체)에 문제의 해를 맞추어 넣다 보니, 표현형에 존재하는 유전자들간의 관계를 반영하기 힘들었기 때문이다. 일차원보다는 다차원이 유전자들간의 관계를 효과적으로 반영할 수 있는 여지가 많고, 유전자들을 배열과 같은 그리드 공간보다는 실수 공간에 자유로이 위치할 수 있도록 하는 것이 그들의 관계를 왜곡하지 않고 반영하기 좋다. 그렇지만 표현 상의 융통성을 얻었다고 해서 유전 알고리즘의 품질이 저절로 좋아지는 것이 아니고 그에 알맞은 교차 연산을 개발했을 때 비로소 그 매력을 확인할 수 있다.

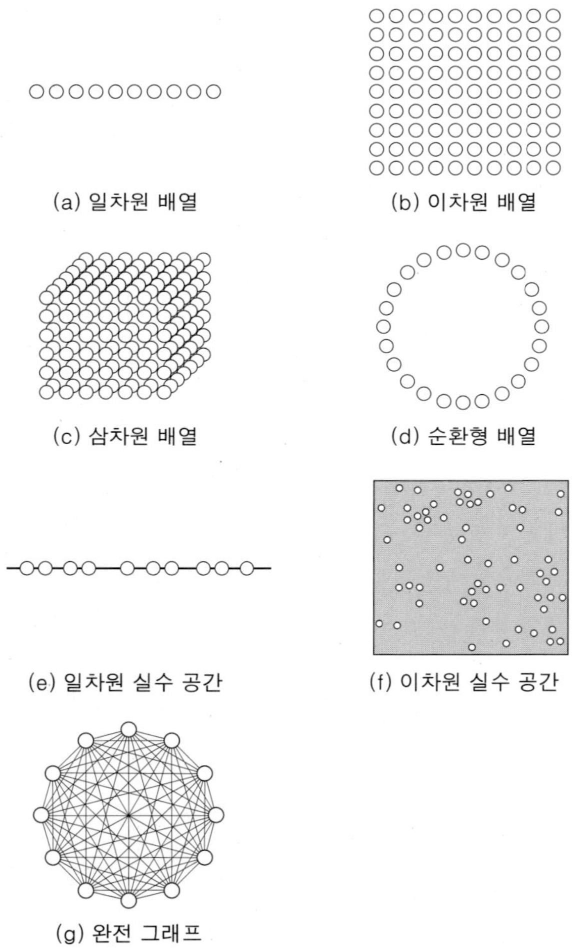

[그림 5-1] 위상적 관점에서 나눈 대표적 염색체 표현 방법들

Section

02 고급 정규화

3장에서 간단히 소개한 정규화는 한 개의 해를 표현하기 위한 염색체가 여러 개인 경우, 즉 하나의 표현형에 여러 개의 유전자형이 대응되는 경우 교차 연산에 초래하는 혼란을 줄일 수 있는 기법이다. 동일한 해에 대해 복수 개의 염색체가 존재할 때, 두 부모 염색체 중 하나의 염색체를 바꾸어서 교차 연산에서 부모해의 특성이 보다 잘 반영되도록 한다. 이 절에서는 이 정규화를 좀 더 본격적으로 다룬다.

정규화: normalization

정규화는 문제 공간의 크기를 줄여주는 함수 효과가 있다. [그림 5-2]를 보자. 큰 원은 전체 문제 공간을 상징적으로 나타낸다. 각 염색체는 문제 공간 상에서 하나씩의 점을 차지한다. 두 염색체 x, y로 교차를 하려 한다. 왼쪽 그림에서 회색으로 표시한 점들은 모두 x와 같은 의미를 갖는 염색체들이다. 즉, 동일한 표현형에 대응되는 서로 다른 유전형들이다. 오른쪽 그림은 이들 중 y와 유전자형이 가장 가까운 염색체 x'을 찾아 x를 x'으로 변환한다. 이렇게 변환한 x'과 y를 사용해서 교차를 하면 x와 y의 공통적 특징을 더 잘 반영할 수 있다. 문제 공간 상의 여러 위치에 분포하는 서로 다른 염색체들이 서로 변환 가능하므로 하나의 염색체로 대표된다고 할 수 있다(아주 정확한 표현은 아니다). 따라서 문제 공간의 크기를 줄여주는 효과가 있다고 말할 수 있다.

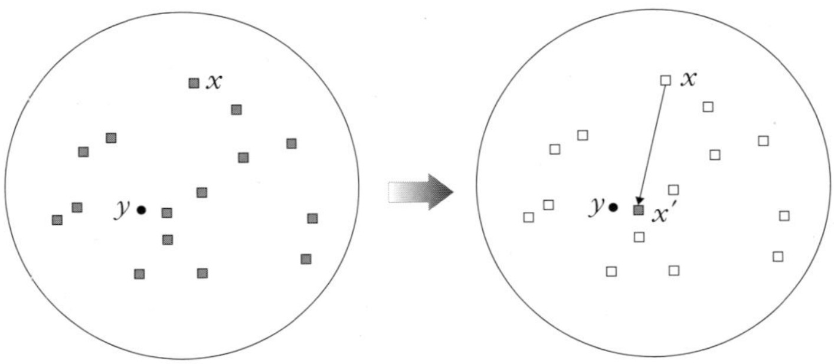

[그림 5-2] 정규화를 통한 문제 공간에서의 이동

위와 같이 정규화의 필요성은 다양한 문제들에서 발생하는데 그래프 분할 [von Laszewski, 1991; Bui & Moon, 1993, 1996; Kang & Moon, 2000], 정렬 네트워크 최적화 [Choi & Moon, 2002], 신경망 최적화 [Kim & Moon, 2004], 지수귀문도 최적화 등이 정규화의 필요성이 확인된 주제들이다. 일단 한 염색체를 서로 다른 염색체로 표현할 수 있을 때 정규화에 대해 생각해볼 필요가 있다. 하지만 탐색 알고리즘이 전능하고 시간이 무한하다면 정규화를 하지 않는 것이 오히려 나을 수 있다. 정규화를 하지 않음으로써 교차가 더 다양한 해를 생성할 수 있기 때문이다. 이러한 매력 때문에 일관성 없는 해의 표현이 필요하다고 주장하는 사람들도 있고 GECCO에서 이것을 소주제로 워크샵을 열기도 했다. 그렇지만 이런 주장은 정말 제대로 된 난제를 취급해보지 않은 사람들이 벌이는 탁상공론일 뿐이다. NP-Hard와 같은 종류의 문제들이 장난감 사이즈를 넘어서면 문제 공간의 크기는 상상을 초월한다. 우리가 쓸 수 있는 시간 예산으로는(설사 몇 년이라 할지라도) 이 공간의 극히 일부만 탐색할 수 있을 뿐이다. 혹시 놓칠지 모르는 공간에 대한 염려는 제한된 시간의 효율적 사용 방법에 비하면 작은 문제로 보인다. 몇 가지 문제의 예를 좀 더 자세히 보자.

1 그래프 분할

그래프 분할: graph partitioning

1장에서 소개한 그래프 이등분 문제를 다시 보자. 그래프 이등분 문제는 임의의 그래프를 같은 수의 노드를 갖는 두 부분 집합으로 분리하되 두 부분 집합을 연결하는 간선의 개수, 즉 교차 간선의 수를 최소화하는 분리 방법을 찾는 문제다. [그림 5-3]은 임의의 그래프를 이등분한 해의 예다.

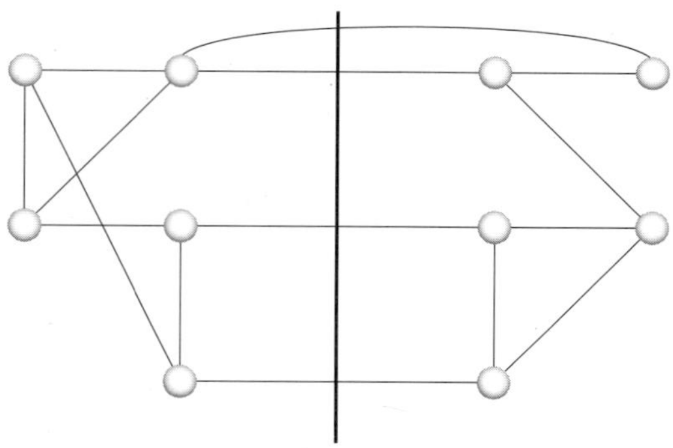

[그림 5-3] 그래프 이등분의 예

[그림 5-4]는 [그림 5-3]을 염색체로 표현한 예다. 노드에 1부터 10까지 번호를 붙였다. 그리고 염색체에서 분할의 왼쪽에 속한 노드와 대응되는 유전자 위치에는 0 값을, 오른쪽에 속한 노드에 대응하는 위치에는 1 값을 주었다. 이렇게 표현하면, 그래프 이등분 문제는 유전 알고리즘에서 최적의 이진수를 찾는 문제가 된다.

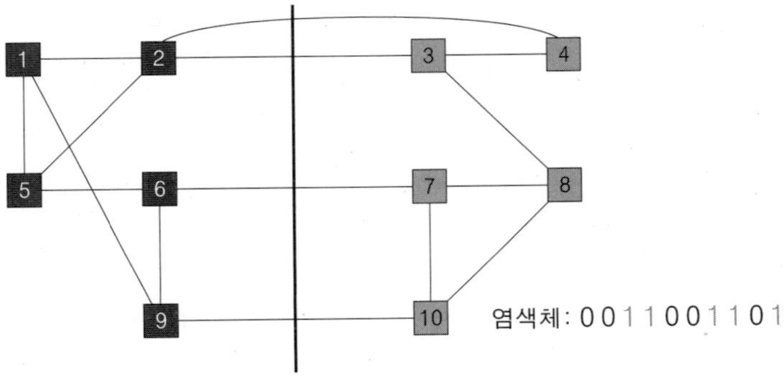

[그림 5-4] 그림 5-3을 염색체로 표현한 예

그래프 이등분 문제의 두 염색체 0100111001과 1111000100을 부모로 삼아 다음과 같이 일점 교차를 하면 두 염색체와 전혀 다른 모양의 새 염색체가 만들어진다.

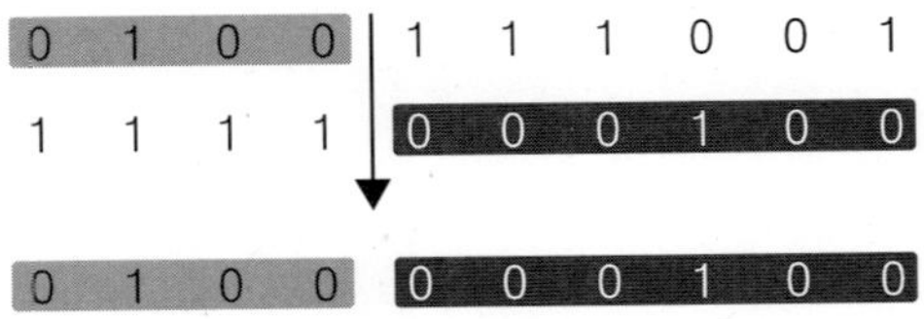

[그림 5-5] 있는 그대로의 교차

교차에 사용된 두 염색체 0100111001과 1111000100은 전체 10비트 중 8비트가 다르다. 얼핏 보기에 아주 다른 해처럼 보인다. 그런데 분할의 양쪽 중 어느 쪽을 0으로 삼고, 어느 쪽을 1로 삼느냐에 따라 해가 바뀌지는 않는다. 그러므로 10비트 중 8비트가 다르다는 것은 10비트 중 2비트가 다르다는 말과 같다. 1111000100의 0과 1을 모두 반대로 바꾸어 0000111011이 되어도 이전과 똑같은 해다. 1111000100 대신 0000111011을 사용해서 0100111001과 일점 교차를 하면 위의 교차는 [그림 5-6]과 같이 된다. 결과로 생긴 자식해는 [그림 5-5]보다 부모해의 특징을 훨씬 잘 반영하고 있다.

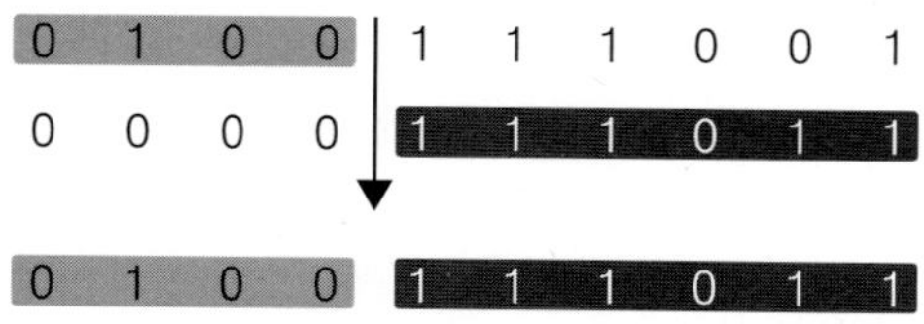

[그림 5-6] 정규화된 교차

그래프 분할의 정도가 커지면 위 문제는 더욱 심각해진다. [그림 5-7]은 그래프 4등분 문제에서의 정규화 예다. (a)는 단순히 두 해를 교차하는 예다. 부모해 1과 부모해 2는 염색체 그 자체로는 현저히 다르다. 그렇지만 분할의 내용을 보면 매우 유사하다. 즉, 표현형은 매우 유사하다. 그래프 4등분 문제의 네 군집에 번호를 할당하는 방법은 총 4!, 즉 24가지다. 길이가 16인 부모해 1과 부모해 2의 염색체 상의 차이는 13이다(서로 다른 유전자의 수를 염색체의 차이라 하자). (b)에서는 부모해 2를 의미가 같은 다른 염색체로 변환하였다. 변환 후의 두 염색체 상의 차이는 5다. 두 해의 유사성이 상당히 크다는 사실을 알 수 있다. 이렇게 정규화를 한 후 교차를 한 해는 부모해의 공통적 특성을 잘 반영한다.

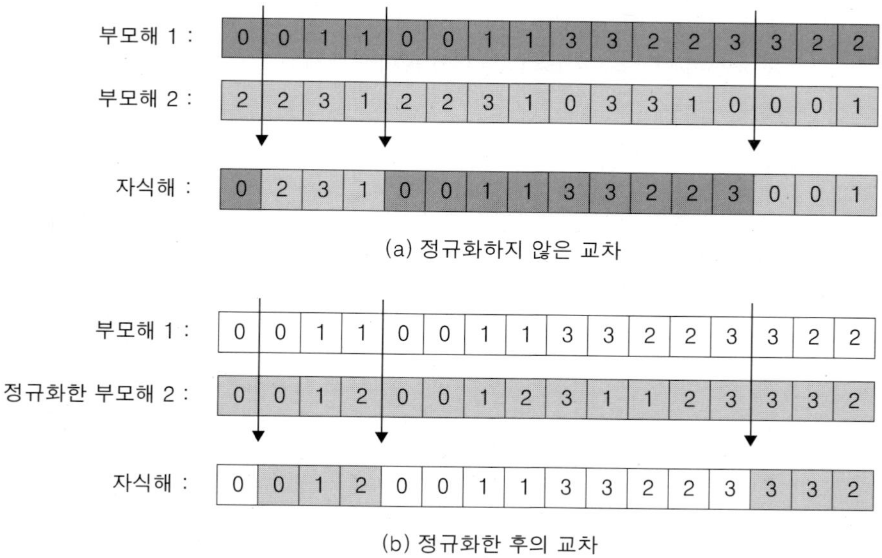

[그림 5-7] 그래프 4등분 문제에서 정규화의 예

그래프 32등분 문제의 경우에는 동일한 한 해에 대해 32!개의 서로 다른 염색체가 존재한다. 교차 연산이 감당해야 하는 혼란이 그래프 이등분 문제보다 훨씬 심각하다. [표 5-1]은 그래프 32등분 문제에 대해 정규화를 하지 않은 경우와 정규화를 한 경우의 유전 알고리즘 수행 결과를 비교한 것이다. 표의 수치는 교차 간선의 수다. 소요 시간이 비슷하게 들도록 종료조건을 조정하였고 정규화를 제외한 나머지 부분은 두 알고리즘이 동일하다. 결과 품질은 매우 큰 차이를 보인다. 미미틱 유전 알고리즘을 사용한 결과인데, 순수 유전 알고리즘을 사용하면 둘간의 차는 더 극적으로 커진다.

[표 5-1] 그래프 32등분 문제에 대해 정규화를 하지 않은 경우와 정규화를 한 경우의 결과

실험 결과 / 그래프	일반 교차		정규화후의 교차	
	베스트	평균	베스트	평균
G500.005	181	184.9	179	181.6
G500.04	4039	4049.6	4037	4045.0
G1000.0025	316	328.6	312	321.3
G1000.02	7824	7839.5	7818	7832.5
U500.05	113	120.9	113	116.6
U500.40	5363	5391.4	5359	5380.2
U1000.05	127	143.7	117	126.0
U1000.40	7406	7425.2	7398	7416.9

2 정렬 네트워크

정규화의 또 다른 예로 정렬 네트워크 문제를 보자. 정렬 네트워크는 하드웨어 정렬 로직으로, 다수의 비교자를 통해 버스의 데이터를 교환하면서 정렬을 한다. 비교자는 [그림 5-8]의 (a)와 같이 두 수를 입력받아 그 크기를 비교한 다음 각각 위, 아래의 버스로 출력시키는 논리 회로다. 이를 기호화한 것이 (b)다.

정렬 네트워크: sorting network

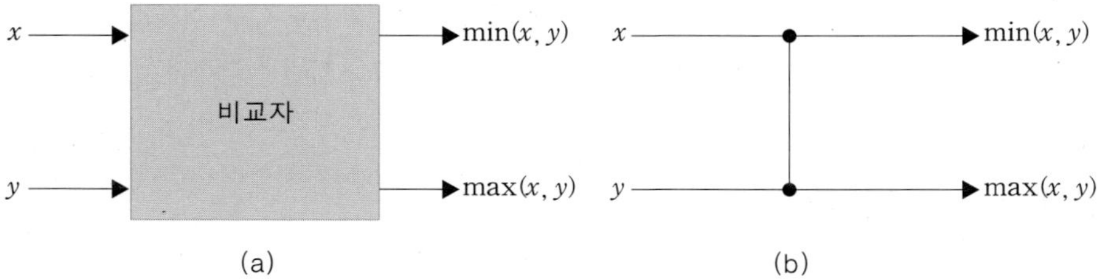

[그림 5-8] 비교자와 이의 기호적 표현

정렬 네트워크는 비교자를 사용해 n개의 수를 입력으로 받아 이를 정렬해주도록 구성한 네트워크다. [그림 5-9]는 4개의 수를 정렬하는 정렬 네트워크의 한 예다. 같은 작업을 하는 정렬 네트워크는 많지만, 여기서 하고자 하는 것은 n개의 입력을 받아 비교자를 최소로 사용하는 정렬 네트워크를 찾는 일이다.

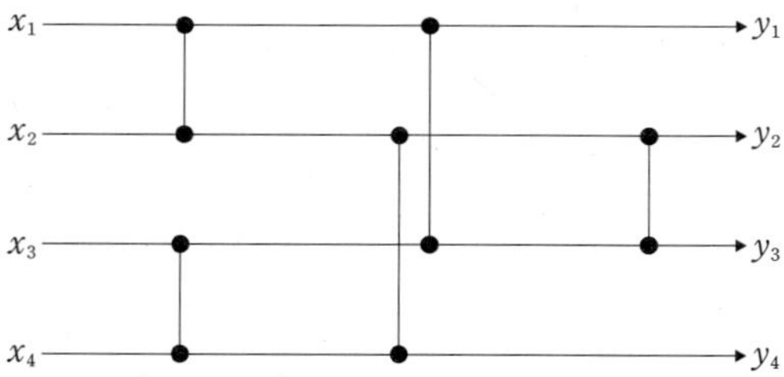

[그림 5-9] 4개의 수를 정렬하는 정렬 네트워크의 예

[그림 5-10]의 (a)와 (b)는 8개의 수를 입력 받는 정렬 네트워크의 두 해다. 여러 가지 염색체 표현 방법이 있겠으나 여기서는 비교자를 나열하는 방식의 가변 길이 염색체라고 가정한다. 즉, (a)의 해는 (1, 2)(3, 7)(4, 5)(6, 8)(1, 4)(7, 8)...과 같이 표현된다. (b)의 해는 (1, 8)(2, 4)(5, 7)(3, 6)(1, 3)(4, 7)...과 같이 표현된다. 이들을 사용해서 교차를 하려하니 염색체의 모양이 너무 다르다. 다른 방법을 사용하더라도 대부분 각 버스에 어떻게든 번호를 붙인 다음 그 번호를 이용해서 염색체로 표현을 하게 될 것이다. 8개의 버스에 1부터 8까지의 번호를 붙이는 방법은 8!가지다. 번호를 붙이는 방법에 따라 비슷한 해가 전혀 다른 해처럼 보이기도 한다.

[그림 5-10]의 (c)는 (b)의 해에서 각 버스의 번호를 바꾼 한 예다. (b)에서 8번 버스는 (c)에서 2번 버스가 되었고, 2번은 4번, 4번은 5번으로 번호가 바뀌었다. 이렇게 번호를 바꾸면 (1, 8)(2, 4)(5, 7)(3, 6)(1, 3)(4, 7)...이 (1, 2)(3, 7)(4, 5)(6, 8)(1, 4)(7, 8)...으로 변해 염색체의 앞부분은 (a)와 (c)가 동일하다. (b)의 해는 겉보기에 (a)의 해와 현저히 달라 보이지만 (c)의 해는 (a)와 유사해 보인다. (c)에서 굵게 표시한 9개의 비교자는 (a)에서와 동일하므로 두 염색체의 첫 9개 비교자는 모양이 같을 것이다. (b)와 (c)는 똑같은 해이므로 (c)를 사용해서 (a)와 교차를 하는 것이 두 해의 공통적인 특성을 반영하는 데 유리하다. 이렇게 번호를 바꾸어 주면 염색체에서는 대응되는 정규화가 이루어진다.

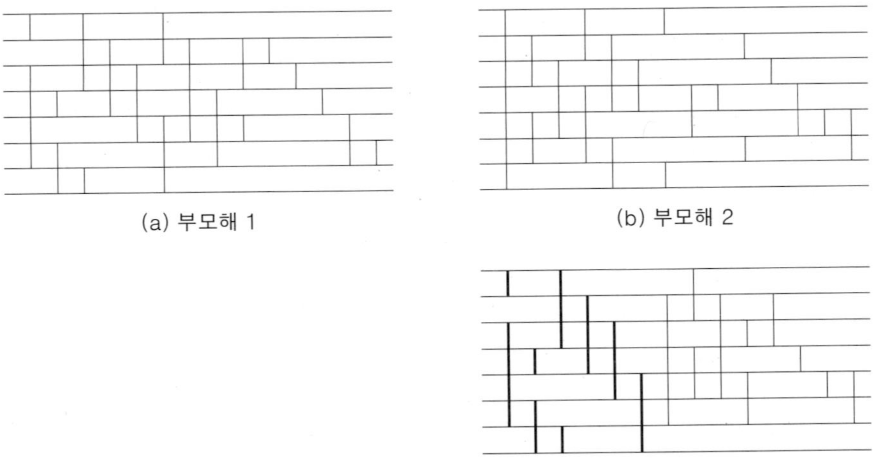

(a) 부모해 1

(b) 부모해 2

(c) 정규화 후의 부모해 2

[그림 5-10] 정렬 네트워크 문제에서 정규화의 예

③ 신경망

신경망 최적화도 유전 알고리즘 분야에서 많이 다루는 주제 중 하나다. 신경망에 대해 사전 지식이 없는 독자는 이 부분은 그냥 넘어가기 바란다. 신경망의 유전 알고리즘 표현에 대해서는 6장에서 다시 언급한다. 신경망은 노드(뉴런)과 이들을 연결하는 가중치와 방향을 가진 간선으로 이루어진다. 간단한 예를 들어 설명해보자. [그림 5-11]은 입력 노드 3개, 히든 노드 5개, 출력 노드 1개로 이루어진 간단한 신경망 구조의 한 예다.

신경망 : neural network

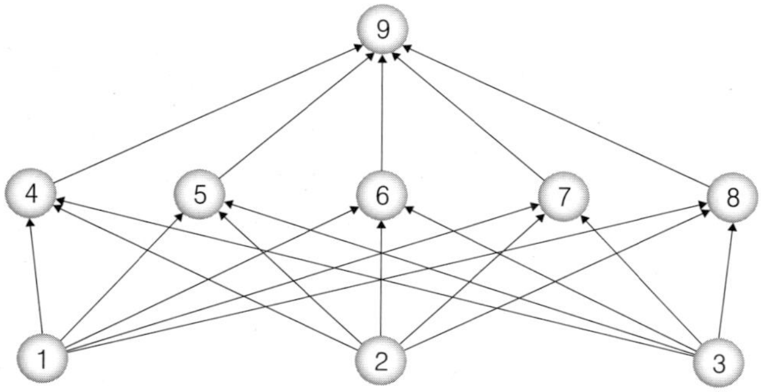

[그림 5-11] 신경망 구조의 예

염색체의 모양을 직접 예로 들면 설명만 복잡해지므로 여기서는 의미에 집중하도록 유전형(염색체)은 직접 언급하지 않고, 정규화가 필요하게 되는 배경만 설명한다. [그림 5-11]에서 노드 4, 5, 6, 7, 8은 기능상 모두 대칭적이다. 즉 그래프의 구조로 보면 4, 5, 6, 7, 8은 모두 동일한 위상학적 성질을 갖고 있다. 노드 4가 왼쪽에 있는 것과 노드 8이 오른쪽에 있는 것은 우연일 뿐이고 눈에 보이는 차이일 뿐이다. 즉, 이 노드들의 기능은 위치에 상관없이 형성된다. 유전 알고리즘에서 임의의 신경망을 염색체로 표현하기 위해서는 일단 각 노드를 구분하기 위해 번호를 붙여야 한다. 서로 다른 모양의 신경망이 유사한 특징을 가지는 경우가 많고 이 유사한 부분적 특징이 서로 다른 곳에서 많이 나타난다. 예를 들어, 어떤 신경망의 4번 노드에서 나타나는 입력과 출력을 연결하는 간선들의 가중치 조합과 같은 것이 다른 신경망에서는 7번 노드에서 나타날 수 있다. 그렇지만 한 부모해에서는 4번으로 번호가 매겨지고 다른 부모해에서는 7번으로 번호가 매겨져 있으면 교차 연산의 입장에서는 매우 혼란스럽다. 이럴 때 두 부모해의 교차 전에 신경망 표현의 다양성을 고려하여 한 부모해를 같은 의미를 유지하면서 다른 부모해와 최대한 유사한 모양으로 변환, 즉 정규화를 해주면 교차 연산의 혼란을 덜어줄 수 있다.

이 절에서 그래프 분할, 정렬 네트워크, 신경망의 최적화를 위한 정규화의 필요성을 설명하였다. 정규화가 필요한 예는 이 외에도 아주 많다. 앞에서도 언급했지만 정규화로 인해 공간 탐색의 범위를 제한하는 효과가 있어 유용한 공간을 놓칠 가능성도 있다. 그렇지만 현실적인 시간에 최적해를 보장할 수 없는 방대한 공간을 가진 문제들의 경우, 제한된 시간을 효율적으로 사용하는 것이 놓칠지 모르는 공간을 염려하는 것보다 중요하다.

Section

03 복수 개의 목적 함수를 갖는 유전 알고리즘

지금까지의 유전 알고리즘은 모두 단 한 개의 목적 함수를 가진 경우고, 대부분 이 범주에 속한다. 그러나 가끔 복수 개의 목적 함수를 동시에 만족시켜야 하는 경우가 있다. 만일 이 복수 함수를 독립적으로 최적화할 수 있다면 논란거리가 되지 못한다. 그렇지만 A라는 목적에 잘 맞는 해가 B라는 목적에도 꼭 맞는 것이 아니라면 이들을 모두 고려하기는 쉽지 않다. 이것은 OR 분야에서는 오래 전부터 문제가 되어 온 주제인데, 모든 목적 함수에 대해 최적인 해는 근본적으로 존재하지 않는 경우가 많다.

해들을 크게 열성해(dominated solution)와 비열성해(non-dominated solution)의 두 범주로 나눌 수 있다. 우성해가 아니고 비열성해라는 용어를 사용한다는 점에 유의하기 바란다. 목적 함수가 k개($f_1, \ldots, f_k$) 있고 이들을 가능한 한 최대화하는 문제가 있다고 가정하자. 임의의 해 x가 있을 때 모든 목적 함수 $f_i(i=1, \ldots, k)$에 대해 $f_i(x) \le f_i(y)$이고 적어도 하나의 목적 함수 f_i에 대해 $f_i(x) < f_i(y)$인 해 y가 존재하면 이 x를 열성해라 부른다. 반면에 이러한 해 y가 존재하지 않으면 x를 비열성해 또는 파레토 최적해(Pareto-optimal solution)라 부른다. 모든 파레토 최적해는 고려할 만한 가치가 있다.

복수 개의 목적 함수를 다루는 가장 단순하고 전형적인 방법은 각 목적 함수에 대해 실수 가중치를 주어 하나의 목적 함수로 통일하는 방법이다. 즉, 다음과 같이 만드는 것이다.

$$F(x) = \sum_{i=1}^{k} w_i f_i(x),$$

$$w_i \in [0, 1], \ \sum_{i=1}^{k} w_i = 1$$

아래와 같이 요구 수준 벡터 y를 설정해 놓고 이를 기준으로 적합도를 계산하는 방법도 있다.

$$F(x) = \sqrt{\sum_{i=1}^{k} |f_i(x) - y_i|^2}$$

복수 개의 목적 함수를 갖는 문제를 위한 최초의 유전 알고리즘은 Schaffer(1984)에 의한 것이다. Schaffer는 q개의 목적 함수가 있다면 해집단을 q개의 부분 해집단으로 나누었다. 그리고 각 해집단이 한 함수에 대해 적합도를 갖도록 하고 이 적합도를 근거로 각 해집단에서 선택을 하게 한 다음, 교차와 변이는 일반적인 유전 알고리즘과 동일하게 하는 방법을 사용하였다.

Fonseca와 Flemming(1993)은 복수 개의 목적 함수를 갖는 문제에 대하여 파레토 최적성에 근거하여 순위를 매긴 다음, 이 순위에 근거하여 적합도를 배정하는 방법을 제안하였다. 이 방법에서는 세대 t에서 해 x_i가 $p_i^{(t)}$ 개의 다른 해에 대하여 열성이라면 순위(rank)가 다음과 같다.

$$\text{rank}(x_i, t) = 1 + p_i^{(t)}$$

이렇게 하면 모든 파레토 최적해의 순위가 1이 된다. [그림 5-12]는 두 개의 목적 함수를 갖는 경우에 위의 방법으로 해들의 순위를 매긴 예다. 순위를 매긴 다음의 적합도 배정은 순위 기반 선택에서 배운 방법을 사용할 수도 있겠으나 이들은 공유의 개념을 적용하였다.

Louis와 Rawlins(1993)는 하나의 목적 함수를 갖는 문제를 두 개의 특성에 의해 분리한 후 이를 파레토 최적해 문제로 바꾸어 풂으로써 유전 알고리즘의 성능을 개선시키는 방법을 보였다. Srinivas와 Deb(1994)은 비열성 정렬(non-dominated sorting)에 의하여 해들을 정렬한 다음, 선택에 사용하는 방법을 제안하였다.

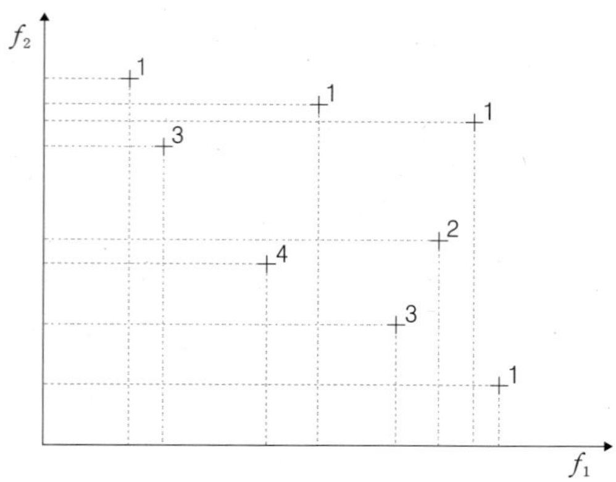

[그림 5-12] 파레토 최적성에 의한 순위 배정

이들은 먼저 비열성 해들을 찾아낸 다음, 해들에게 모두 동일한 가적합도(dummy fitness)를 배정한다. 그리고 이 가적합도에 각 해들의 공유성을 감안한 최종 적합도를 배정한다. Horn, Nafpliotis, Goldberg (1994)는 복수 개의 목적 함수를 갖는 경우를 위한 토너먼트 선택을 제안하였다. 이것은 앞에서 다룬 토너먼트 선택과 같으나 승패의 판정이 다르다. 두 해 중 하나가 다른 하나를 압도(dominate)하면 별 문제없이 승자가 결정된다. 그렇지 않을 경우에는 두 해가 서로에 대해 파레토 최적이다. 이 경우에는 미리 정의된 유사성 기준 σ_{share}를 사용하여 해집단에서 두 해와 σ_{share} 안에 있는 해들의 개수를 각각 센 다음 이 수가 작은 쪽을 승자로 삼는다.

복수 개의 목적 함수를 갖는 문제에 대한 유전 알고리즘의 연구는 매우 활발하게 계속되고 있다. INSPEC 데이터베이스를 조회해보면 관련 논문이 2,500여 개정도 되며, 출판연도는 1993년부터 본격적으로 보이기 시작한다. 1999년 Evolutionary Computation 저널에서 이 주제에 관한 스페셜 이슈를 위한 논문을 모집한 바 있다.

Section

04 미미틱 유전 알고리즘(혼합형 유전 알고리즘)

유전 알고리즘은 방대한 문제 공간 탐색 능력이 있으며 이미 만들어진 해들의 특징을 효율적으로 이용할 수 있지만 지역 최적점으로의 접근 속도는 느린 편이다. 정도의 차이는 있지만 교차와 변이 연산이 임의적으로 이루어지므로 지역 최적점 근처에서의 미세 조정(fine tuning) 능력이 떨어지기 때문이다. 이를 보완하기 위해 교차와 변이로 만들어진 해에 지역 최적화 알고리즘을 적용하는데 이를 혼합형 유전 알고리즘(hybrid GA), 또는 미미틱 유전 알고리즘(memetic GA)이라고 한다. 혼합형 유전 알고리즘이란 용어가 더 많이 사용되지만 "혼합형"은 다른 기법이나 구성 요소들을 결합하는 곳에도 포괄적으로 사용될 수 있어 "미미틱"이란 표현이 더 구체적이다. 원래 "밈(meme)"은 유명한 리처드 도킨스가 그의 저서 『이기적 유전자(The Selfish Gene)』(을유문화사, 2006)에서 처음 만든 용어다. 집단이 공유하는 어떤 특성 또는 문화를 의미하며, 유전의 단위가 될 수 있는 문화적 특성을 의미한다. 지역 최적화 알고리즘이 인도하는 지역 최적점과 밈은 정확히 일치하지 않지만 이 둘간의 은유적 관계를 캐치할 수 있다면 미미틱 유전 알고리즘이 괜찮은 용어임을 짐작할 것이다. 이렇게 하면 교차와 변이는 해를 지역 최적점 근처에 갖다 놓는 역할을 하고 지역 최적화 알고리즘은 해를 지역 최적점으로 안내한다. 지역 최적화 알고리즘은 일반적으로 초기해에 매우 민감하다. 미미틱 유전 알고리즘은 두 가지 관점에서 볼 수 있는데 첫째는 지역 최적화 알고리즘이 유전 알고리즘의 지역 최적점 근처에서의 미세 조정을 돕는다는 관점이다. 그리고 둘째는 유전 알고리즘이 지역 최적화 알고리즘을 위한 다양한 초기해를 제공한다는 관점이다.

지역 최적화 알고리즘의 몇 가지 예로 일반적인 언덕오르기 알고리즘들, 그래프 이등분 문제를 위한 Kernighan-Lin 알고리즘 [Kernighan & Lin, 1970], TSP를 위한 2-OPT, 3-OPT, Lin-Kernighan 알고리즘 [Lin & Kernighan, 1973], 그래프 및 VLSI 회로 분할을 위한 Fiduccia-Mattheyses 알고리즘 [Fiduccia & Mattheyses, 1982], 영상 압축에서의 벡터 양자화(vector quantization)를 위한 LBG 알고리즘 [Linde 등, 1980] 등을 들 수 있다.

미미틱 유전 알고리즘은 크게 라마르크형(Lamarckian)과 볼드윈형(Baldwinian)이 있다. 라마르크형 유전 알고리즘은 염색체에 지역 최적화 알고리즘을 적용한 다음 염색체를 덮어쓴다. 즉, 지역 최적화의 결과로 염색체가 바뀐다. 볼드윈형 유전 알고리즘은 지역 최적화 알고리즘을 적용은 하되 염색체는 그대로 둔다. 지역 최적화 알고리즘의 결과로 나온 해는 염색체의 적합도 평가를 위해서 참조만 한다. 두 가지 미미틱 유전 알고리즘의 성능에 대해서는 적용 상황에 따라 그 평가가 상반되나, 대체로 라마르크형이 선호되고 볼드윈형이 더 적합한 경우도 보고되고 있다 [Hinton & Nowlan, 1987; Whitley 등, 1994]. 잘 알려진 바와 같이 라마르크의 이론은 유전학에서 오래 전에 폐기된 이론이다. 그러나 유전 알고리즘은 좋은 해를 찾기 위해서라면 이를 채용한다. 유전 알고리즘의 주 목적은 자연을 시뮬레이션하는 것이 아니고 좋은 해를 찾는 것이기 때문이다.

그래프 이등분 문제를 위한 미미틱 유전 알고리즘: 7장 참고

유전 알고리즘에는 위와 같이 지역 최적화 알고리즘을 명시적으로 사용하는 경우도 있고 교차나 변이 연산 같은 곳에서 지역 최적화와 유사한 작업을 포함시키는 경우도 있다. 대표적인 예로는 TSP를 위한 간선 조립 교차(edge-assembly crossover)[Nagata & Kobayashi, 1997]를 들 수 있다. 이들도 넓은 의미에서 미미틱 알고리즘이라고 볼 수 있다. 미미틱 유전 알고리즘은 유전 알고리즘의 미세 조정 능력을 향상시키고 수렴 시간을 단축시키는 장점이 있지만, 미세 조정에 이용되는 지역 최적화 알고리즘의 공간 탐색 스타일에 큰 영향을 받는다. 아직 논란 중이지만 필자의 경험으로는 최강의 지역 최적화 알고리즘이 반드시 최강의 미미틱 유전 알고리즘을 만들지는 않았다. 이론적으로는 시간만 "무한"하다면 지역 최적화 알고리즘의 사용을 지양하는 것이 유전 알고리즘의 궁극적 탐색 가능성을 최대한 살리는 것이다. 하지만 항상 시간 제약이 따르므로 결정론적 알고리즘으로 잘 되지 않는 문제들 중 장난감 사이즈 이상인 문제는 일반적으로 미미틱 유전 알고리즘의 특성을 가미한다.

미미틱 유전 알고리즘은 고전적인 순수 유전 알고리즘과는 다른 특성이 몇 가지 있는데 먼저 순수 유전 알고리즘보다 더 강한 교란을 허용한다는 점을 들 수 있다. 교차와 변이를 통해 자식해가 만들어지면 주변의 지역 최적점들이 지역 최적화 알고리즘에 의해 해를 끌어들인다. 순수 유전 알고리즘에서는 부모해의 특징을 최대한 유지하는 것이 미덕으로 간주된다. 하지만 미미틱 유전 알고리즘에서 너무 미약한 교란은 자식해를 부모해 중의 하나로 복원시켜 버리므로 유전 알고리즘의 후반부에 공간 탐색 능력을 현저히 떨어뜨릴 가능성이 많다. 따라서 지역 최적화 알고리즘의 성능에 압도당하지 않을 정도의 교란이 필요하다. 교란의 정도는 교차나 변이 중 하나 또는 양쪽을 이용해서 조절할 수 있다. 유전 알고리즘의

비균등 변이: 3.3절 참고

후반부에 교란의 정도를 약화시키는 비균등 변이와 같은 방법은 미미틱 유전 알고리즘의 경우 매력적인 대안이 아니다. 해집단의 수렴성이 강해지는 유전 알고리즘의 후반부에는 교차의 교란성이 약해질 수밖에 없는데 변이마저도 약화시키면 새로운 지역 최적해를 찾을 수 있는 가능성이 줄어들어 매력이 떨어진다. 3.3절에서 언급한 바와 같이, 아직 완전한 결론은 내지 않았지만, 미미틱 유전 알고리즘의 경우 후반부에 변이의 정도를 높여주는 것이 더 좋다는 필자 연구실의 초기 실험 결과가 있다.

미미틱 유전 알고리즘의 한 사이클에서 시간을 가장 많이 차지하는 것은 대부분 지역 최적화 알고리즘이다. 지역 최적화 한 번에 소요되는 시간은 지역 최적화의 성격에 따라 다르나 대개 순수 유전 알고리즘으로 해를 수십에서 수천 개 만들어낼 수 있는 시간과 맞먹는다. 그렇지만 교차와 변이로 인한 교란으로부터 주변의 지역최적점으로 단번에 이동시켜 주므로 해집단의 수렴성은 순수 유전 알고리즘보다 훨씬 강하다. 또한 순수 유전 알고리즘에 비해 임의적인 시행착오가 감소하므로 해집단의 크기를 작게 해서 사용하는 것이 일반적이다. 전형적인 해집단의 크기는 20에서 수백 정도다. 큰 문제의 경우 순수 알고리즘은 수백만 개 이상의 해를 만들어 보는 것이 그리 이상하지 않으나, 미미틱 유전 알고리즘의 경우 웬만큼 큰 문제도 대부분 수백에서 수천 개 정도의 해를 만들어 보고는 종료된다.

Section

05 개체군집최적화(PSO)

개체군집최적화(PSO, Particle Swarm Optimization)는 개체들을 군집으로 관리하면서 이들이 상호간의 관계 네트워크를 통해 진화를 하도록 하는 방식이다. 새들이 먹이를 찾아 무리지어 이동하는 모양을 상상하면 된다. Kennedy와 Eberhart(1995)에 의해 제안된 이후 큰 반향을 얻어 급속히 세를 얻고 있다. PSO는 개체들이 군집으로 운용된다는 점에서는 유전 알고리즘과 유사하지만 개체를 수정하는 방식이 매우 독특하다.

개체군집최적화 : PSO, Particle Swarm Optimization

전형적인 PSO 알고리즘은 복수의 군집(swarm)을 가지고 운영된다. 각 군집의 개체들은 다른 개체들과 교류하면서 진화한다. 하지만 각 객체가 모두 교류할 수 있는 것은 아니고 현재 운영 중인 모든 개체 중 가장 좋은 개체와 "이웃"의 범주에 드는 개체와만 교류한다. 이웃은 미리 정의된다. 가장 단순한 방법은 각 개체에 0부터 $n-1$까지의 번호가 붙어 있다면 개체 i의 이웃은 개체 $i+1$부터 개체 $i+k$로 정의하는 것이다(보다 정확하게 말하면 개체 $(i+1) \bmod n$으로부터 $(i+k) \bmod n$). PSO 알고리즘의 한 라운드는 각 개체에 대해 위치 조정을 한다. 해당 개체의 인접 개체들 중 가장 좋은 개체와 전체에서 가장 좋은 개체의 방향을 참조해서 수정된다. 이웃의 크기를 작게 하면 개체간의 교류가 제한적이라 수렴 속도는 느려지고, 이웃의 크기를 크게 하면 교류가 활발해 수렴이 빨라진다. 이웃의 크기가 전체 개체를 다 포함하는 극단적인 경우에는 모든 개체가 교류하게 된다. 위에서 설명한 방향성을 지나치게 고집하면 수렴 속도는 빠르나 설익은 수렴의 가능성이 높아진다. 여기에 랜덤수를 개입시킴으로써 "경향"의 강도를 조절한다.

군집이 하나면 수렴은 빠른 대신 지역 최적점에 빠져버릴 가능성이 높다. 이를 피하기 위해 보통 서로 배타적이지 않은 복수의 군집을 사용한다. 군집끼리 공통 부분이 존재하므로 각각의 군집이 따로 수렴하는 것을 막을 수 있고 다만 전체적인 수렴 속도를 늦춘다.

[알고리즘 5-1]은 최소화 문제를 위한 PSO 알고리즘의 구조다.

[알고리즘 5-1] PSO 알고리즘

```
▷ n: 개체의 총 수
for i = 1 to n {
        x_i를 랜덤하게 생성;
        x̂_i = x_i;
}
ĝ = argmin_{x_i, i=1, 2, ..., n} f(x_i);
for i = 1 to n
        v_i = 0;
do {
        for i = 1 to n {
                x_i = x_i + v_i;
                o_i = x_i의 이웃들 중 최적해;
                v_i = wv_i + c_1r_1 · (x̂_i − x_i) + c_2r_2 · (o_i − x_i) + c_3r_3 · (ĝ − x_i);
                if f(x_i) < f(x̂_i) then x̂_i = x_i;
                if f(x_i) < f(ĝ) then ĝ = x_i;
        }
} while (정지조건 불만족);
```

여기서 w는 관성을 반영하는 상수다. 즉, 지난 라운드에 계산해놓은 개체 i의 이동 방향(v_i)으로 얼마나 강하게 관성을 인정할 것인지를 나타낸다. $\hat{x}_i$은 지금까지 x_i가 거쳐간 공간에서 가장 좋은 해다. $\hat{g}$은 지금까지 모든 개체들이 거쳐간 공간에서 가장 좋은 해다. c_1, c_2, c_3는 $\hat{x}_i$, o_i, $\hat{g}$ 방향으로 각각 얼마나 강하게 이동할 것인지를 나타낸다. w, c_1, c_2, c_3는 상수다. w는 보통 1보다 조금 작은 정도로 한다. c_1, c_2, c_3는 보통 2 근처의 값으로 잡는다. r_1, r_2, r_3는 상수인 c_1, c_2, c_3로 인해 과도한 경향성이 생기는 것을 피하기 위해 도입한 랜덤수다. 보통 0과 1 사이의 랜덤수를 그때그때 생성한다. w, c_1, c_2, c_3, r_1, r_2, r_3를 좀 더 지능적으로 잡아 PSO의 품질을 개선하고자 하는 연구도 있다.

PSO는 진화를 위해 집단을 운용한다는 점에서는 유전 알고리즘과 유사하나 유전 알고리즘과 같이 교차나 변이 연산은 사용하지 않는다. 다만 이동 방향을 결정할 때 사용하는 세

랜덤수가 일종의 변이 효과를 내기는 한다. PSO는 유전 알고리즘에 비해서 골격이 더 단순하고 튜닝을 해야할 변수가 훨씬 적다.

PSO는 초기에 신경망의 강화를 위해 고안되었으나 진화 알고리즘 커뮤니티에서 큰 반향을 얻어 최근에는 매우 다양한 응용 분야에 적용되고 있다. 진화 알고리즘 분야의 대표 학술대회인 GECCO에는 몇 년 전부터 ACO(Ant Colony Optimization, PSO와 다르지만 집단적 강화의 원리를 사용한다는 점에서 유사함)와 PSO를 묶어 독립 세션을 제공하고 있으며 주목할 만한 논문들이 나오고 있다. 수많은 PSO 변종이 제안되었고, 분야를 가리지 않고 사회적 연결망(social network)을 이용한 응용들이 양산되고 있으므로 PSO도 이 조류에 맞추어 더욱 확장을 할 것으로 예상된다.

Section

06 병렬 유전 알고리즘

유전 알고리즘은 복수의 해를 동시에 관리하면서 수행되고 이 해들을 생성하는 데 있어 그 순서는 특별한 의미를 갖지 않는다. 따라서 해들을 동시에 생성하면서 수행시간을 단축시키는 과정에서 해들의 생성 순서가 바뀌어도 해의 품질에 별 영향을 미치지 않는다.

병렬 유전 알고리즘의 첫 번째 유형은 복수의 프로세서를 두고 한 프로세서에 하나 또는 두어 개의 염색체를 할당하는 방식이다. 이 경우 원래의 순차적 유전 알고리즘과 같은 정도의 염색체간 교류를 얻기 위해서는 막대한 통신 비용이 소요되어 통신량이 전체 수행시간에 병목이 될 수도 있다. 하지만 해의 적합도를 계산하는 작업이 유전 알고리즘의 수행시간에 절대적인 영향을 미치는 경우에는 통신 비용의 부담이 상대적으로 경감되므로 이 방법의 매력이 상대적으로 커진다. 각 프로세서가 격자와 같은 형태로 연결되도록 하여 이웃한 프로세서들과만 교신하도록 함으로써도 통신량에 대한 부담을 어느 정도 줄일 수 있다 [Muhlenbein 등, 1988; Talbi & Bessiere, 1991; Baluja, 1992].

두 번째 유형의 병렬 유전 알고리즘은 각 프로세서가 각자의 해집합을 갖고 진행하는 방식이다 [Petty 등, 1987; Cohoon & Hedge, 1987]. 프로세서들의 연결 방식에 따라 해집합들 사이의 교신 방식이 결정된다. 각 해집합의 교류 정도도 하나의 파라미터로 선택할 수 있다. 대부분의 경우 각 프로세서는 똑같은 방식의 유전 알고리즘을 수행하면서 교류한다. 각 해집단이 서로 다른 유전 알고리즘을 사용하도록 하고 이들의 서로 다른 공간 탐색 유형을 결합함으로써 시너지 효과를 내기도 한다 [Adamidis, 1997, 1998].

세 번째 유형은 서버가 전체 해집합을 생성 · 관리하되 해의 적합도 평가나 지역 최적화 부분만 각 클라이언트에 맡기는 방식이다. 많은 유전 알고리즘에서 해의 평가나 지역 최적화 부분이 수행시간 상의 병목을 차지하므로 이를 분산시킴으로써 수행시간을 단축시키고자 함이다. 이 경우 의뢰한 클라이언트의 순서대로 끝나길 기다려서 진행하는 동기적 (synchronous) 방식을 택하면, 클라이언트들의 성능이 다르거나, 같아도 부하 상태가 달라 처리 능력의 차이가 날 수 있어 비효율적일 가능성이 높다. 그러므로 이 유형에서는 클라이언트의 순서에 구애받지 않는 비동기적(asynchronous) 방식을 택하는 것이 유리하다. 또한 세대형 유전 알고리즘의 경우에는 비동기적 방식을 택하더라도 해집합을 대치하기 위해 한 세트의 해가 준비될 때까지 기다려야 하므로 일부 클라이언트가 늦게 끝나면 여전히 시간이 낭비된다. 안정 상태 유전 알고리즘의 경우는 세대 개념이 희박하므로 비동기적 방식을 쓰면 시간 낭비가 거의 없다.

전체 해가 얼마나 작은 그룹으로 나뉘어 각 프로세서에 할당되느냐의 정도에 따라 소그룹(fine-grained) 병렬 유전 알고리즘과 대그룹(coarse-grained) 병렬 유전 알고리즘으로 나누기도 한다. 병렬 유전 알고리즘은 수행시간을 단축시키는 본래의 목적 외에 또 하나의 부산물을 얻기도 한다. 프로세서들의 연결 관계를 설정하기에 따라 교차가 지리적 배치에 자연스럽게 영향을 받게 되어 이 결과로 종들이 지리적으로 자연스럽게 형성될 가능성이 있다. 이것은 해들의 다양성을 높이는 데 도움을 준다.

개체군집최적화(PSO)에서도 기본적으로 여러 집단(군집)을 병렬 운용한다. 병렬 유전 알고리즘에서 군집들은 상호 배타적이지만 PSO에서는 보통 군집들이 상호 배타적이지 않다.

개체군집최적화
(PSO) : 5.5절 참고

Section

07 공진화

리처드 도킨스(Richard Dawkins)는 그의 저서 『눈먼 시계공(The Blind Watchmaker)』(사이언스북스, 2004)에서 "진화적 군비 확장 경쟁(evolutionary arms race)"이라고 부르는 현상을 소개하였다. 생태계에는 두 가지 종류의 군비 확장 경쟁이 있다. 숲의 나무들이 키를 키우는 이유는 다른 나무들이 높기 때문이다. 다른 나무들이 모두 높기 때문에 낮은 키로는 햇볕을 받을 수 없다. 키가 크면 아무래도 유지하는 데 비용이 많이 들므로 키가 지나치게 클 필요가 없는데도 인접하는 나무들과의 경쟁 때문에 그렇게 진화한다. 이를 같은 성격의 나무들이 경쟁한다는 의미에서 대칭적 군비 확장 경쟁이라 한다. 다른 형태의 예를 하나 들어 보자. 치타는 가젤을 잡으려 한다. 가젤은 치타에게 포획되지 않도록 피하는 것이 생존에 절대적이다. 이들은 상대방의 능력이 개선되는 속도에 맞추어 서로 진화를 한다. 이것은 성격이 다른 두 진영이 경쟁한다는 의미에서 비대칭적 군비 확장 경쟁이라 한다. 진화적 군비 확장 경쟁은 동화 "이상한 나라의 앨리스"에서 붉은 여왕이 앨리스에게 같은 장소에 머무르기 위해서는 최대한으로 빨리 뛰어야 한다고 이야기한 현상과 닮았다고 해서 붉은 여왕 가설이라고도 한다. 이 비대칭적 군비 확장 경쟁을 유전 알고리즘에 도입하여 성능을 개선시킬 수 있다.

Hillis(1992)는 커넥션 머신을 이용해서 정렬 네트워크를 찾아내는 문제에 도전하였다. Hillis는 일반적으로 사용하는 해집단과 더불어 하나의 보조 해집단을 사용하였다. 주 해집단은 해들의 집합이고 보조 해집단은 훈련 데이터들의 집합이다. 주 해집단에 있는 해들의 적합도는 보조 해집단에 있는 데이터들을 만족시키는 정도에 따라 결정된다. 이에 반하여 보조 해집단에 있는 훈련 데이터의 적합도는 주 해집단에 있는 해들을 얼마나 곤란하게 만드느냐에 따라 결정된다. 이러한 대립 구조를 설정함으로써 두 해집단은 진화적 군비 확장 경쟁에 들어간다. Hillis의 공진화 모델에 기초한 유전 알고리즘은 16개의 입력을 받는 정렬 네트워크에 대하여 당시까지 알려진 가장 최적의 해인 60 비교자[Green, 1969]에서 하나 초과하는 61 비교자를 사용하는 해를 찾아냈다. 공진화를 이용한 유전 알고리즘은 최근에 다른 문제에 대해서도 활발히 연구되고 있다[Barbosa, 1997; Paredis, 1997; Rosin & Belew, 1995].

공진화 유전 알고리즘 모두가 Hillis(1992)처럼 두 해집단이 주종의 관계를 갖고 진화를 하는 접근법을 택한 것은 아니다. 예를 들면, Paredis(1994, 1997)는 매 세대마다 주 해집단의 적합도를 평가하기 위해 사용하는 보조 해집단이 변화한다는 점에서는 Hillis(1992)와 유사하지만, 보조 해집단은 유전 알고리즘에 의해 진화를 하지 않고 크기를 고정한 다음 (예, 200개) 주 해집단의 각 해가 최근에 만난 20개의 훈련 데이터에 대한 성능을 적합도 평가에 사용하거나 [Paredis, 1994], 보조 해집단이 끊임없이 변화되어 임의로 변하는 방식을 택하고 있다 [Paredis, 1997]. Barbosa(1997)는 대칭적인 경쟁 관계를 유지하는 두 개의 변수를 갖는 Min-Max 문제를 대상으로 공진화하는 유전 알고리즘을 사용하였는데, 문제 자체의 특성으로 인해 두 해집단이 서로 상반된 이해 관계를 갖기는 하나 주종 관계가 아니고 대칭적으로 진화하도록 하고 있다.

Section

08 해집단의 다양성 유지

유전 알고리즘의 해집단이 어느 정도 수렴을 하면 해집단의 다양성이 떨어져 새로운 최적해를 찾기가 점점 어려워진다. 선택압을 낮추면 해집단의 수렴 속도를 떨어뜨릴 수는 있다. 그렇지만 무작정 수렴 속도를 낮추어 해집단의 다양성을 유지하는 것은 아주 초보적인 기술이다. 적당한 선택압을 유지하면서 해집단의 다양성을 높이는 다양한 방법들이 개발되어 있다.

Hollstien(1971)은 복수 개의 종족을 두고 해집단의 평균 적합도가 향상되는 동안은 종족 내에서만 교배를 시키고, 그렇지 않을 때는 종족간의 교배를 시키는 방식을 사용하였다. Booker(1982, 1985)는 교배 주형(mating template)을 이용한 제한적 교배를 제안하였다. 이를 간단히 설명해보자. 원래의 염색체에 다음과 같이 교배 주형을 추가한다.

<교배 주형>		<원 염색체>
10	:	1010
01	:	1100
00	:	0000

주형에서 *는 스키마에서처럼 패턴을 규정하지 않는 기호다. 몇 가지 방법을 제안하였으나 그 중 하나를 보면 두 염색체 A, B에 대해 A의 주형이 B의 원 염색체와 맞거나, B의 주형이 A의 원 염색체와 맞아야 교배를 할 수 있도록 한다. 이것은 적합도를 가지고 교배를 조절하지 않고 교배의 경향성을 제한함으로써 유전 알고리즘의 성능을 향상시키고자 하는 의도에서 제안된 방법이다. 이렇게 함으로써 몇 개의 지역 최적점 근처로 해들이 분산되어 수렴하는 경향을 기대할 수 있는데 이러한 현상을 종족화(speciation)라 한다.

종족화 방법 중 Hollstien(1971)의 방법과 같이 복수 개의 해집단을 두고 각 해집단 내에서 유전 알고리즘을 폐쇄적으로 운영하다가 적당한 시기에(예를 들어, 개별 해집단 내에서 더 이상의 개선이 없거나, 개별 해집단에서 주어진 시간 예산만큼 진행하다가) 해집단간의 교배 또는 이동을 허용하는 방법을 섬식 방법(island method)이라 한다. 이것은 마치 생물들이 지리적으로 떨어진 섬에서 독자적으로 진화하다가 가끔 교배나 이동을 하는 현상과 비슷하다 하여 붙여진 이름이다. [Petty 등, 1987], [Cohoon & Hedge, 1987], [Adamidis, 1997, 1998] 등의 병렬 유전 알고리즘이 이 범주에 속한다. 이 방식은 종족화를 돕기 위한 방법으로서 사용할 수도 있고, 유전 알고리즘의 병렬 수행을 목적으로 사용하거나 두 가지 목적 모두를 위해 사용할 수도 있다.

병렬 유전 알고리즘: 5.6절 참고

3장의 대치 연산에서 두 부모해 중 품질이 나쁜 해와 대치하는 preselection을 소개하였다. 해집단에서 자신과 닮을 가능성이 가장 높은 해가 부모해들이므로 다른 해들보다 부모해 중의 하나를 제거하는 것은 해집단의 다양성을 오래 유지시키는 데 도움이 된다. 또한 해집단에서 몇 개의 해를 임의로 선택한 다음 새로 만들어진 해와 가장 유사한 해를 대치하는 군집대치 방법도 해집단의 다양성을 높이는 데 도움이 된다. 여기서 대치의 후보로 몇 개의 해를 선택하느냐에 따라 해들의 다양성이 떨어지는 속도를 조절할 수 있다. 해의 적합도 계산시 해집단에 자신과 유사한 해들이 많을수록 많은 페널티를 주는 공유 기법 등도 해집단의 다양성을 유지하기 위한 효과적인 전략들이다. 다음 절에서 설명할 연산의 혼용도 해집단의 다양성을 유지할 수 있는 좋은 도구 중 하나다.

preselection: 3.4절 참고

Section

09 교차 연산들의 혼용과 시너지 효과

유전 알고리즘의 각 연산은 나름의 문제 공간 탐색 유형을 갖고 있다. 교차 연산은 일반적으로 채굴적 성향이 강하고, 변이 연산은 탐험적 성향이 강하다. 유전 알고리즘은 기본적으로 이러한 교차 연산의 탐색 유형과 변이 연산의 탐색 유형을 혼용한다. 3장에서 다양한 교차 연산을 소개했는데 각 교차 연산 역시 고유의 공간 탐색 유형을 갖고 있다. 이 절에서는 여러 교차 연산들의 상이한 탐색 유형을 혼용하여 공간 탐색의 성능을 향상시키고자 하는 연구 결과를 소개한다.

Spears(1995)는 이점 교차 연산과 균등 교차 연산이 서로 시너지 효과가 있는지 *N*-피크 문제를 대상으로 실험하였다. 그는 각 염색체의 끝에 한 비트를 추가하여 그 염색체가 생성될 때 사용된 교차 연산의 종류를 표시하고 있다. 교차를 위해 두 부모가 선택되었을 때 교차 연산 비트를 검사하여 두 부모해의 연산 비트가 일치하면 해당 교차 연산을 사용하고, 다르면 50:50의 비율로 두 교차 연산 중 임의로 하나를 선택하여 사용하였다. 이 방법은 지금까지 좋은 결과를 낸 교차 연산을 우대하는 결과를 초래하게 된다. 이 실험에서는 성능이 우수한 연산과 나쁜 연산을 독립적으로 사용한 경우들에 비해 항상 중간 정도의 성능을 보여 *N*-피크 문제에 대해서 이점 교차와 균등 교차의 시너지 효과를 관찰하지 못했다.

Hong, Kahng, Moon(1995)은 5점 교차 연산, 싸이클 교차 연산, 이차원 지오그래픽 교차 연산을 사용하여 VLSI 배치 문제에 대하여 실험하였다. Spears가 지금까지 좋은 결과를 낸 교차 연산을 우대하는 방식을 사용한 데 반하여, 이들은 지금까지 좋은 결과를 내지 못한 교차 연산을 우대하여 해집단 내에서 교차 연산들의 영향력이 균형을 이루도록 하였다.

Eiben(1998)은 복수의 해집단이 서로 다른 교차 연산을 사용하는 유전 알고리즘을 실험하였다. 그의 실험에서는 복수의 교차 연산을 사용한 유전 알고리즘이 가장 우수한 하나의 교차 연산을 사용한 경우보다 성능이 떨어지는 결과를 보였다. Tuson과 Ross(1996)는 n개의 연산에 대하여 $P=(p_1, p_2, ..., p_n)$ $(p_1 \geq p_2 \geq \cdots \geq p_n,\ \sum_{i=1}^{n} p_i = 1)$의 초기 적용 확률을 주고, 일정 세대 후에 성능이 우수한 연산 순으로 높은 적용 확률을 가지도록 적용 확률을 바꾸는 방법을 실험하였다. 수행 중에 적용 확률을 변화시킨 경우가 오프라인으로 정해진 확률로 각 연산을 적용하는 경우보다 좋은 성능을 내지 못했다. 시너지 효과를 알 수 있는 데이터는 없다. Julstrom(1995, 1997)은 변이 연산과 교차 연산을 사용해서 유사한 실험을 하였다. 각 연산의 적용 확률을 유전 알고리즘의 실행 중에 적응적으로 변화시키는 경우와 기여도에 대한 측정을 오프라인으로 한 후 유전 알고리즘의 시행 전에 고정된 비율을 사용하는 경우를 비교하였는데, 일반적인 후자의 경우가 더 나은 결과를 보였다. 사용하는 연산의 종류는 다르지만 Eiben(1998)과 일관성이 있는 결과다. Aizawa 등(1998)은 여섯 개의 연산을 혼용하여 유전 알고리즘을 수행한 후 이 중 상대적으로 우수한 성능을 나타낸 연산 세 개를 추출하여 다시 유전 알고리즘을 수행한 결과를 비교하였다. 세 연산을 추출하여 사용한 결과가 첫 번째 결과보다 좋았다. 그렇지만 세 연산의 결합이 가장 우수한 하나의 연산만 사용했을 때에 비해 어떠한 성능을 보이는지는 언급되지 않고 있다.

앞에서 보았듯이 거의 대부분의 연구자가 지금까지 좋은 해를 많이 만들어 낸 연산을 우대하고 강화해야 성능이 개선되는 것으로 단정하고 있는 것 같다. 그렇지 않다면 저렇게 시너지 효과가 관찰되지 않았는데도 대안을 생각해보지 않고 그만두지는 않았을 것이다. 성능이 우수한 교차 연산 하나만 사용했을 때보다 성능이 떨어지는 교차 연산과 혼용했을 때 시너지 효과가 최초로 관찰된 것은 Hong, Kahng, Moon(1995)의 연구에서다. 두 개 이상의 교차 연산을 사용하는 것이 가장 좋은 하나를 사용하는 경우를 능가하는 시너지 효과를 보인 최초의 결과다.

최근에 TSP와 그래프 이등분 문제를 사용하여 복수 교차 연산의 시너지 효과에 대한 방대한 실험이 이루어졌는데, 두 문제 모두에 대해 Spears 계열의 방법과 Hong–Kahng–Moon 계열의 방법이 상승 효과를 보였다 [Yoon & Moon, 2001]. 다만, TSP에서는 Spears와 같은 방법이, 그래프 이등분에서는 Hong–Kahng–Moon 계열의 방법이 더 강한 상승 효과를 보였다. 구체적인 수치를 들면 TSP에서는 Spears와 같은 방법으로 실험한 총 40 경우 중 25 경우에서 시너지 효과가 관찰되었고, Hong–Kahng– Moon의 방법은 80 경우 중 19 경우에서 시너지 효과가 관찰되었다. 그래프 이등분에서는 Spears와 같은 방법으로 실험한 총 24 경우 중 10 경우에서 시너지 효과가 관찰되었고, Hong–Kahng– Moon의 방법은 48 경우 중 26 경우에서 시너지 효과가 관찰되었다. 이것은 Spears 계열의 방법으로 시너지 효과가 관찰된 최초의 예기도 하다. 이러한 결과로 보아 어떤 시점에 교차 연산을 선택할 때 그 때까지 성능이 우수했던 연산을 우대하는 직관적 접근법과 그 반대의 접근법 중 어느 것이 다른 것보다 항상 우월하다고 단정할 수는 없을 것 같고, 문제에 따라 다르다는 정도까지만 결론지을 수 있다.

Section

10 분류자 시스템

분류자 시스템: classifier system

분류자 시스템은 유전 알고리즘 관련 주제 중 가장 오랜 역사를 가진 것 중의 하나다. 홀랜드[Holland, 1975]에 의해 Schemata Processor와 Broadcast Language란 이름으로 이론적으로만 제안되었던 분류자 시스템은 Holland와 Reitman(1978)이 일차원 미로 문제를 위해 최초로 구현하였다. 분류자 시스템은 협동을 유발할 수 있는 환경과 유전 알고리즘을 결합하여 분류자(classifier)라 불리는 간단한 규칙을 생성하고 학습시키는 시스템이다. 큰 범주에서 "진화를 이용하는 기계 학습(GBML, Genetics-Based Machine Learning)"에 속하는데, 이 분야는 연구를 주도한 학교의 이름을 따서 미시간 접근 방식과 피츠버그 접근 방식으로 나뉜다. 여기서는 홀랜드를 중심으로 하는 미시간 접근 방식에 초점을 맞추어 Goldberg(1989)의 기술을 기반으로 설명한다.

분류자 시스템은 규칙들로 구성된 개체 집단에 의하여 표현되는 인식 모델이며 다음과 같은 구성 요소로 이루어진다.

- 규칙/메시지 시스템
- 신용 할당/관리 시스템
- 분류자를 진화시키는 유전 알고리즘

[그림 5-13]은 분류자 시스템의 구조다. 규칙/메시지 시스템은 메시지와 조건으로 구성되는 규칙(분류자)들의 활성화 여부를 관리한다. 분류자의 구조는 보통 다음과 같다.

$$\langle message \rangle ::= \{0, 1\}^l$$

$$\langle condition \rangle ::= \{0, 1, *\}^l$$

$$\langle classifier \rangle ::= \langle condition \rangle : \langle message \rangle$$

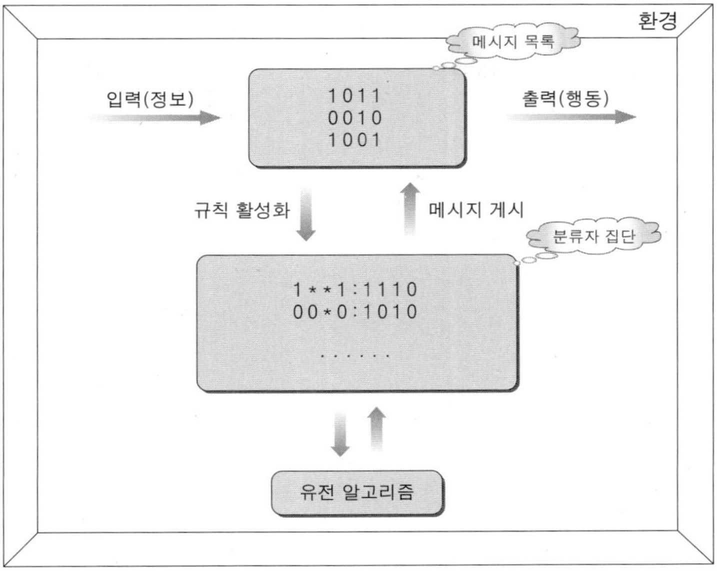

[그림 5-13] 분류자 시스템의 구조

메시지는 고정 길이의 이진 스트링이며, 분류자는 왼쪽에 조건, 오른쪽에 메시지가 있는 형태다. 분류자들은 자신의 메시지를 게시함으로써 신용을 높일 기회를 얻고자 한다. 어떤 분류자의 조건이 게시된 메시지와 매치되면 해당 분류자의 메시지가 활성화된다. 그림과 같이 분류자의 메시지는 보통 이진 스트링이나 이것이 분류자 시스템을 규정하는 특징은 아니다.

각각의 분류자는 자신의 신용을 갖고 있는데 이 신용은 이 시스템의 운영 과정에서 커지기도 하고 작아지기도 한다. 분류자 시스템의 게시판은 그 크기가 제한되어 있어 분류자들은 자신이 소유한 신용의 일부를 비용으로 지불하고 게시할 권리를 얻는다. 어떤 분류자의 메시지가 게시되어 그 결과로 다른 분류자가 활성화되면 게시한 분류자는 그에 따른 보상을 받는다. 하지만 게시의 결과가 다른 분류자에게 영향을 미치지 못하면 게시 비용만 낭비하게 된다.

[표 5-2]는 분류자 시스템의 초기 상태의 한 예다. 조건부의 *는 유전 알고리즘의 스키마에서의 *처럼 0 또는 1에 대응되는 무관(don't-care) 기호다. [표 5-3]은 [표 5-2]의 초기 상태에 환경으로부터 메시지 1111이 들어온 다음의 진행을 보여준다. 이 경우 메시지와 매치되는 분류자 1이 활성화되어 메시지 0101을 게시판에 게시한다. 이번에는 메시지 0101에 매치되는 분류자 2와 분류자 4가 활성화되고 메시지 1011과 0010이 게시판에 게

시된다. 이 중에서 메시지 1011이 분류자 3과 매치되어 메시지 1000이 게시된다. 그런데 메시지 1000에는 매치되는 분류자가 없기 때문에 분류자 시스템은 다시 외부의 메시지를 기다리게 된다. 이렇게 순차적으로 활성화되는 분류자 열은 물을 옮기기 위해 죽 늘어선 인부의 행렬과 유사하다고 해서 "물통 여단 체인(bucket-brigade chain)"이라고 한다. 메시지를 게시하게 된 분류자는 자신의 게시 비용을 자신이 게시되도록 활성화시켜준 분류자에게 지불하고, 이런 지불 방식을 물통 여단 알고리즘이라 한다. 이렇게 해서 물통 여단 체인을 따라 신용의 증감이 일어난다. 어떤 분류자의 다음 단계의 신용은 C_{bid}(입찰 금액 계수), C_{tax}(세금 계수)등을 사용하여 계산한다. 다음은 활성화된 분류자 i의 다음 단계의 신용을 계산하는 식이다.

$$S(t+1)=S(t)-C_{bid}\cdot S(t)-C_{tax}\cdot S(t)+R(t)$$

$C_{bid}\cdot S(t)$는 입찰 금액을, $C_{tax}\cdot S(t)$는 세금을 의미한다. 수령액을 의미하는 $R(t)$는 분류자 i에 의해서, 다음 단계에 활성화되는 분류자들이 입찰한 금액의 합이다.

[표 5-3]을 보면서 분류자 시스템의 동작을 자세히 추적해보자. 여기서는 C_{bid}가 0.1이고 C_{tax}는 0이라고 가정한다. 분류자 1이 환경으로부터 온 메시지와 매치되어 10을 입찰 금액으로 내놓는다. 내놓은 입찰 금액은 환경에게 돌아간다. 분류자 2와 4가 활성화되고 그들이 내놓은 입찰 금액은 분류자 1의 것이 된다. 분류자 2의 메시지에 매치되는 분류자 3이 활성화된다. 분류자 3을 활성화시킨 분류자 2에게 10이 돌아간다. 마지막 단계에서는 환경으로부터 오는 보상 20이 분류자 3에게 돌아간다.

분류자 시스템은 중간에 가끔 유전 알고리즘을 부른다. 유전 알고리즘은 일정한 주기를 두고 불릴 수도 있고, 매치가 잘 일어나지 않거나 분류자들의 성능 개선이 잘 일어나지 않을 때 불릴 수도 있다. 유전 알고리즘이 분류자 시스템에 맞게 설계되어야 하지만 기본적으로는 지금까지 배운 유전 알고리즘의 구성 요소를 다 사용한다(선택, 교차, 변이, 대치 등). 적합도 평가에 사용될 수 있는 가장 자연스러운 기준은 각 분류자의 신용이다.

[표 5-2] 분류자 시스템의 초기 상태의 예

번호	분류자	신용
1	11** : 0101	100
2	0*0* : 1011	100
3	1011 : 1000	100
4	*10* : 0010	100

[표 5-3] 분류자 시스템의 동작의 예

번호	분류자	신용	입찰금액
1	11** : 0101	90	10
2	0*0* : 1011	100	
3	1011 : 1000	100	
4	*10* : 0010	100	

step 1-1
분류자 1 활성화 → 0101 게시

번호	분류자	신용	입찰금액
1	11** : 0101	90	
2	0*0* : 1011	100	
3	1011 : 1000	100	
4	*10* : 0010	100	

step 1-2
분류자 1이 환경에 입찰 금액 10을 줌

번호	분류자	신용	입찰금액
1	11** : 0101	90	
2	0*0* : 1011	90	10
3	1011 : 1000	100	
4	*10* : 0010	90	10

step 2-1
분류자 2,4 활성화 → 1011, 0010 게시

번호	분류자	신용	입찰금액
1	11** : 0101	110	
2	0*0* : 1011	90	
3	1011 : 1000	100	
4	*10* : 0010	90	

step 2-2
분류자 1에게 분류자 2, 4의 입찰 금액 20을 줌

번호	분류자	신용	입찰금액
1	11** : 0101	110	
2	0*0* : 1011	90	
3	1011 : 1000	90	10
4	*10* : 0010	90	

step 3-1
분류자 3 활성화 → 1000 게시

번호	분류자	신용	입찰금액
1	11** : 0101	110	
2	0*0* : 1011	100	
3	1011 : 1000	110	
4	*10* : 0010	90	

step 3-2
분류자 2에게 분류자 3의 입찰 금액 10을 주고,
분류자 3에게는 환경으로부터 보상 20을 줌.

분류자 시스템은 성공적인 결과들이 많이 보고되었는데, 포커 플레이 작업 [Holland & Reitman, 1978], 부울 함수 학습 [Wilson, 1985], 장애물이 있는 이차원 공간에서의 목표물 찾기 [Liepins & Wang, 1991], 로봇 제어 [Lanzi, 1997], 의사 결정 규칙 발견 [Bull 등, 1995], 퍼지 룰 발견 [Oliver, 1992], 발병의 위험도 예측 [Parodi & Bonelli, 1993], 음악 학습 [Holmes, 1997], 이온 크로마토그래피 [Kampen & Muydens, 1997] 등 수없이 많다. 가장 성공적이고 방대한 분류자 시스템으로는 Goldberg(1983)의 파이프라인 제어 시스템을 들 수 있다.

Smith(1980)는 앞에서 설명한 분류자 시스템과는 다른 방식으로 진화의 개념을 사용하여 학습을 하는 LS-1 시스템을 발표하였다. 이것을 피츠버그 접근 방식이라고 하는데 간단히 말해서 유전 알고리즘을 학습 문제에 적용한 것이다. 즉, 하나의 인식체를 나타내는 규칙의 집합을 개체(염색체)로 간주하고 개체의 집합에 유전 알고리즘을 적용한다. 앞의 분류자 시스템은 하나의 개체가 기본 단위인 반면, 피츠버그 접근 방식은 개체들의 집합이 기본 단위다. 피츠버그 접근 방식은 개체를 평가하기 위하여 복잡한 신용 할당 시스템을 사용하지 않는다.

분류자 시스템을 한마디로 정의하기는 힘들다. 아직도 분류자 시스템의 핵심적인 성분에 대해 논란이 있다. 1992년에 휴스턴의 존슨 스페이스 센터에서 제1회 International Workshop on Learning Classifier Systems가 개최되었다. 이곳에서 이 분야의 연구자들이 분류자 시스템을 정의하는 특징이 무엇인가에 대해 토론을 벌인 결과 분류자 시스템은 적어도 "유전 알고리즘과 협동성은 가져야 한다"고 잠정적인 결론을 내렸다 [Smith, 1992]. 분류자의 표현 방식이나 물통 여단 알고리즘 등도 분류자 시스템을 정의하는 특징은 아니라는 것이다. 분류자 시스템은 학습이 필수적인 요소이므로 Learning Classifier Systems(LCS)라는 용어도 일반화되어 사용된다.

Section

11 에코 모델

공진화와 더불어 유전 알고리즘에 관한 최근의 연구로 빼놓을 수 없는 것이 홀랜드의 에코 모델이다 [Holland, 1992]. 에코는 일반적인 최적화 문제 등을 위해 현재 사용할 수 있는 도구는 아니지만, 외부로부터의 보상에 의존할 수밖에 없는 유전 알고리즘의 특성 때문에 오랫 동안 고민하던 홀랜드가 그 해결책으로서 내놓은 시스템이다. 유전 알고리즘은 기본적으로 열린 시스템이다. 즉, 개체의 적합도를 외부에서 평가해주어야 한다. 이에 반해 자연의 생태계는 적합도의 개념이 그 속에서 저절로 발생한다. 고정되어 있지도 않다. 이런 면에서 홀랜드는 적합도를 미리 정의해주지 않고 자발적으로 발생하는 닫힌 유전 알고리즘을 갈망해왔다. 에코는 외부로부터 명시된 적합도 평가를 제거함으로써 유전 알고리즘 분야에서 최초의 닫힌 시스템이 되었다. 실제의 생태계에서는 개체들이 복잡한 공진화의 어울림에 의해 끊임없이 순환하며 서로를 뒤쫓는다. 획일적으로 정의할 수 있는 적합도란 존재하지 않는다. "현재의" 생태계에서 공존하는 개체들에 대해 충분한 경쟁력이 있으면 충분히 적합한 개체가 된다. 당연히 생태계는 변하고 이에 따라 적합도의 특성도 달라진다.

에코 : Echo

에코는 유전 알고리즘을 생태적 환경으로 확장하고, 지리적 분포의 개념을 도입하며, 제한된 자원에 대한 경쟁과 개체들간의 상호 관계를 포함한다. 에코는 생태계의 중요한 성질에 대한 통찰을 얻기 위한 것이지 특정한 생태계를 모델링하려는 것은 아니다. 좀 더 구체적으로 말하면 에코는 공진화를 보다 실체적으로 이해하기 위한 것이다. 공진화는 복잡한 적응적 시스템에서 창발과 자기 조직화를 이루는 근원으로 작용한다. 이 현상을 보다 깊게 이해하려면 외부로부터의 보상을 제거할 필요가 있다. 에코는 최초로 외부로부터의 보상을 제거한 닫힌 시스템이다.

여기서는 [Forrest & Jones, 1994]에 소개된 에코 모델의 설명을 따른다. 에코 월드는 정해진 수의 구역(site)을 갖고 있다. 각 구역에는 에이전트(agent)들이 존재할 수 있다. 물론 어떤 구역에는 에이전트가 하나도 없을 수도 있다. 임의의 에코 월드는 구역의 수, 자원의 종류, 세율, 복제율, 사망률이 먼저 정해져야 한다.

1. 에코 싸이클

① 에이전트들간의 상호 관계는 각 구역 내에서 일어난다. 각 에이전트는 교역, 짝짓기, 또는 전투를 통해 관계한다.

② 에이전트는 자신이 속한 구역에서 자원을 모은다. 각 구역은 자원(들)을 생산하고 이 자원은 해당 구역에 있는 에이전트 중 각 자원을 모을 수 있는 유전적 특징을 지닌 에이전트에게 가능한 균등하게 배분한다.

③ 에이전트는 세금을 낸다(확률적으로). 만일 한 에이전트가 세금을 낼 자원을 갖고 있지 않으면 해당 에이전트는 사망하고 사망한 에이전트가 가졌던 자원들은 그 구역에 반환된다.

④ 에이전트들은 낮은 확률로 임의 사망한다. 이것은 에이전트들이 영구적으로 생존할 수 없도록 한다. 에이전트가 전투나 세금에 의해 사망하지 않더라도 언젠가는 사라진다.

⑤ 각 구역은 자원들을 생산한다. 구역별로 다른 자원을 다른 양으로 생산할 수 있다. 어떤 에이전트가 사망하면 그 에이전트가 가졌던 자원을 그 구역 내의 다른 에이전트들이 바로 차지할 수 있다.

⑥ 한 싸이클에서 자원을 전혀 추가하지 못한 에이전트는 이웃 구역으로 이주한다.

⑦ 자기 복제를 할 수 있는 양만큼의 자원을 가진 에이전트는 복제를 한다. 단, 차후의 세금 등을 위한 자원을 약간 남길 수 있어야 하므로 요구하는 여분의 자원 양은 파라미터로 주어진다.

2. 에이전트

[그림 5-14]는 에코의 에이전트 모양이다. 에이전트는 자원의 종류 +7개의 유전자를 가진 염색체로 표현된다. 이 7개의 유전자들은 3개의 태그 유전자(공격 태그, 방어 태그, 짝짓기 태그), 3개의 조건 유전자(전투 조건, 교역 조건, 짝짓기 조건), 1개의 교역 자원 유전자로 구성된다. 마지막으로 필요한 자원의 종류를 나타내는 섭취(uptake) 매스크라는 이진 매스크 형태의 유전자가 있다. 태그와 조건 유전자들은 길이가 고정되어 있지 않다. 섭취 매스크의 해당 비트가 1의 값이면 해당 자원을 모을 수 있다.

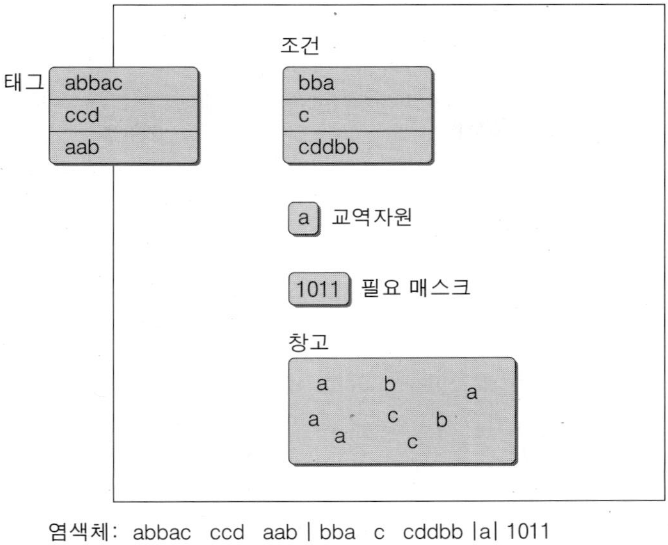

[그림 5-14] 에코의 염색체의 예

교역 자원 유전자는 교역이 일어날 때 다른 에이전트에게 제공하는 자원의 종류를 명시한다. 태그 유전자들은 다른 에이전트들에게도 공개되고, 조건 · 교역 자원 · 섭취 유전자들은 외부에 비공개다. 홀랜드의 표현을 빌면 태그는 에이전트의 표현형적인 특징을 나타낸다.

❸ 에이전트들간의 교류

에이전트간의 교류에는 전투, 교역, 짝짓기의 세 가지 형태가 있다. 이 중 교류는 동일 구역에 존재하는 에이전트들간에만 일어난다.

전투

전투는 개체들간의 적대적 상호 관계를 구현한다. 현실에서의 전투나 경쟁적 행위가 이 범주에 속한다. 전투가 일어나면 한 에이전트는 반드시 제거되고 제거된 에이전트가 소유하던 자원은 승자가 갖는다. 최근의 변형된 모델에서는 전투 결과가 이렇게 극단적으로 처리되지 않고 에이전트들간의 자원의 부분 이동으로 처리되기도 한다 [Holland, 1994].

두 에이전트가 만나면, 시스템은 한 에이전트가 다른 에이전트를 공격할 것인지 체크한다. 만일 에이전트 A의 전투 조건이 에이전트 B의 공격 태그의 앞부분(Prefix)과 일치하면 A는 B를 공격한다. 예를 들면, 에이전트 A의 전투 조건이 aab인데 에이전트 B의 공격 태그가 aabcb라면 A는 B를 공격한다. 공격이 시작되면 성공 여부는 A의 공격 태그와 B의 방어 태그를 이용한 계산 결과에 의해 결정된다. 간단한 계산은 아니나 A의 공격 태그와 B의 방어 태그의 유사성이 높을수록 성공할 확률이 높아진다고 생각하면 된다.

교역

두 에이전트가 만나 전투를 하지 않으면 교역이나 짝짓기를 할 기회가 생긴다. 한 쪽에 의해 일방적으로 결정되는 전투와 달리 교역은 쌍방의 동의가 선행되어야 한다. 에이전트 A의 교역 조건이 에이전트 B의 공격 태그의 앞부분과 일치하고, 에이전트 B의 교역 조건이 에이전트 A의 공격 태그의 앞부분과 일치하면 A와 B는 교역을 시작한다. 교역에 참가하는 에이전트는 자기 복제와 세금을 위해서 필요한 양을 제외한 양만큼의 자원을 상대에게 제공한다. 교역을 결정하기 전에 에이전트는 상대가 어떤 자원을 얼마나 제공할지 모른다. 결과적으로 상대방으로부터 얻는 것이 하나도 없을 수도 있고 필요 없는 자원을 얻을 수도 있다. 만일 이 시스템이 협동의 중요성을 창발시킬 수 있다면 상대방에게 협동하는 에이전트는 긴 생명력을 가질 것이다. 교역에 실패하기 쉬운 에이전트들은 결과적으로 도태될 가능성이 점점 더 커질 것이다.

짝짓기

에이전트 A의 짝짓기 조건이 에이전트 B의 짝짓기 태그의 앞부분과 일치하고, 에이전트 B의 짝짓기 조건이 에이전트 A의 짝짓기 태그의 앞부분과 일치하면 짝짓기가 일어난다. 짝짓기는 유전 알고리즘의 교차 연산을 사용한다. 홀랜드는 이점 교차 연산을 사용하였으나 다른 교차 연산을 사용해도 에코의 본질을 훼손하지 않는다. 짝짓기를 통해서 자원이 늘어나거나 줄어들지는 않는다. 새로이 만들어진 염색체는 에이전트 A와 에이전트 B로부터 자원을 일부씩 받는다. 대부분 A와 B가 자원을 균등하게 부담하지는 않는다.

❹ 에이전트의 이동

에코에는 두 가지 종류의 에이전트 이동이 있다. 첫째는 한 구역내에서의 이동이고, 둘째는 다른 구역간의 이동이다. 앞의 에이전트들간의 교류를 위해 두 에이전트가 선택되면 한 에이전트가 다른 에이전트의 이웃으로 먼저 이동한다. 한 에이전트가 다른 에이전트를 공격하게 되면 피공격자는 약간의 거리를 이동함으로써 도망갈 확률도 있다. 한 에코 싸이클 동안 자원을 전혀 추가하지 못한 에이전트는 이웃 구역으로 이동한다.

❺ 에코의 한계와 장래

에코는 아직 생태계의 시뮬레이션에 초점을 맞추고 있다. 최적화 문제 해결을 위한 공간 탐색으로서의 이용 가능성에 대해서는 아직 연구된 바 없다. 얼핏 보기에는 불가능할 것 같기도 하나 꼭 그렇지만은 않을 수도 있다.

그럼에도 불구하고 에코를 비교적 길게 소개한 이유는 이것이 진화 연산 분야에서 거의 유일한 닫힌 시스템이기 때문이다. 외부적 보상에 의해 움직이지 않는 복잡 적응 시스템의 참된 출발점에 해당하는 역사적 의미를 가진 시스템이다. 이것은 생물의 면역 체계와도 흡사한 면이 있다. 에코는 진화적 군비 확장 경쟁, 종족화, 협동의 진화, 속임수, 생태계의 먹이사슬, 인간 사회의 이익 싸이클 등이 창발적으로 형성되는 과정에 대한 통찰을 주는 도구로 사용되고 있다. 홀랜드의 『Adaptation in Natural and Artificial Systems』의 92년 개정판은 에코에 대한 설명으로 마지막을 장식하고 있다. 에코에 대한 그의 애착을 시사한다고 하겠다.

복잡성 과학

우리가 표현하고 말하는 현실 세계는 우리의 눈으로 해석하는 세계의 "근사치"다. 20세기의 가장 위대한 철학자의 한 사람으로 추앙받는 비트겐슈타인은 "실세계는 언어에 의해 말해질(said) 수 없으며 단지 보여질(shown) 수 있을 뿐이고, 우리는 세계에 대해 이야기하는 것은 불가능하며 단지 가리킬(point) 수 있을 뿐이다"라고 하였다. 우리 눈에 보이는 현상들은 단지 우리 의식의 내부 구조들의 표상에 불과하다는 사실을 말하고 있는 것이다.

복잡성 과학은 아직 그 정의가 명확하게 정립되지 않은 새로운 과학의 한 분야다. 그 이름은 데카르트-뉴튼 이후의 서구 과학을 상징적으로 표현할 때 단순성의 과학이라고 말하는 것과 좋은 대비를 이룬다. 존 브로크맨의 『제3의 문화(The Third Culture)』(대양사, 1996)에는 복잡계(complex system)를 "단순한 구성 요소들이 상호 작용하면서 고도의 복잡한 질서를 나타내는 계"라고 표현하고 있다. 유전 알고리즘, 에코 시스템, 분류자 시스템, 신경망, 증권 시장, 경제계, 생태계, 유전체(genome) 등의 작용 메커니즘이 복잡계에 속한다. 카오스 시스템도 복잡계의 한 예다.

"복잡"하다는 것은 무엇을 뜻하는가? 복잡성(일반적인 의미에서)을 가늠하는 한 가지 기준으로 잘 사용되는 것이 대상에 대한 가장 짧은 표현의 길이다. 0.9999999…는 긴 숫자지만 "0과 소수점 아래 9가 무한히 반복되는 수"로 간단히 표현할 수 있다. 완전히 예측할 수 없는 수는 "규칙이 없는 난수" 이상으로 적당한 표현이 없다. 이러한 수들은 복잡하지 않다고 본다. 이것은 일반적인 의미에서의 복잡성과 복잡성 과학에서 말하는 복잡성의 중간쯤 되는 과도적인 예라고 할 수 있다. 일반적으로 말하는 "복잡"과 복잡성 과학에서 말하는 "복잡"은 의미가 다르다. 흔히들 복잡성 과학을 복잡한 것을 연구하는 학문으로 오해하는 경우가 있는데 잘 구별해야 한다.

앞에서 표현한 복잡계를 다시 "단순한 하위 구조들의 결합에 의해 하위 구조에는 없는 특성을 가진 상위 구조가 창발(emergent)하는 시스템"으로 표현할 수 있다. 실제로 파국 이론이나 에코 시스템 등을 이용해서 경제를 해석하기도 하는데, 많은 사람들이 이러한 도구들이 경제를 결정론적으로 예측하는 데 주로 사용되어야 한다고 착각한다. 이것은 현상을 간단한 근사적 수식으로 표현하여 미래를 예측하는 데카르트-뉴튼적 사고 방식에서 벗어나지 못하고 있기 때문이다. 이러한 기법들은 대부분 설명만 제공할 수 있을 뿐이다. 나비 효과라고 불리는 현상이 이를 잘 설명한다. 몽고 고원에서의 나비 한 마리가 일으킨 날갯짓이 미국의 태풍을 일으킬 수도 있다는 것인데, 이것은 기상학자 로렌츠가 실수로 초기값의 유효 숫자를 몇 자리 덜어내고 어떤 계산을 하니 원래의 기상 시뮬레이션 결과와 전혀 다른 결과를 얻은 데서 나왔다. 로마에서 기원전 44년에 율리우스 시저가 브루투스에게 암살되지 않았다면 세계의 역사는 완전히 바뀌었을 것이다. 하지만 시저의 암살은 역사적으로 별로 당연성이 없는 우연한 사건이다. 복잡계에서 미래를 예측할 때 발생하는 어려움은 이런 현상과 비슷하다.

크리스 랭턴은 복잡계를 울프람의 네 가지 분류 상의 클래스 IV와 같은 위상 전이(phase transition) 상태로 본다. 질서와 혼돈의 사이 어딘가에 복잡계가 존재한다. 세포막이 고체와 액체 사이에서 가까스로 균형을 유지하고 있듯이 복잡계가 보이는 균형은 그와 같은 역동적 균형이라고 파악한다. 생태계의 균형과 생물의 생존도 마찬가지다. 이러한 위상 전이 상태에서 정보 처리의 양이 최대라고 주장한다. 카우프만은 그의 NK-지형 모델이 울프람의 네 가지 클래스를 나타내는 것을 관찰하기도 하였다. 랭턴은 또한 컴퓨터 과학의 정지 문제(halting problem)를 울프람의 클래스와 비유하기도 한다. 모든 알고리즘(또는 프로그램)에 대하여 그것이 궁극적으로 정지할 것인지를 미리 판단할 수 있는 알고리즘은 존재하지 않는다는 것이 유명한 정지 문제다. 랭턴의 비유는 질서와 혼돈 사이에 복잡계가 존재하는 것처럼, 항상 정지하는 알고리즘과 항상 정지하지 않는 알고리즘 사이에 결정 불가능한 알고리즘이 있다는 것이다. 다소 거칠고 조악하기는 하지만 재미있고 직관적인 이해를 돕는 비유라 할 수 있다.

이러한 역동적 균형의 상태에서 창발성을 나타낼 수 있는 가능성이 가장 높아지는 것으로 보인다. 이렇게 외견상 다소 불안정한 상태에서의 균형이 생태계나 경제, 사회 등을 유지하고 끊임없이 발전시키는 동인인 듯하다. 계절의 변화가 미약한 나라보다 그 변화가 큰 나라가 일반적으로 많은 창조적 업적을 남기고 부를 누리고 있다. 다소 비약 같지만 역동적 균형에 관한 한 우리 민족은 일가견이 있어 보인다. 우리 나라는 역사적으로 강대국들 사이에서 역동적인 균형 상태로 살아왔다. 정상적인 상태와 쉰 상태의 중간쯤 되는 발효 상태를 잘 이용하는 음식 문화를 갖고 있다. 우리의 전통 음악은 3박자가 주종을 이룬다. 3박자에 근거한 음악은 일반적으로 안정감이 떨어져 다른 박자에 비해 덜 쓰인다는데 우리 조상들은 이 3박자로 아슬아슬한 균형을 유지하면서 잘도 즐기고 있다. 3박자를 타고 움직이는 우리 전통 가락과 어깨춤 사위는 깨질 듯 깨질 듯 하면서 다음으로, 다음으로 넘어가는 역동적 균형 그 자체다.

일본이 세계에 자랑하는 도자기인 "사쓰마야키"가 임진왜란 때 일본으로 납치된 우리 도공들의 후예들에 의한 것임은 익히 알려진 사실이다. 그 사쓰마야키 종가의 13대

손인 심수관에 이르기까지 일본인의 피는 한 방울도 섞이지 않았다(심수관은 일본 여성과 결혼했다). 신봉승의 『조선사 나들이』(답게, 1997)에는 역동적 균형으로부터 창발한 예술성을 짐작케 하는 심수관 씨의 감동적인 고백이 소개되어 있다.

> *"슬픔이나 괴로움이 응결되어 있는 사람만이 무엇인가를 이루어 놓습니다. 사쓰마야키는 일본인일 수 없으면서 일본인이어야 하는 조선 도공들의 응결된 괴로움과 슬픔의 결정이라고 생각합니다. 언어가 통하지 않고 풍속이 다른 이국 땅에서 생존하기 위해서는 그들 나름대로의 지혜가 생기게 마련입니다. 자신들을 위해서 반발도 참을 줄 알아야 했고, 장차를 위해서는 그들 스스로 일본인들을 도울 줄도 알았지만, 아첨이 되지 않는 선에서 슬며시 손을 놓아 자신들의 긍지를 자위할 줄도 알아야 했습니다. ... 이와 같이 복잡 미묘한 감정이 사쓰마야키를 구워 내는 원동력이 되었습니다."*

역사 상의 모든 시기에 사람들은 공통적으로 자신들은 과도기를 살고 있다고 여기는 경향이 있다고 한다. 하지만 지금 우리 주변에서 일어나고 있는 변화는 이 중의 어떠한 시대와도 비교가 되지 않는다. 지난 10여 년처럼 없던 개념, 없던 연구 주제, 없던 업종, 없던 문화가 이렇게 빠른 속도로 창발된 적은 역사상 없었다. 통신의 혁명을 기반으로 다가오는 새 문화를 놓고 우리는 지금 한창 3박자 춤을 추고 있다.

머레이 겔만은 단순성과 복잡성을 연구하는 학문이라는 뜻의 플랙틱스라는 신어를 만들었다. 그의 플랙틱스는 단순성과 복잡성에 관한 연구를 모두 아우르며 적응적 복잡계(생태계, 유전 알고리즘 등)와 비적응적 복잡계(카오스, 전기 회로 등)를 모두 포함한다. 옛날에는 과학들간에 이음새가 없었다. 이것이 분화되고 분화되면서 서로간의 관계가 점점 희박해지는 분리의 시대가 되었다. 새로운 과학적 움직임은 이렇게 조각난 과학들간의 이음새를 다시 없애고자 하며 방대한 학제간 연구를 요구한다.

복잡계와 관련한 몇 가지 이야기를 통해 그 개념을 "가리키려고(point)" 해 보았다. 저명한 물리학자이자 과학 평론가인 하인즈 페이겔스는 이미 20여 년 전에 그의 저서 『이성의 꿈(The Dreams of Reason)』(범양사, 1991)에서 "복잡성 과학에 통달한 국가가 다음 세기의 초강대국이 될 것"이라고 예언한 바 있다. 복잡성 과학의 연구 과정 자체도 다양한 배경을 가진 연구자들이 유전 알고리즘의 스키마처럼 결합하여 상승 효과를 일으키고 있다.

Chapter 06

유전 알고리즘의 응용 예들

* 학습목표

- 유전 알고리즘에서 다양한 문제에 대한 해를 표현하는 방법을 실제 예를 통해 익힘으로써 실무적 감각을 기른다.
- 함수 최적화, 시스템 최적화, 조합적 최적화의 분류를 이해하고, 어떤 문제가 주어졌을 때 이 중 어느 부류에 속하는지 판단하고 모델링할 수 있도록 한다.

Preview

더 적절한 의식의 탐구수준은 지각과 계획
바로 밑의 조직화 수준일 것이다.
... 의식은 분명 지하 1층의 화학이나
지하 2층의 물리학까지 내려가 있지 않다.
따라서 지하 2층의 양자물리학에서 의식으로 도약하려는
인식물리학자들의 시도는 문지기의 꿈이라 할 수밖에 없다.
...어떤 이유로 인식물리학자들은 자신의 전공 영역을 넘어
열 단계가 넘는 조직화의 수준이 있는데도 불구하고
자신의 이론을 그토록 진지하게 생각하는 것일까?

윌리엄 캘빈

베토벤 교향곡을 기압의 파동으로 기술한들 그걸 무엇에 쓰겠소?

아인슈타인

서로 말이 통하지 않는다는 것은
서로가 지닌 추상화의 수준이 다른 것이다.

저자

유전 알고리즘은 그 골격이 간명한 만큼 실로 다양한 분야에서 응용이 가능하다. 대부분의 과학, 공학 분야와 경제학, 음악 등에서 재미있는 문제들이 발생한다. 구체적인 예로는 데이터마이닝, 금융공학, 전자상거래, 발전소 설계, 제철 공정, 반도체 설계, 자동제어, 회귀분석, 소프트웨어 공학, 컴퓨터 네트워크 등을 들 수 있다.

이 장에서는 유전 알고리즘을 이용할 수 있는 문제의 예를 들고 이 문제를 위한 염색체의 표현 방법을 제시한다. 염색체의 표현 방법이 일단 결정되면 나머지 단계는 5장까지 배운 기술을 사용하면 된다. 이러한 이유로 각 응용 예에서 교차나 변이, 품질 평가 등에 대해 특별히 언급할 만한 사항이 없을 때는 문제의 정의와 유전 알고리즘을 위한 염색체의 표현 방법까지만 언급한다.

Section

1 함수 최적화

함수 최적화는 유전 알고리즘의 대표적인 응용 분야 중 하나다. 주어진 함수값을 최대화 또는 최소화하는 변수(들)를 찾는 문제다. 예를 들면 $f(x_1, \ldots, x_n) = \sum_{i=1}^{n} -x_i \sin(\sqrt{|x_i|}\ )$, $-500 \leq x_i \leq 500$에 대해 함수 f를 최소화하는 x_i 값들을 찾는 문제다. 이 문제에서 변수의 개수가 다섯 개라고 하면 한 해는 다섯 개의 변수값을 나열하는 실수 염색체로 표현할 수 있다.

−20.67	120.23	0.02	−19.21	488.31

함수 최적화는 유전 알고리즘 연구 분야에서 가장 오랜 역사를 가진 주제 중 하나다 [Hollstien, 1971; DeJong, 1975; Goldberg 등, 1993; Yang 등, 1997]. 문헌 상으로 유전 알고리즘을 이용한 함수 최적화를 다룬 최초의 연구자는 Hollstien(1971)이다. DeJong(1975)은 특성이 다양한 함수들을 고안하여 이들을 이용하여 유전 알고리즘의 연산자들이 성능에 미치는 영향을 연구하였다. 유전 알고리즘 연구의 초기에는 새로운 아이디어가 나오면 주로 함수 최적화 문제에 적용하여 그 효용성을 가늠하는 것이 일반적이었다. 이 주제의 중요성은 미래에도 감소하지 않을 것으로 보인다. 지금까지의 연구들을 통해 다양한 벤치마크 함수들이 제시되었는데 변수의 개수가 한 개인 것부터 45개인 것까지 다양하다. 벤치마크 함수의 목록은 [Yang 등, 1997]에 잘 정리되어 있다.

Section

02 시스템 최적화

[그림 6-1]과 같이 변수가 다섯 개 있고 각 변수값과 이에 대응되는 함수값이 주어지는 경우를 생각해보자. 함수값은 대부분 실험에 의해 얻어진다.

x_1	x_2	x_3	x_4	x_5	$f(x_1, x_2, x_3, x_4)$
3	5	3.6	20.3	0.11	22.7
2	4	1.1	30.9	0.35	25.5
6	12	1.2	42.4	0.21	34.7
.	.	.	.	.	.
.	.	.	.	.	.
.	.	.	.	.	.
1	8	2.7	25.2	0.17	26.1

[그림 6-1] 변수값과 이에 대응되는 측정치

시스템 최적화는 이와 같은 데이터로부터 이를 가장 잘 설명하는 시스템을 찾아내는 것으로, 이 분야를 시스템 규명(system identification)이라고 부른다. 다시 말하면 훈련 데이터들로부터 알려지지 않은 시스템의 수학적 모델을 찾아내는 것이다 [Jang, 1997]. 여기서 모델은 함수나 신경망 또는 기타 다른 시스템이 될 수 있다. [그림 6-1]의 경우 최적의 함수를 찾아내는 것이 목적이다. 일반적으로 모델을 복잡하게 잡으면 실험치를 더 잘 설명할 수 있지만 지나치게 복잡한 모델은 훈련되지 않은 데이터에 대한 적응력이 떨어지는 경향이 있는데 이를 오버피팅(overfitting)이라 한다.

이 절에서는 시스템 최적화 문제의 예와 이들을 위한 유전 알고리즘을 소개한다. 앞에서 언급한 바와 같이 염색체의 표현 형태가 결정되고 나면 일반적인 연산자들을 사용할 수 있으므로 여기서는 문제의 해를 염색체로 표현하는 방법을 위주로 소개한다.

❶ 함수 근사

함수 근사: function approximation

함수 최적화가 주어진(고정된) 함수를 가지고 최적의 변수값(들)을 찾는데 반해서 함수 근사는 함수 자체를 찾는다. 함수 근사의 목적은 [그림 6-1]과 같은 〈변수값들, 함수값〉 데이터를 가장 잘 설명하는 함수를 찾는 것이다. 앞에서 예로 든 x_1, x_2, x_3, x_4, x_5의 값들과 $f(x_1, x_2, x_3, x_4, x_5)$의 측정치에 대해 다음과 같은 형태의 함수를 최적화하는 a_0, a_1, ..., a_{10}을 구하는 문제가 전형적인 함수 근사의 한 예다.

$$f(x_1, x_2, x_3, x_4, x_5) = a_0 + a_1x_1 + a_2x_1^2 + \cdot\cdot\cdot + a_9x_5 + a_{10}x_5^2$$

이 문제의 해는 아래와 같이 11개의 계수를 나열하는 실수 염색체로 간단히 표현할 수 있다.

1.02	2.11	10.2	0.02	0	12.1	2.8	0.7	0	1.58	1.38

함수 근사를 위한 유전 알고리즘은 Rogers (1991)에 의해 발표된 이후 간헐적으로 발표되고 있으나 [Rogers, 1991, 1997; Leardi 등, 1992] 아직 그렇게 활발하지는 않다. N개의 변수를 사용해서 만들 수 있는 함수는 수없이 많으므로 실제 응용에서는 해당 분야 전문가의 직관이나 사전 지식을 사용하여 함수의 모양을 어느 정도 제한해 줄 필요가 있다.

회귀분석에서도 이런 연구가 많이 이루어져 왔는데 다만 현재의 회귀분석에서는 앞의 예와 같이 함수의 모양은 고정되고 주로 파라미터(계수, 지수 등)를 최적화하는 수준이지만 진정한 함수 근사는 원칙적으로 함수 모양에 대한 사전 지식을 필요로 하지 않아야 한다. 그러나 현재의 유전 알고리즘 응용 예들은 함수 모양에 대해 어느 정도 제한을 주어야 가능한 수준이다. 함수의 모양에 대한 제한을 완전히 풀어 버리면 문제 공간의 크기가 함수의 모양에 관해서만도 조합론적 폭발(combinatorial explosion)을 초래하므로 계산 시간의 부담으로 인해 그리 바람직하지 않다. 원자력 공학, 화학 공학, 인공지능 등에서 많이 발생하는 문제로 차후에 응용 가능성이 많은 분야다. 이는 기존 회귀분석의 수준을 높일 수 있는 잠재력이 크다. 시계열 분석 문제는 이산 시간 변수 x_t를 이전의 변수들 x_{t-1}, x_{t-2}, ..., x_{t-p}로부터 추정하는 경우로 역시 함수 근사의 일종이다 [Neubauer, 1997]. 주식 가격 예측을 이 범주의 문제로 모델링할 수도 있다.

❷ 신경망 최적화

신경망(neural network)도 시스템 최적화의 좋은 예다. 신경망은 노드(뉴런)들과 이들을 연결하는 간선(edge)들로 이루어진다. 간선은 가중치와 방향을 가진다. 함수 근사처럼 두 가지 형태의 최적화가 가능하다. 첫째 모델은 뉴런들과 그들의 연결망을 고정한 다음 각 간선들의 가중치만을 조절해 최적의 가중치 집합을 찾는 방식이다. 함수를 고정하고 계수와 지수를 찾는 문제와 같은 계열이다. [그림 6-2]는 입력 노드 3개, 히든 노드 5개, 출력 노드 1개로 이루어진 간단한 신경망의 예다.

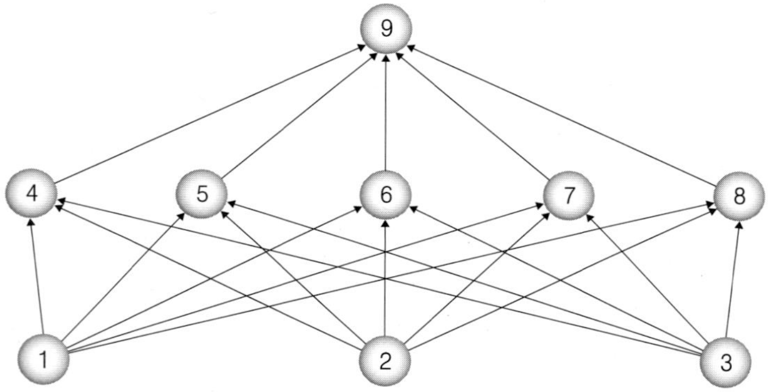

[그림 6-2] 간단한 신경망 예

이를 전형적인 일차원 표현으로 나타내면 염색체는 다음과 같은 배열이 된다.

w_{14}	w_{15}	w_{16}	w_{17}	w_{18}	w_{24}	w_{25}	w_{26}	w_{27}	w_{28}	w_{34}	w_{35}	w_{36}	w_{37}	w_{38}	w_{49}	w_{59}	w_{69}	w_{79}	w_{89}

임의의 원소 w_{ij}는 지정된 범위의 실수값을 갖게 된다. 유전 알고리즘은 이 배열 원소들의 최적 조합을 찾는다. 크기가 큰 신경망의 경우 염색체의 길이가 상당히 커지고 문제 공간의 크기도 커진다. 어느 크기 이상의 신경망 최적화에는 미미틱 유전 알고리즘을 사용하기를 권한다. 즉, 선택, 교차, 변이를 통해 새로운 신경망을 만들어 내면 이를 백프로파게이션과 같은 지역 최적화 알고리즘을 이용하여 개선한다. 이렇게 하지 않고는 인상적인 결과를 내기가 힘들다.

앞의 염색체를 다음과 같은 이차원 배열 형태의 염색체로 나타낼 수도 있다.

w_{14}	w_{15}	w_{16}	w_{17}	w_{18}
w_{24}	w_{25}	w_{26}	w_{27}	w_{28}
w_{34}	w_{35}	w_{36}	w_{37}	w_{38}
w_{49}	w_{59}	w_{69}	w_{79}	w_{89}

예를 들어, 가중치 w_{16}, w_{26}, w_{36}, w_{69}가 상대적으로 상관성이 높다면 일차원 배열보다는 이차원 배열 형태의 염색체가 염색체 표현 과정에서 문제에 포함된 정보를 덜 잃을 것이다. 고품질의 신경망에서 이들이 강력한 패턴을 갖고 있다면 이차원 염색체가 일차원 염색체보다 이 패턴을 보호하는 데 유리하다. 이 패턴은 하나의 스키마를 이룬다. 다만, 배열의 차원이 올라가면서 교차의 다양성이 떨어지지 않도록 적절한 교차 연산자를 사용해주어야 한다. 이에 관한 내용은 3.2절의 다차원 교차 부분을 참조하기 바란다. Kim & Moon(2002)은 순환형 신경망(recurrent neural network)의 최적화를 위한 이차원 표현을 제안하였고, 실험을 통해 이차원이 일차원 표현보다 우수함을 보였다.

일차원 표현, 이차원 표현: 2.7절 참고

또 다른 방식은 연결망을 고정하지 않고 연결망의 구조를 진화시키는 것이다. 아주 간단한 예로, Miller, Todd, Shailesh(1989)는 [그림 6-3]과 같이 5개의 뉴런으로 구성된 신경망을 행렬 형태로 표현한 다음 이를 일차원의 열로 바꾼 염색체를 사용하였다.

염색체에는 간선의 가중치 없이 연결 여부만 표시하였다. 염색체로부터 이와 대응되는 구조의 신경망을 만든 다음 이를 백프로파게이션에 의해 학습시켜 이 결과를 기준으로 적합도를 주었다. 문헌 상에서 가장 초기에 나타나 여기에 소개는 하지만 그리 바람직한 방법은 아니다. 그림의 염색체는 20비트로 되어 있지만 실제로 모든 20비트가 제한없이 1로 세팅될 수 있는 것은 아니다. 예를 들어, 노드 5에서 노드 1로 가는 연결은 의미가 없다.

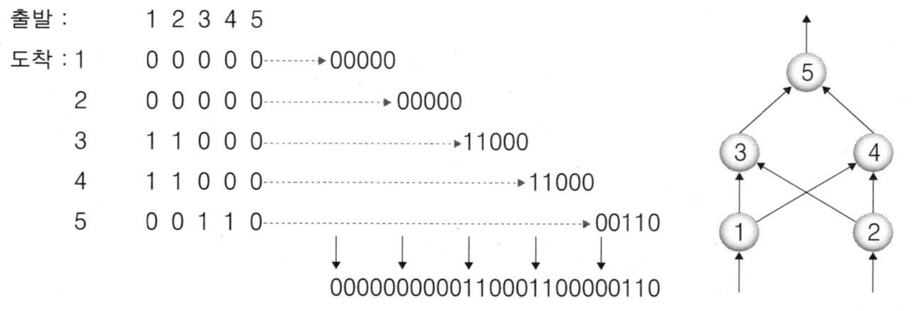

[그림 6-3] 신경망과 이에 대응되는 염색체의 예

[그림 6-3]의 행렬 형태를 일차원으로 바꾸지 않고 염색체로 그대로 사용할 수도 있다. 다만 이 경우 수평선이나 수직선만을 사용해서 교차를 하면 연산자의 다양성이 떨어져 새로운 스키마의 생성 능력이 떨어진다는 사실은 인지하고 있어야 하며, 결과가 별로 좋지 않으면 무엇보다 먼저 이를 보완할 수 있는 교차 연산자를 먼저 생각해볼 필요가 있을 것이다.

3 퍼지 시스템 최적화

퍼지(fuzzy) 로직은 "다소", "매우", "약간" 등의 단어로 표현되는 인간의 사고처럼 그리 엄밀하지 않은 개념을 처리하는 데 유용한 방법이다. 여기서는 [그림 6-4]와 같은 간단한 퍼지 시스템의 최적화를 예로 들어 설명한다.

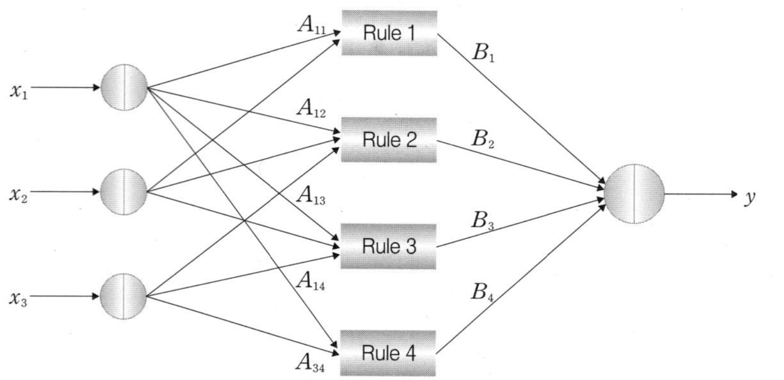

[그림 6-4] 퍼지 네트워크의 한 예

그림의 시스템은 세 개의 입력이 최대 네 개까지의 퍼지 규칙 처리기로 각각 입력된다. 퍼지 규칙 처리기는 세 개의 "퍼지" 입력값으로부터 한 개의 퍼지 출력을 낸다. 이 출력은 다시 처리 함수를 거쳐 최종적인 출력을 발생시킨다. 각각의 규칙은 다음과 같은 형태를 갖는다.

Rule 1: $(A_{11}, A_{21}, A_{31}; B_1)$
Rule 2: $(A_{12}, A_{22}, A_{32}; B_2)$
Rule 3: $(A_{13}, A_{23}, A_{33}; B_3)$
Rule 4: $(A_{14}, A_{24}, A_{34}; B_4)$

$A_{i,j}, B_j \in \phi$, VerySmall, Small, Medium, Large, VeryLarge
$i=1, 2, 3, \quad j=1, 2, 3, 4$

염색체는 다음과 같이 나타낼 수 있다.

A_{11}	A_{21}	A_{31}	B_1	A_{12}	A_{22}	A_{32}	B_2	A_{13}	A_{23}	A_{33}	B_3	A_{14}	A_{24}	A_{34}	B_4

이것은 규칙을 중심으로 한 배열이고 이와 달리 입출력 중심의 배열도 생각해 볼 수 있다. 예를 들면 다음과 같은 염색체도 가능하다.

A_{11}	A_{12}	A_{13}	A_{14}	A_{21}	A_{22}	A_{23}	A_{24}	A_{31}	A_{32}	A_{33}	A_{34}	B_1	B_2	B_3	B_4

균등 교차를 사용하지 않는 한 유전자들의 배치는 유전 알고리즘의 성능에 큰 영향을 미치므로 시행착오를 거치거나 전문가의 직관에 의해 적절한 배열 방법을 택하게 된다.

4. 엘리베이터 그룹 스케줄링

이번에는 함수 근사의 적용 분야 중 자동 제어 분야에서 발생하는 예를 하나 살펴보자. 엘리베이터가 여러 대 있는 고층 빌딩의 엘리베이터 제어 문제는 유명한 난제다. 예를 들어 60층 건물에 서로 연동되는 엘리베이터가 10대 있고 각 층에서 고객들이 다양한 패턴으로 도착하고 엘리베이터에 탑승해서도 다양한 목적층을 누른다. 이러한 고객들의 서비스 요구를 가장 최적으로 만족하는 제어 정책을 찾는 문제다. 여기서 최적이란 상황에 따라 다른데 고객들의 평균 대기 시간을 최소화하는 경우가 가장 일반적이고, 엘리베이터내의 혼잡도 분포를 최적화한다거나 엘리베이터 탑승 시간을 최소화하는 것도 중요한 고려 사항이 될 수 있다. 이들이 복합적으로 고려되어야 하는 경우도 있을 수 있다. 때로는 VIP를 위한 특수 목적층에 대한 우대 서비스를 요구하기도 한다.

여기서는 문제를 어떻게 모델링하는가를 중심으로 설명해보자. 우선 두 가지 용어를 정의하자. 고객이 임의의 층에 도착하여 상향 또는 하향 버튼을 누르는 것을 홀콜(hall call)이라 한다. 고객이 엘리베이터에 탑승한 다음 목적층의 버튼을 누르는 것을 카콜(car call)이라 한다. 카콜에 대해서는 해당 엘리베이터가 목적층을 지나갈 때 정지시키는 것 말고는 별다른 대책이 없다. 그러므로 엘리베이터 제어 정책이란 임의의 홀콜에 대해 어느 엘리베이터가 서비스하도록 할당하는가를 결정하는 것과 직결된다. 이를 위해서는 임의의 홀콜이 발생했을 때 현재의 상황에서 각 엘리베이터에 대해 매력의 정도를 측정하여 가장 매력적인 엘리베이터를 결정하는 전략이 결정되어야 한다. 가장 전형적인 방법은 매력 측정 함수를 두어 각 엘리베이터의 매력을 측정하는 것인데 이 함수에 따라 제어 정책의 품질이 결정된다.

임의의 홀콜이 발생했을 때 고려할 요소가 몇 가지 있다. 홀콜이 발생한 층으로부터 멀리 떨어진 엘리베이터는 매력이 감소한다. 홀콜이 일어난 층 주변의 층에 이미 정지하기로 예정되어 있는 엘리베이터는 매력이 증가한다. 현재 위치하고 있는 층과 홀콜이 일어난 층 사이에 있는 몇 개의 층에서 정지 계획이 있는 엘리베이터는 매력이 감소한다. 너무 혼잡한 엘리베이터는 매력이 감소한다. 이러한 요소들은 서로 상충되는 이해 관계를 갖기도 하여 이들을 합리적으로 고려하는 함수를 만들어 내는 데는 유전 알고리즘이 제격이다. 여기서는 12개의 파라미터를 갖는 함수 근사 문제로 모델링을 해보자.

j층에서 홀콜이 일어났다고 하고 이 때 엘리베이터 i의 매력을 산출하는 함수를 $f(i, j)$로 표현하자. $f(i, j)$는 다음과 같은 식으로 표현할 수 있다.

$$f(i, j) = w_1 h(i, j) + w_2 g(i, j) + w_3 c_i + w_4 t(i)$$

여기서 $h(i, j)$는 엘리베이터 i의 현재 위치에서 j층까지의 물리적 거리를 반영하는 함수다. [그림 6-5]와 같은 모양으로 표현할 수 있는데 이 함수는 두 개의 기울기와 두 개의 경계점에 의해 결정된다. 즉, $h(i, j)$는 4개의 파라미터를 갖고 있다. $g(i, j)$는 엘리베이터 i가 j층 근방에 있는 층에 이미 정지 계획이 있을 때 보상을 해주는 함수로 $h(i, j)$와 유사한 모양을 갖는다. 따라서 역시 4개의 파라미터를 갖고 있다. c_i는 엘리베이터 i의 혼잡도를 나타낸다.

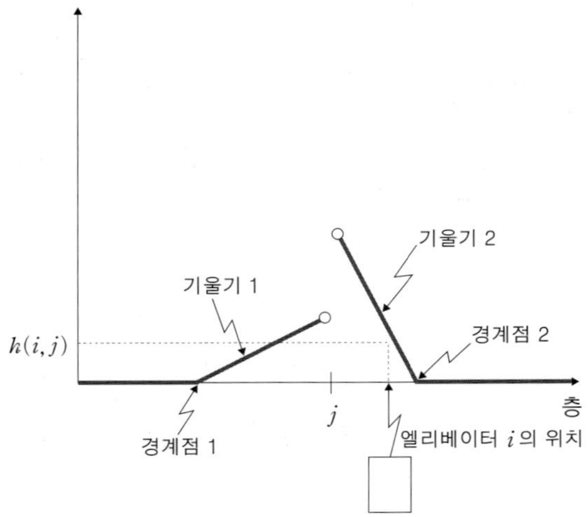

[그림 6-5] 함수 h(i, j)의 모양

$t(i)$는 엘리베이터 i의 현재 위치와 j층 사이 중 엘리베이터 i가 정지하기로 계획되어 있는 층들의 수다. 이렇게 해서 $f(i,j)$는 총 12개의 파라미터를 갖게 된다(w_1부터 w_4까지의 4개와 $h(i,j)$와 $g(i,j)$에 각각 4개씩). 이 12개 파라미터들에 대해 최적의 값들의 조합을 찾는 것이 유전 알고리즘이 할 일이다.

염색체는 12개의 실수로 구성되는 배열로 표시하면 된다. 유전 알고리즘의 수행 중에 임의의 해가 만들어졌을 때 그 품질은 모의 실험을 하여 평가한다. 엘리베이터를 타기 위해 도착하는 승객의 분포는 포아송 프로세스(Poisson process)를 따르는 것으로 알려져 있다. 오프라인으로 함수를 미리 만드는 경우라면, 이렇게 만든 포아송 프로세서를 사용하여 일정 시간 동안 도착하는 고객들에 대해 모의 실험하여 평균 대기 시간 등을 구한다. 온라인으로 엘리베이터의 수행 중에 함수를 만드는 경우라면 고객의 도착 패턴을 감지한 다음 이에 알맞은 포아송 분포를 그때그때 발생시켜 이를 이용해서 모의 실험하여 평균 대기 시간 등을 구한다. 이때는 매력 측정 함수가 하루에도 몇 번씩 바뀔 수 있다. 별개의 PC에서 수행하면 되므로 엘리베이터의 운행에 전혀 지장을 주지는 않는다. 20층 건물에 엘리베이터가 10개라면 펜티엄 PC 3GHz 정도의 기계로 20초 이내에 가능하다.

Section

03 조합적 최적화

조합적 최적화: combinatorial optimization

조합적 최적화는 유전 알고리즘의 응용 중 가장 많은 결과를 낸 예 중 하나다. 가장 관심을 끄는 연구 분야는 NP-Hard군에 속하는 문제일 것이다. 유전 알고리즘이 도전한 대표적인 문제(군)을 몇 가지 나열하면 순회 세일즈맨 문제(traveling salesman problem, TSP) [Goldberg & Lingle, 1985; Nagata & Kobayashi, 1997; Jung & Moon, 2000], 작업공정 스케줄링(job shop scheduling) [Davis, 1985; Candido 등, 1998], 네트워크 레이아웃 [Britten 등, 1997; Castillo & Gonzalez, 1998], VLSI CAD 레이아웃 [Cohoon & Paris, 1987; Bui & Moon, 1998], 채널 라우팅 [Liu 등, 1994], DB 질의 최적화 [Yang & Korfhage, 1993], 차량 라우팅 [Thangiah, 1995], 그래프 분할 [Collins & Jefferson, 1991; Bui & Moon, 1996], 최대 완전 그래프 문제 [Bui & Eppley, 1997], 스타이너(Steiner) 트리 최적화 [Esbensen, 1995], 부하 밸런스(load balancing) 문제 [Mehra & Wah, 1997], 시간표 문제(timetabling) [Kragelund, 1997], 이차원 배정 문제(quadratic assignment problem) [Tate & Smith, 1995], 단백질 구조 최적화(protein folding) [Carpio, 1996] 등으로 한정된 공간에 나열하기 힘들 정도로 많다.

유전 알고리즘의 공간 탐색 특성상 수행시간이 자주 문제가 된다. 앞의 미미틱 유전 알고리즘에서 언급했듯이 장난감 사이즈 이상의 문제인 경우에는 기본적인 형태의 유전 알고리즘으로는 한정된 시간에 좋은 결과를 기대하기 힘든 것이 보통이고, 이 과정에서 얼마간 문제에 대한 이론적 지식이나 휴리스틱 알고리즘 등이 개입된다. 이 절에서는 몇 가지 조합 최적화 문제와 이들을 위한 유전 알고리즘을 표현 방법을 중심으로 소개한다.

1. 순회 세일즈맨 문제

순회 세일즈맨 문제: traveling salesman problem

순회 세일즈맨 문제는 n개의 도시가 주어지고 한 도시로부터 출발하여 모든 도시를 한 번씩 방문한 다음 출발했던 도시로 돌아오는 가장 짧은 경로를 찾는 문제다. 유명한 NP-Hard 문제다 [Garey & Johnson, 1979]. 그 유명도와 대표적인 난이도로 인해 어떤 새로운 공간 탐색 기법이 고안되면 이 문제에 대한 실험이 이루어지지 않고는 제대로 평가받을 수 없을 정도로 큰 영향력을 가졌다. 당연히 유전 알고리즘에서도 수많은 아이디어가 쏟아져 나왔다.

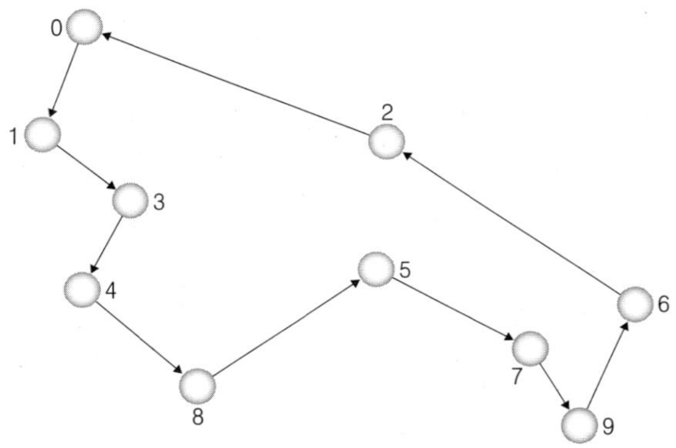

[그림 6-6] 순회 세일즈맨 문제의 한 해

[그림 6-6]의 순회 세일즈맨 문제의 예에서 10개의 도시는 고유의 일련번호를 갖고 있는데 그림에서 보이는 순회 경로를 염색체로 표현하려 한다. 그림의 순회 경로에서 도시들의 방문 순서는 0, 1, 3, 4, 8, 5, 7, 9, 6, 2 순이다. 순서 기반 표현은 이들을 방문 순서대로만 나열하면 되는데, 아래와 같이 10개의 염색체가 동일한 경로를 나타낸다.

```
0134857962
1348579620
...
...
2013485796
```

이 방법으로 표현된 염색체에는 일정한 위치를 기준으로 염색체를 분할하는 전통적인 교차 연산자는 별 매력이 없어진다.

[그림 6–6]의 경로를 위치 기반 표현으로 나타낸 염색체의 한 예는 아래와 같다. 10개의 위치를 도시 0부터 도시 9에 대응시킨다. 위치 i에 있는 수는 도시 i의 다음 방문 도시를 나타내도록 한다.

1 3 0 4 8 7 2 9 5 6

이것은 도시 0의 다음 방문 도시는 도시 1이고, 도시 1의 다음 방문 도시는 도시 3, ..., 도시 9의 다음 도시는 도시 6라는 뜻이다. 앞에서 예로 든 순서 기반 표현에서는 동일한 의미를 갖는 10개의 다른 염색체가 존재하는데 반하여, 위치 기반 표현은 한 해가 단 하나의 염색체를 갖는다.

위에서 순회 세일즈맨 문제를 위한 순서 기반 표현과 위치 기반 표현을 소개했다. 이들과는 달리 교차에서 문제에 대한 지식을 이용하여 휴리스틱한 교차를 사용하는 방법들이 있는데 [Whitley 등, 1990; Starkweather 등, 1991], 이들은 각 해의 특성을 "분석"하여 부분 결합함으로써 표현 방식이 별 의미를 갖지 않게 한다. 유전자형을 이용하여 염색체를 자르는 작업을 하지 않기 때문이다. 또한 순회 세일즈맨 문제의 해답 그 자체의 이차원적 모양을 염색체로 사용하는 표현 방법과 교차 연산도 제시되었다 [Jung & Moon, 2000, 2002].

2. 차량 라우팅

차량 라우팅: vehicle routing

차량 라우팅은 복수 개의 차량으로 복수의 고객에게 서비스하는 가장 효율적인 방법을 찾는 문제다. 여기서 고객은 사람이 될 수도 있고, 백화점 등의 영업 장소일 수도 있으며, 물건을 저장하는 창고일 수도 있다. 최적화하고자 하는 대상은 이동 거리, 서비스 총 시간, 연료 소비량, 고객의 만족도 등이 될 수 있다.

기본형은 표준 차량 라우팅 문제로 VRP(standard vehicle routing problem)라 부른다. 이 형에서는 각자의 부하 한계를 지닌 k대의 차량이 준비되고, 출발 지점과 도착 지점을 가진 고객들이 제공된다. 목적은 모든 고객에게 서비스하되 사용 차량의 수를 최소화하고 차량의 총 이동 거리를 최소화하는 차량의 분배 및 라우팅 방법을 찾는 것이다. 이보다 다소 제한이 많은 변형들도 있는데 위의 VRP에 각 고객이 자신이 서비스받을 수 있는 가장 이른 시간까지 명시할 수 있는 모델을 VRPTD(VRP with Time Deadline)라 부른다. VRPTD에 각 고객이 서비스받아야 하는 가장 늦은 시간까지 명시할 수 있는 모델을 VRPTW(VRP with Time Window)라 한다. 예를 들어, Dial-A-Ride 서비스는 전화를 하면 차량이 와서 목적지까지 데려다주는 서비스인데, 저녁 7시에 시작하는 음악회에 가고자 하는데 한 시간쯤 걸리는 거리에 사는 노부부에게는 VRPTW 서비스가 적합하다. 만일 그렇지 않은 서비스를 택해 2시에 데리러 온다거나 7시가 넘어서 데리러 와서는 곤란할 것이다. 이 외에도 다양한 변형이 가능하다. 제한이 까다로워질수록 고급 서비스가 되고 서비스의 비용은 비싸질 것이다.

차량 라우팅의 응용 가능성은 다양하다. 소매 체인의 물건 배달, 물품 배달 비용을 최소화하는 체인점들의 위치 선정, 스쿨버스 라우팅, 우편배달 라우팅(UPS, Federal Express, DHL, 기타 다양한 택배 영업), 현금자동입출기 관리회사의 시재관리 시스템, 쓰레기 처리 차량 라우팅, 유류 배달, Dial-A-Ride 서비스 등 실로 다양한 문제들이 발생한다. 현재 우리나라에도 이러한 문제들이 본격적으로 발생하고 있지만, 고수준의 알고리즘을 적용한 예가 거의 알려져 있지 않다. 좀 거칠게 표현하면 운전기사의 감각에 의존하는 라우팅이 대부분이다. 최근에 이러한 문제들에 대한 고수준 해의 필요성을 느끼는 기업들이 생기기 시작했다.

차량 라우팅 문제는 고객을 k대 이하의 차량에 할당하는 작업과 할당된 고객에게 서비스하기 위한 개별 차량의 라우팅으로 나눌 수 있다. 이 중 고객을 차량에 할당하는 문제는 분류(grouping) 또는 분할(partitioning) 문제가 된다. 문제의 간명함을 위해 여기서는 고객의 위치가 이차원의 좌표로 주어지고 두 고객 위치간의 이동에 드는 시간은 둘 사이의 물리적 거리와 비례한다고 가정하자.

이 문제를 위한 유전 알고리즘의 표현을 위해 다음과 같은 간단한 방법을 생각할 수 있다.

2	5	3	2	k	4	3	6	· · · ·	3

염색체의 길이는 고객의 수(N)와 같고 각 유전자는 각 고객이 소속되는 차량의 번호를 나타낸다. 이렇게 해서 고객이 k대 이하의 차량에 분배되면 각각의 차량은 분배된 고객들을 가지고 라우팅을 한다. 라우팅은 허용되는 시간 예산에 따라 유전 알고리즘을 이용할 수도 있고 TSP를 위한 LK[Lin & Kernighan, 1973] 같은 휴리스틱을 사용할 수도 있을 것이다. 이렇게 해서 차량의 분배와 라우팅이 일차로 마무리되면 고객의 소속 차량을 바꾸어서 개선할 수 있는 부분은 개선시킨다.

다음은 유전 알고리즘을 이용한 풀이법의 하나인 Thangiah(1995, 1997)의 방법을 기본으로 하는 접근법이다.

먼저 유전 알고리즘을 이용하여 k개(또는 k개 이하)의 원을 만든다. 이 k는 차량의 수와 일치한다. 각 고객은 하나의 원에 속하도록 분류된다. 임의의 원 안에 들어가는 고객은 해당 원에 자연스럽게 속한다. 그러나 어떤 원에도 속하지 않는 고객은 원에 직교하는 선을 그었을 때 가장 가까운 원에 속하게 한다. 이렇게 해서 모든 고객이 k대의 차량에 할당되면 나머지는 앞에서 소개한 방법과 같다. 유전 알고리즘은 계속해서 다양한 원의 조합을 제공하고 이것은 위와 같이 개별 라우팅과 후처리 개선에 의해 지역 최적화된다. 이 방법이 고객들의 지리적 위치를 잘 고려해서 분배하므로 후처리 비용을 줄이는 데 도움이 된다. [그림 6-7]은 차량 라우팅을 위한 문제의 전형적인 예와 이를 분할한 예다.

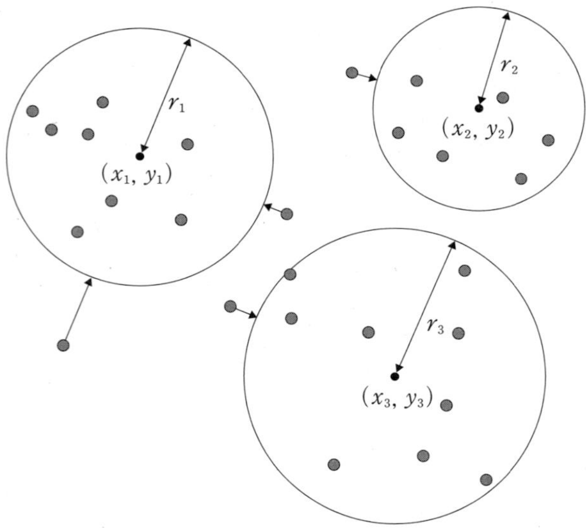

[그림 6-7] 고객들의 위치와 고객들을 세 개의 차량에 분할한 예

각 원은 중점의 x, y 좌표와 반지름의 길이로 명시된다. 염색체는 이렇게 k개의 원을 나타낸다. [그림 6-7]의 염색체는 다음과 같이 표현할 수 있다.

x_1	y_1	r_1	x_2	y_2	r_2	x_3	y_3	r_3	. . . .

여기서는 분할 부분만 유전 알고리즘으로 푸는 경우를 소개했는데 라우팅 부분도 유전 알고리즘으로 얼마든지 가능하다. 다만 이 경우 두 유전 알고리즘이 계층적으로 수행되므로 시간이 만만치 않게 든다. 주어진 시간 예산을 잘 고려하여 적합한 방법을 찾아야 할 것이다.

❸ 그래프 분할

그래프 분할: graph partitioning

그래프 이등분 문제는 임의의 그래프를 같은 수의 노드를 갖는 두 부분 집합으로 분리하되, 두 부분 집합간에 걸치는 간선의 개수를 최소화하는 문제다. 이것도 잘 알려진 NP-Hard 문제다 [Garey & Johnson, 1979]. [그림 6-8]은 그래프 이등분 문제의 한 보기와 이를 염색체로 표현한 예다. 그림처럼 10개의 노드가 있는 그래프의 경우, 10자리의 이진수 하나가 한 해를 나타내게 된다.

그래프 이등분 문제의 경우 두 개의 부모해로부터 교차를 통해 생성되는 해는 균형이 깨지기 쉽다. 이러한 해를 비적격해(invalid solution)라 하는데 유전 알고리즘에 따라 해집단에 비적격해는 아예 포함시키지 않도록 할 수도 있고 비적격해도 포함되게 할 수도 있다. 비적격해를 포함시키는 경우는 이로부터 만들 수 있는 최선의 적격해의 품질을 이 해의 품질로 삼는 방법이 있다. 경우에 따라서는 비적격해에 페널티를 주기도 한다. 비적격해를 포함시키지 않는 유전 알고리즘의 경우에는 이진수에서 0과 1의 수가 일치하도록 나름대로 수선을 하여야 한다. 간단한 예를 들면, 염색체에서 0과 1의 총 수를 센 다음 염색체 상의 임의의 지점을 선택하여 오른쪽으로 훑어가면서 모자라는 수만큼의 0 또는 1을 바꾸어 주는 방법을 사용할 수 있다.

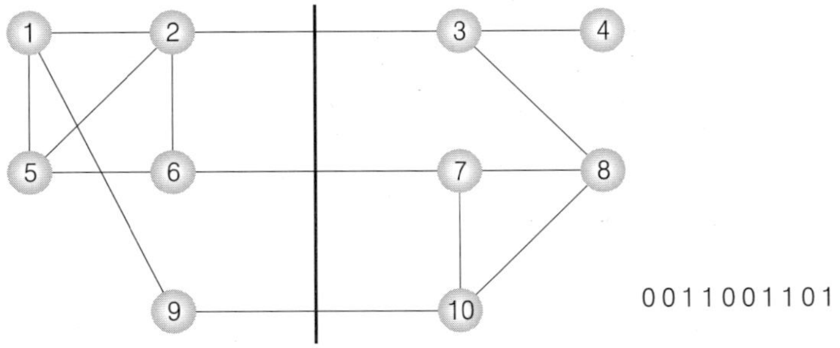

[그림 6-8] 그래프 이등분 문제의 염색체의 한 예

그래프를 두 개 이상의 부분 집합으로 나누되 서로 다른 부분 집합간에 걸치는 간선의 수를 최소화하는 문제를 그래프 다분할(k-way partitioning) 문제라 한다. k개의 부분 집합으로 나누는 문제는 자연스럽게 k-진수 표현을 쓸 수 있다. 이를 이진수 표현으로 바꿀 수도 있는데 이진수 표현이 약간의 변이 효과가 더 있으나 권장하고 싶지는 않다.

4. 단백질의 3차원 구조

단백질은 연속된 아미노산들의 띠로서 고유의 3차원 구조를 갖는다. 이 3차원 구조에 의해 담백질의 성격이 결정된다. 임의의 단백질이 물과 같은 임의의 용액 중에 놓일 때 용액은 친수성(hydrophilic) 아미노산은 끌어당기고, 소수성(hydrophobic) 아미노산은 밀친다. 가능한 3차원 구조들 중 최소의 에너지를 갖는 구조를 찾는 것이 유명한 단백질 접기(protein folding) 문제다. 단백질의 3차원 구조를 밝히는 것은 생물학 최대의 난제 중 하나로 "The Great Challenge"라고 부르기도 한다.

단백질 접기 문제에는 접히는 각도가 자유로운 실제 모델과 90° 로만 접히도록 허용하는 라티스 모델이 있다. 여기서는 간단한 라티스 모델을 대상으로 예를 든다. [그림 6-9]는 라티스 모델의 단백질 접기의 한 예다. 두 아미노산이 순서 상으로는 이웃하지 않으나 접힌 결과로 이웃한 위치에 놓이게 될 때 이를 접합(contact)이라 한다. 두 소수성 아미노산이 만드는 접합을 소수성 접합(hydrophobic contact)이라 한다. 이 소수성 접합의 개수를 최대화하는 3차원 구조를 찾는 것이 이 문제의 목적이다.

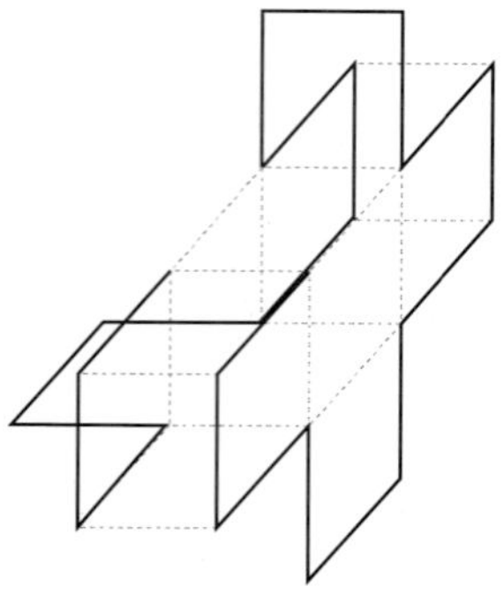

[그림 6-9] 라티스 모델의 단백질 접기의 한 예

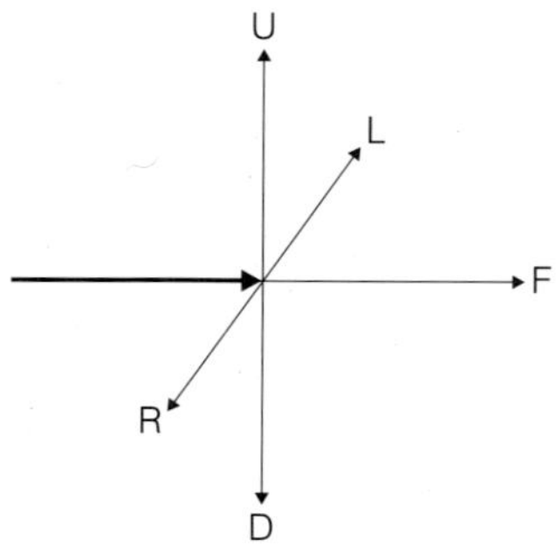

[그림 6-10] 아미노산의 방향

라티스 모델에서의 임의의 3차원 구조를 염색체로 표현하는 방법 중 Patton 등(1995)의 방법을 기본으로 소개한다. 각 아미노산은 다섯 가지 가능한 방향이 있다 (앞(F), 좌(L), 우(R), 상(U), 하(D)). 첫 번째와 두 번째 아미노산을 고정하고 (이 둘의 연결 방향을 바꾸는 것은 대칭성 때문에 별 의미가 없다) 세 번째 아미노산부터 직전의 연결에 근거하여 접는 방향을 명시한다. 예를 들어, 아미노산 $i-1$과 아미노산 i의 연결선에 의해 아미노산 i와 아미노산 $i+1$의 연결선 방향의 의미가 상대적으로 결정된다. [그림 6-10]은 이를 그림으로 보인다.

염색체는 아래와 같이 $N-2$개의 유전자로 구성할 수 있다.

F	D	U	L	R	U	L	F	F	· · · ·

즉, $\{F, L, R, U, D\}^{N-2}$이 된다. 각 유전자는 3번째 아미노산부터 접히는 방향을 명시한다. 이렇게 함으로써 단백질의 3차원 구조를 나타낼 수 있으나 5^{N-2}가지의 염색체 모두가 적법한 구조를 나타내는 것은 아니다. 임의의 아미노산 자리에 있는 유전자가 L 값을 갖고 있는데 왼쪽에 이미 다른 아미노산이 자리를 잡고 있으면 이 방향으로 접는 것이 불가능하다. 이 경우에는 적절한 해결 방법을 마련해 두어야 한다.

Patton 등(1995)은 적법한 해를 만들지 못할 가능성이 많은 위의 방법에 대해 다음과 같이 개선책을 제시하였다. 염색체의 길이는 같으나 이번에는 각 염색체가 다섯 개의 방향 중 하나를 갖고 있는 것이 아니고 각 방향의 우선순위를 갖는다. 다섯 방향을 우선순위로 매기는 방법은 5!(120)가지이므로 각 유전자는 아래와 같이 1부터 120 사이의 값을 갖는다.

34	5	21	1	98	120	107	77	83	· · · ·

이렇게 하면 임의의 유전자를 첫 번째 방향으로 접는 것이 불가능하면 두 번째 방향으로 접는다. 이렇게 함으로써 적법하지 않은 해를 만들 가능성은 현저히 떨어지게 된다. 그러나 이 경우에도 적법하지 않은 해가 만들어질 가능성은 여전히 있다. 이 경우는 해를 버리거나 수선책을 마련해 둘 필요가 있다. 수선책 중에는 적법한 지점까지 백트래킹한 다음 그 지점에서부터 유전자를 고치는 등의 방법도 생각해 볼 수 있다.

5. VLSI 회로 배치

반도체 회로의 밀집도가 점점 높아지면서 한 칩에 수억 개의 게이트가 집적되기도 한다. 반도체의 생산 단가를 낮추려면 모든 논리적 회로 부분을 가장 작은 면적을 사용해서 집적할 수 있어야 하고 배선을 위한 와이어의 총 길이를 짧게 해야 한다. 단가 이외에도 다양한 요구 사항을 만족해야 한다. 예를 들면, 회로의 지연 시간 최소화(빠른 클록 속도), 전력 소모 최소화, 수율 최대화 등 다양한 요구 사항이 있다. 요구 사항들은 서로 상충 관계에 있는 경우가 많아 이들을 잘 조절하면서 최적의 배치를 하는 작업은 컴퓨터 과학과 전자 공학의 대표적 난제다.

네트 : net, 끝점이 두개 이상인 간선(=hyperedge)

회로 배치 모델은 다양한데 우선 가장 간단한 게이트 어레이 모델부터 살펴보자. 게이트 어레이 모델에서는 모든 셀이 바둑판 모양의 격자 상에 놓인다. 한 배치가 주어지면 이의 품질을 평가해주어야 하는데 앞에서 언급한 다양한 요구 사항이 있을 수 있다. 여기서는 와이어의 총 길이를 최소화하는 가장 간단한 모델을 대상으로 설명한다. 배치가 끝나면 각 네트(net)의 끝점(endpoint)들이 자동으로 결정된다. 각 네트의 라우팅에 필요한 배선의 길이를 합한다. 임의의 네트를 위한 배선 길이를 측정하기 위해서는 실제 라우팅을 해보지 않고는 정확한 계산이 불가능하다. 네트가 서로의 배선 상태에 따라 영향을 받으므로 라우팅 자체도 배치 못지 않은 난제이기 때문이다. 그래서 배치 단계에서는 라우팅 이후의 상황을 예측할 수 있는 간단한 근사 계산법을 쓰는데 이 또한 다양한 방법이 있다. 대표적인 한 방법은 반 윤곽 박스(half bounding box)를 이용하는 것이다. 이 방법은 모든 끝점들 중 X 축과 Y 축 상에서 가장 바깥쪽에 있는 점들을 대상으로 직사각형을 그린 다음 이 직사각형 둘레 길이의 반을 이 네트의 라우팅 비용으로 계산하는 것이다. [그림 6-11]은 네트 하나를 예로 들어 이를 보이고 있다. dx와 dy를 합한 값이 이 네트의 반 윤곽 박스의 길이가 된다. 이보다 현실에 가까운 방법들이 있으나 실험 결과로는 이 방법이 의외로 좋아 많이 쓰인다.

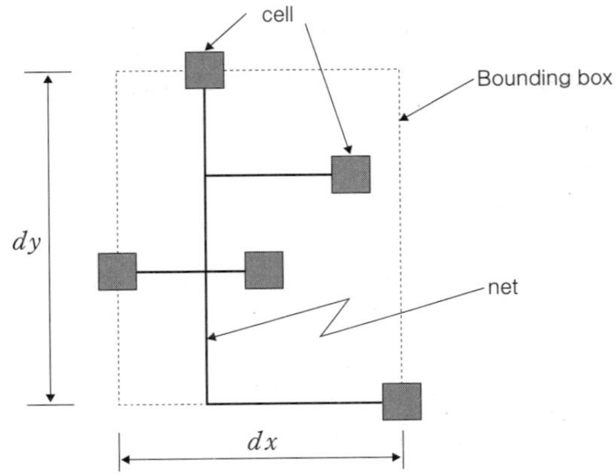

[그림 6-11] 네트의 끝점 배치와 반 윤곽 박스의 예

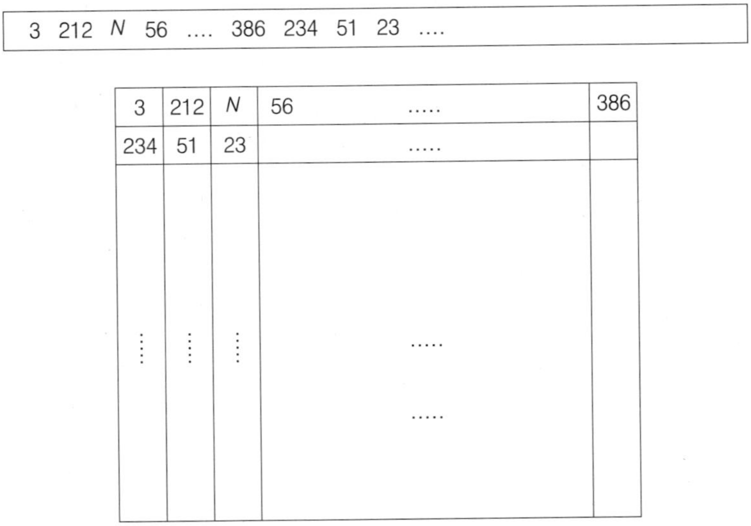

[그림 6-12] 일차원 순서 기반 표현과 대응되는 배치의 예

그러면 이 게이트 어레이 모델에서 하나의 배치를 염색체로 표현하는 방법을 알아보자. 먼저 전통적 일차원 표현 방법을 생각해보자. 셀의 총 수를 N이라 하고 각 셀이 1부터 N까지 색인된다면 이 N개의 수를 순열로 그냥 늘어놓는 것이 가장 간단한 방법이다. [그림 6-12]는 이렇게 표현된 한 염색체와 이것이 의미하는 배치 방법을 보인다. 이것은 순서 기반 표현의 한 예로, 위치 기반 표현으로 나타낼 수도 있다. 위치 기반 표현에서는 한 유전자가

순서 기반 표현: 2.6절 참고

한 셀에 대응되도록 한다. [그림 6-12]의 배치는 다음과 같은 위치 기반 표현으로 나타낼 수 있다.

1	2	3	4		56		212		*N*
·	·	1	·	· · ·	4	· · ·	2	· · ·	3

즉, 셀 3은 1의 자리에 위치하고, 셀 56은 4의 자리에 위치하고, 셀 212는 2의 자리, 셀 *N*은 3의 자리에 위치한다는 뜻이다. 바둑판 상의 각 위치는 1, 2, 3, ...으로 미리 번호가 매겨진다. 이차원 표현도 가능하다. 배치되는 모양 그대로를 이차원의 격자형 염색체로 표현할 수 있다. [그림 6-13]은 [그림 6-12]의 배치를 이차원 염색체로 나타낸 것이다. 실제로 배치되는 모양과 일치함을 볼 수 있다. 이 경우에는 이차원 교차 연산자들을 사용하면 된다.

이차원 교차: 3장 참고

3	212	*N*	56	386
234	51	23	.....	
⋮	⋮	⋮	....	

[그림 6-13] 그림 6-12를 이차원 염색체로 나타낸 예

다음으로 보다 일반적인 표준 셀 모델(standard-cell model)을 살펴보자. [그림 6-14]는 전형적인 표준 셀 모델의 배치 구조다. 그림에서 IO Pad들은 리드를 통해서 칩의 입출력 단자에 연결되고 코어 구역으로의 모든 입출력은 IO Pad들을 통한다. 매크로 셀은 미리 디자인해 놓았거나 라이브러리 형태로 제공되는 큰 셀로서 다소 복잡한 기능을 수행한다. 표준 셀은 간단한 단위 작업을 하는 셀(예, NAND 게이트)로서 높이는 고정되고 넓이는 셀에 따라 다르다. 전형적인 표준 셀 모델의 배치 작업에서는 먼저 수동 또는 자동으로 매크로

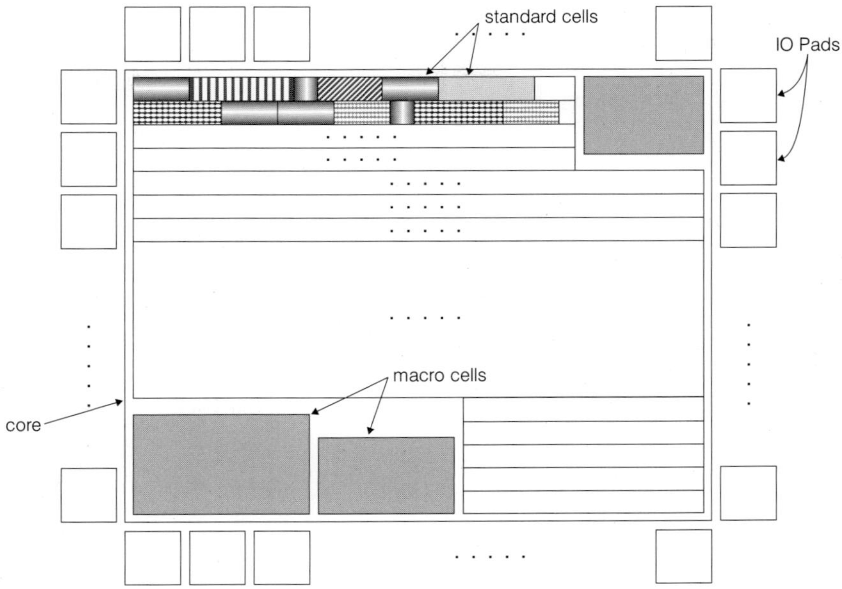

[그림 6-14] 표준 셀 모델의 전형적인 구성

셀의 위치를 잡는다. 남은 영역은 표준 셀 높이에 근거하여 여러 행으로 나눈다. 이 행들에 남은 표준 셀들을 가장 효율적으로 배치하는 작업을 하게 된다.

이 모델에서 셀 배치를 염색체로 표현하는 방법을 보자. 역시 순서 기반 표현과 위치 기반 표현이 가능한데 순서 기반 표현은 게이트 어레이 모델과 동일하다. 염색체는 N개의 셀을 순서대로 늘어놓고 이 순서대로 위의 행부터 차곡차곡 채워 나간다. 각 행에 몇 개의 셀이 채워질지는 미리 알 수 없다. 셀의 넓이가 다양하기 때문이다. [그림 6-15]는 이의 한 예다.

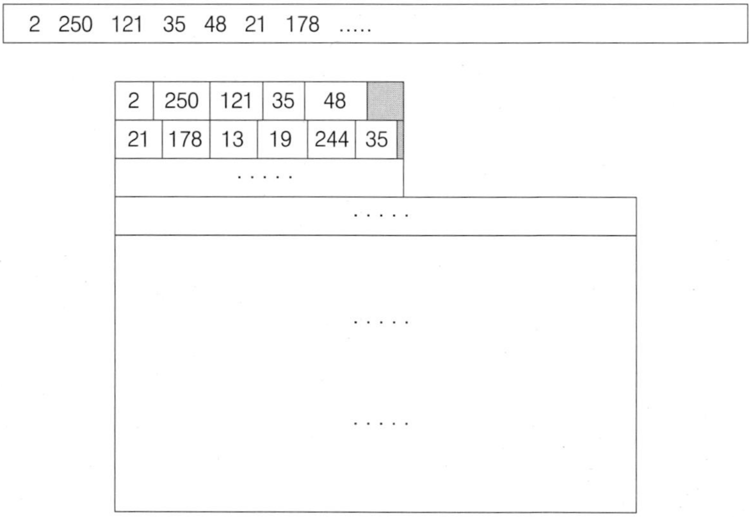

[그림 6-15] 표준 셀 모델의 순서 기반 표현의 예

위치 기반 표현을 사용하면 앞의 게이트 어레이 모델에서처럼 각 자리가 미리 고정되어 있지 않으므로 자리를 기준으로 표현을 할 수가 없다. 대신 각 셀을 기준으로 염색체 상의 위치를 고정한 다음 아래와 같이 X, Y 좌표로서 각 셀의 위치를 나타낼 수 있다.

(2, 480)	(0, 0)	(0, 125)	(8,2390)	(16, 120)		(1, 1200)

여기서 (x, y)의 x는 각 행의 번호고, y는 실제 도면 상의 Y 좌표값이다. 표준 셀의 높이가 같으므로 행의 번호만으로 실제 x 좌표를 알 수 있으므로 X 좌표 대신 간단한 표현을 사용할 수 있다. 이 경우는 셀이 중복되는 부분에 대해 보수를 하거나 페널티를 주는 방법이 고려되어야 한다.

여기서 설명한 것은 VLSI 회로 배치뿐만이 아니라 다양한 배치 문제의 기본형이 될 수 있다. 예를 들어 창고에 물건을 채워 넣을 때, 공간의 효율적 이용과 나중에 물건을 꺼낼 때 소모되는 비용의 최소화 등의 요구가 있을 수 있다. 이러한 3차원 문제들에 위의 방법을 변형하여 적용해 볼 수도 있다.

6. 네트워크 배치

VOD(Video-on-Demand) 서비스는 높은 대역폭이 필요하다. 광섬유는 이를 만족하는 수단이나 값이 비싸다. 케이블을 필요할 때 분기시키면 케이블의 소모를 줄일 수 있다. 그러나 분기가 될 때마다 신호의 세기가 감소한다. 따라서 분기시킬 수 있는 최대 횟수에 제한이 있게 된다. [그림 6-16]은 광섬유 케이블 배치의 한 예다. 그림에서는 총 32 고객의 위치가 고정되어 있고 이 고객들을 모두 연결하는 가장 효율적인 케이블 배치 방법을 찾으려 한다. 중계 노드를 두어 케이블의 소모를 줄이려 하는데 primary node와 secondary node의 분기도의 곱은 32를 넘을 수 없다. 문제는 케이블의 길이를 최소화하는 primary node와 secondary node의 위치 및 이들의 분기도, 각 노드에 연결될 고객을 결정하는 것이다. 한 노드와 고객간의 거리의 상한선도 있을 수 있다.

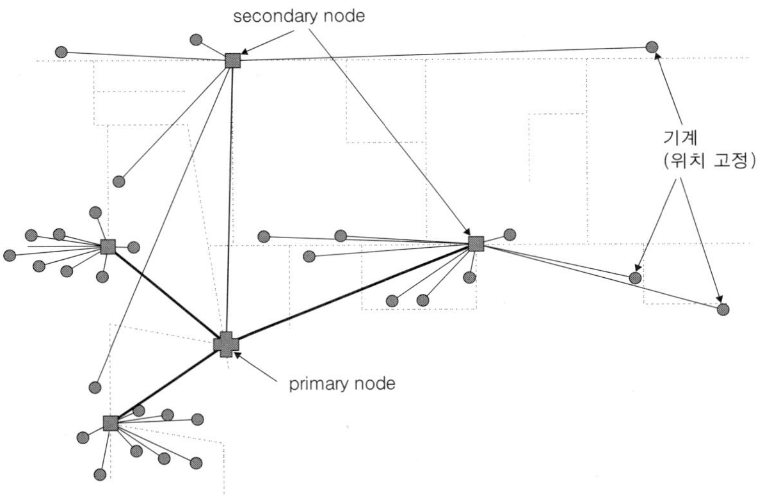

[그림 6-16] 광섬유 케이블 배치의 한 예

이 문제의 염색체 표현은 그리 간단하지 않다. 결정해야 할 사항이 하나가 아니라 쉽지 않다. 문제의 복잡도를 줄이기 위해 primary node는 4개의 secondary node로 분기하고, secondary node는 최대 8 고객까지 연결할 수 있다고 가정한다. 그림의 문제는 총 32 고객이므로 하나의 primary node와 4개의 secondary node를 두면 된다. 임의의 배치는 다음과 같은 염색체로 표현할 수 있다.

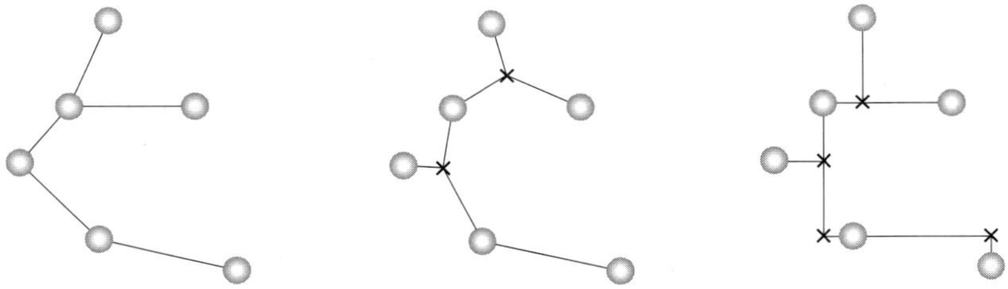

[그림 6-17] 최소 비용 트리, 스타이너 트리, 직교형 스타이너 트리의 예

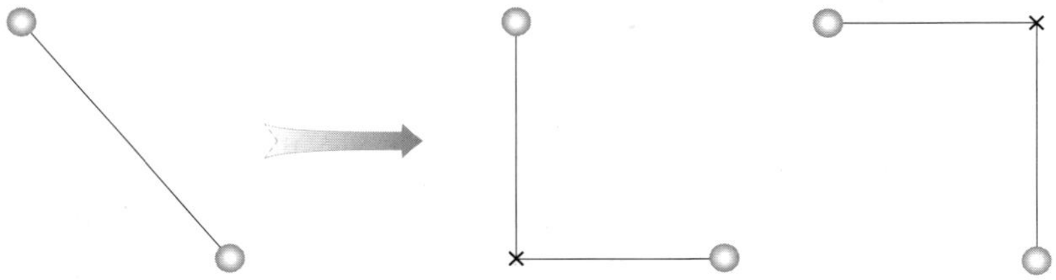

[그림 6-18] 간선을 직교형으로 바꾸는 두 가지 방법

물론 이것은 최소 비용 직교형 스타이너 트리를 보장하지 않는다. 최소 비용 트리가 반드시 최소 비용 직교형 스타이너 트리를 만들 것이란 보장은 없지만 실용적으로는 매력이 있다. 이것만으로도 총 2^{N-1}개의 후보해를 가진 공간 탐색 문제가 되어 매우 어려운 문제가 된다. 염색체는 아래와 같이 표현할 수 있다.

1	0	0	1	1	0	.....

[그림 6-18]의 두 가지 방법 중 왼쪽의 연결 방법은 0, 오른쪽의 연결 방법은 1로 나타낼 수 있다. 앞에서 언급했듯이 최소 비용 스패닝 트리가 이런 식으로 스타이너 트리를 만들 때 반드시 최소 비용 스타이너 트리를 제공하지는 않는다. 따라서 최소 비용 스패닝 트리의 간선과 위의 연결 방법을 동시에 진화시키는 방법도 탐색 공간의 크기는 현저히 증가하지만 해볼 만한 방법이라 하겠다.

8 영상 압축을 위한 벡터 양자화

벡터 양자화: vector quantization

통신 매체의 급속한 발달로 인해 영상(정지 영상 또는 동영상)을 처리할 필요성이 급증하고 있다. 그리고 통신 대역폭의 제한과 저장 매체 용량의 한계로 영상 정보 압축의 필요성도 따라서 급증하고 있다. 이를 위해 현재 정지 영상을 위한 표준인 JPEG과 동영상을 위한 표준인 MPEG 시리즈가 제정되어 있다.

영상 압축은 시간적 필요성에 따라 실시간 영상 압축과 오프라인 영상 압축으로 나눌 수 있다. 실시간 영상 압축은 유선 또는 무선의 생중계 방송이나 폐쇄회로 시스템 등과 같은 응용을 들 수 있다. 이 경우 가장 중요한 것은 압축의 속도다. 동영상의 속도를 따라가기 위해 화질의 손실을 감수한다. 속도의 문제로 하드웨어에 의한 압축이 강력하게 요구된다. 오프라인 압축은 CD-ROM의 제작이나 VOD 서비스, 폐쇄 회로 영상의 주기적 저장 등과 같은 응용을 들 수 있다. 이 경우는 압축에 사용할 수 있는 시간이 비교적 충분하므로 압축의 정도와 화질이 더 중요하다. 소프트웨어적인 압축도 무방하다. 벡터 양자화는 높은 압축률을 제공하면서 다른 방법들에 비해 손실률을 상당히 줄일 수 있는 잠재력이 강한 방법이다.

벡터 양자화는 현재 JPEG이나 MPEG에 표준으로 들어있지 않다. 이것은 압축하는 데 시간이 다소 많이 소요되는 벡터 양자화의 특성 때문으로 보인다. MPEG2의 요구 사항 중 실시간 응용에서는 150msec 이하, 그 외의 응용에서는 500msec 이하의 지연 시간을 허용한다는 규정 때문에 현재로서는 표준으로 채택되는 데 어려움이 있다. 그러나 실시간 재생은 절대적인 요구 사항이지만 실시간 압축은 모든 경우에 대해 절대적인 요구 사항이 될 필요는 없다.

영상은 많은 수의 픽셀로 구성된다. 각 픽셀은 흑백 영상이면 한 비트로 표현되고, 흑백 그레이 영상이면, 예를 들어 4비트 정도로 16등급의 명도를 사용할 수 있다. 컬러 영상의 경우 256컬러면 8비트, 트루 컬러의 경우 24비트나 32비트를 사용한다. 640×480 영상의 경우 한 프레임을 24비트 트루 컬러를 사용하여 그대로 처리하는 데는 7,372,800비트, 즉 7M비트 이상의 정보가 필요하다. 고급 동영상의 경우 얼마나 막대한 정보가 필요한 지 짐작할 수 있다. 통신의 대역폭이 제한되어 있는 상황에서는 압축에 의해서만이 실시간 전송이 가능한 실정이다.

벡터 양자화 기법은 영상을 그대로 전송하는 대신, 전체 영상을 먼저 픽셀들의 블록 단위로 자른다(예, 4×4). 다음에는 그리 크지 않은 (예, 256 엔트리를 가진) 코드북을 만든다. 코드북의 각 원소를 코드워드라 하는데 각 코드워드는 하나의 블록 패턴을 갖고 있다(위의 예라면 4×4). 전체 영상 그 자체를 저장하는 대신 각 블록과 가장 유사한 코드북 상의 코드워드를 가리키도록 함으로써 영상을 표현하는 데 필요한 정보를 현저히 줄인다. 이 기법의 품질을 좌우하는 것은 코드북의 내용이다. 원 영상과 압축 후 복원한 영상의 차이가 최소화되는 코드북을 디자인하는 것이 벡터 양자화의 주목표다. 이 결과에 run-length encoding 기법 등을 사용하여 추가로 압축할 수도 있다. 코드북의 생성은 전형적인 "조합론적 폭발(combinatorial explosion)"에 해당하는 문제 공간의 크기를 가지는 난제다. 이것을 고품질로 풀 수 있는 알고리즘을 하드웨어로 구현하는 것은 현재의 기술로는 거의 불가능하다. [그림 6-19]는 벡터 양자화의 원리를 시각적으로 보여준다. 최적의 벡터 양자화는 고도의 문제 공간 탐색을 요하므로 소프트웨어적인 해결책만이 진정한 고품질의 압축을 가능하게 한다.

전기전자, 컴퓨터, 물리학 분야의 대표적 데이터베이스인 INSPEC에서 2008년 2월까지의 video compression, image compression에 관한 논문을 검색해보면 35,600여 편의 논문이 나올 정도로 영상 압축은 폭발적인 관심을 끌고 있는 연구 분야다. 그 중 벡터 양자화 관련 논문은 2,300여 편이고, 유전 알고리즘과 관계있는 벡터 양자화 논문은 80여 편이 검색된다. 대단한 관심을 끌고 있는 주제며 유전 알고리즘 관련 연구들은 상대적으로 그리 활발하지 않음을 알 수 있다.

유전 알고리즘을 이용한 벡터 양자화 알고리즘들은 제법 나와 있다. 지역 최적화 알고리즘과 결합한 혼합형 유전 알고리즘 [Zheng 등, 97], 어닐링과 유전 알고리즘을 혼합한 벡터 양자화 알고리즘도 선보인 바 있고 [Delport, 96; Ostrowski & Ruoppila, 97], 신경망과

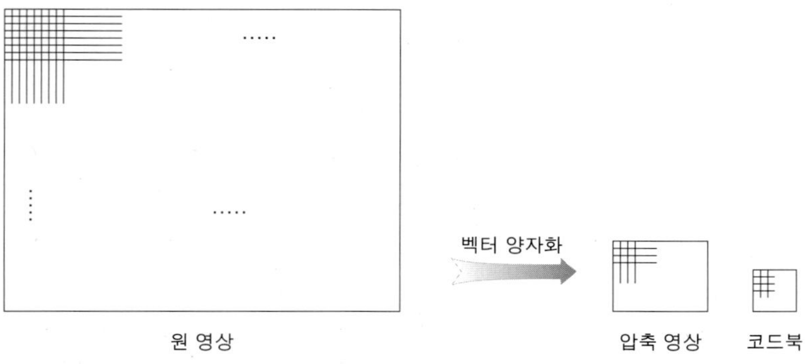

[그림 6-19] 벡터 양자화를 이용한 압축의 원리

유전 알고리즘을 결합하여 벡터 양자화 코드북을 만들기도 한다 [Jiang & Butler, 97]. 코드북의 탐색 시간을 줄이기 위해 트리를 이용하는 트리 구조 벡터 양자화 알고리즘도 많이 연구되었고 [Buzok & Gray, 85], 트리 구조 벡터 양자화 알고리즘과 유전 알고리즘을 결합한 연구도 있다 [Tseng & Yang, 98]. 여기서는 이 중 LBG 알고리즘과 유전 알고리즘을 결합한 Zheng 등(1997)의 방법을 소개한다. 앞에서 언급했듯이 이러한 종류의 문제는 순수 유전 알고리즘으로는 한정된 시간 예산 내에 인상적인 결과를 얻기 힘들고, 실용적인 결과를 얻으려면 어느 정도 문제 자체에 대한 지식이나 휴리스틱이 유전 알고리즘에 스며들 필요가 있다.

복원된 영상과 원래 영상의 차이를 재는 방법 중에 가장 간단한 방법은 MSE(Mean Square Error)로서 다음과 같이 계산된다.

$$\text{MSE} = \sum_{i=0}^{k} d(\vec{x_i}, \vec{c_{x_i}})^2$$

여기서 $\vec{x_i}$와 $\vec{c_{x_i}}$는 각각 원 영상에서의 벡터와 코드북 상의 대응 벡터(코드워드)를 나타낸다. 이것을 사용하여 영상의 왜곡 정도를 나타내는 측도의 하나인 PSNR을 다음과 같이 계산한다.

$$\text{PSNR} = 10\log_{10}\frac{\text{이미지 값의 범위}}{\text{MSE}}$$

예를 들어 임의의 영상에서 픽셀의 값이 40부터 244까지 분포하면 PSNR은 $10\log_{10}\frac{205}{\text{MSE}}$가 된다.

각 블록(벡터)이 코드북 상에서 대응되는 코드워드가 결정되면 최적의 코드북을 만드는 것은 어렵지 않다. 즉, 대응되는 모든 벡터들의 산술적 평균값을 코드워드로 삼으면 된다. 이렇게 되면 코드북 생성 문제는 각 블록들을 각 코드워드에 대응시키는 방법을 정하는 문제, 즉 코드북의 사이즈가 k라면 k-way 분할 문제가 된다.

염색체는 아래와 같이 표현할 수 있다.

21	21	20	13	30	1	125	.....

각 유전자는 하나의 블록, 즉 벡터에 대응된다. 유전자의 값은 해당 블록이 대응되는 코드워드의 번호를 가리킨다. 이것은 방대한 문제 공간을 가지므로 지역 탐색 휴리스틱과 결합하는 것이 자연스럽다. 대표적인 지역 탐색 알고리즘으로는 Linde–Buzo–Gray (LBG) 알고리즘 (1980)을 들 수 있다. LBG 알고리즘의 구조는 아래와 같다.

분할이 만들어질 때마다 위의 LBG 알고리즘을 사용하여 분할을 개선시킬 수 있다. 예를 들어, Zheng, Julstrom, Cheng(1997)은 매 분할마다 LBG 알고리즘의 **do–while** 루프를 단 1회만 수행시키고 있다. 만들어진 솔루션의 품질 평가를 위해서는 앞서 소개한 PSNR을 이용한다.

[알고리즘 6–1] LBG 알고리즘

```
▷ 초기 코드북 준비
벡터들을 k개의 집합으로 분할한다;
각 집합에 대응되는 벡터들의 산술적 평균값을 코드워드로 삼는다;
▷ 순환적 개선
do {
        각 벡터가 가장 가까운 코드워드를 찾아 대응되도록 한다;
        대응되는 벡터가 하나도 없는 코드워드 c_i가 존재하면 가장 많은
                벡터가 대응되는 코드워드를 찾아 해당 벡터들을
                두 그룹으로 나눈 다음 그 중 한 그룹을 c_i에 대응시킨다;
        변화가 있는 코드워드들을 다시 계산한다;
} while (종료조건 불만족);
```

9. 정렬 네트워크

정렬 네트워크: sorting network

정렬 네트워크 문제는 앞에서 공진화를 다루면서 언급한 바 있다. 여기서는 정렬 네트워크에 대해 좀 더 알아보자. 비교자(comparator)는 [그림 6–20]의 (a)와 같이 두 수를 입력받아 그 크기를 비교한 다음 각각 위, 아래의 버스로 출력시키는 논리 회로다. 이를 기호화한 것이 그림 (b)다.

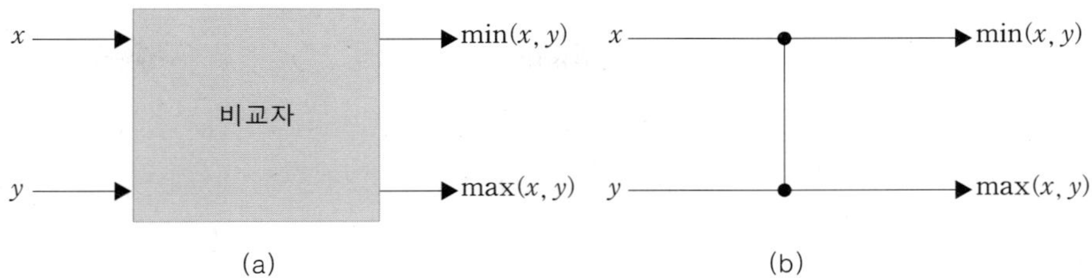

[그림 6-20] 비교자와 이의 기호 표현

정렬 네트워크는 비교자를 사용해 n개의 수를 입력으로 받아 이를 정렬해주는 네트워크를 구성한 것이다. [그림 6-21]은 4개의 수를 정렬하는 정렬 네트워크의 한 예다. 같은 작업을 하는 정렬 네트워크가 많이 존재한다.

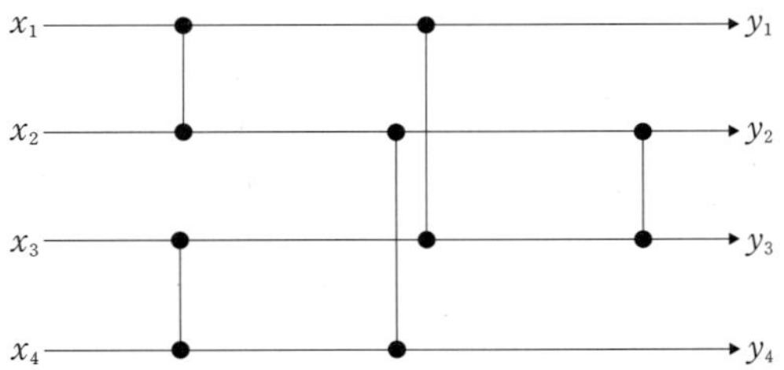

[그림 6-21] 입력이 4개인 정렬 네트워크의 예

임의의 n-input 정렬 네트워크가 모든 입력에 대해서 제대로 정렬을 한다는 것을 모든 경우를 정렬해보지 않고 증명할 수 있는 방법은 없다. 정렬을 위한 입력들의 성격은 입력의 절대값은 의미가 없고 입력값들간의 상대적인 크기만이 의미가 있으므로 모든 가능한 입력의 수는 $n!$이다. 16-input 정도만 되어도 현실적으로 모든 경우의 수를 체크해보기 불가능하다. 다행히 정렬 네트워크는 모든 입력이 0 또는 1인 경우들에 대해서 제대로 작동하면 일반적인 모든 수에 대해서도 작동한다는 것이 증명되어 있다. 이를 제로-원 원리(zero-one principle)라 한다. 0 또는 1로 구성되는 16 입력의 모든 가지수는 2^{16}=65,536이다. 이것은 충분히 체크해 볼 수 있는 크기다. 특히 이 16-input 정렬 네트워크는 그간 관심의 초점이 되어 왔다. 최소 개수의 비교자를 써서 16-input 정렬 네트워크를 구현하는 문제는 약 40여 년 동안 연구되어 온 주제다. Bose, Nelson(1962)의 65개로 시작하여 63개, 62개, 마지막으로 Green(1969)의 60개에 이르기까지 기록을 경신할 때마다 최적일 것이라고 추정했으나 매번 잘못임이 밝혀졌다. 현재의 60개도 역시 최적일 것이라고 "추정"되고 있다. Hillis(1992)는 공진화를 사용하는 유전 알고리즘을 이용하여 61개의 비교자를 사용하는 정렬 네트워크를 찾아냈다. 후에 Juille(1995)가 Green과 같은 수인 60개의 비교자를 사용하는 정렬 네트워크를 진화적 알고리즘을 이용하여 찾아냈다. Juille의 논문에는 Drescher(1994)가 그에 앞서 60개의 비교자를 사용하는 유전 알고리즘을 개발했다고 소개되고 있으나 Drescher의 논문은 현재까지 체크해 본 바로는 학술적인 형태로 발표된 적이 없다.

Hillis가 사용한 염색체는 두 개의 숫자쌍 열로 구성된다. 16-input 정렬 네트워크의 예를 들자. 16개의 버스에 각각 0, 1, ..., 15의 일련번호를 배정한다. 숫자쌍 (i, j)는 i번 버스와 j번 버스간에 비교자가 설치됨을 의미한다. 아래의 염색체는 맨 처음 0번 버스와 1번 버스간에 비교자를 설치하고, 2번 버스와 3번 버스간, 2번 버스와 8번 버스간, 4번 버스와 5번 버스간, ..., 8번 버스와 14번 버스간, 8번 버스와 10번 버스간, 6번 버스와 15번 버스간의 순으로 비교자를 설치하는 것을 뜻한다.

(0, 1) (2, 3) (4, 5) ··· (8, 14) (6, 15)
(0, 1) (2, 8) (4, 5) ··· (8, 10) (6, 15)

실제 정렬 네트워크는 병렬화하게 되지만 문제 풀이를 위해서는 순차적 모델로 풀어도 상관없다. 세부적인 내용은 좀 다르지만 Hillis의 방법은 사실상 60개의 비교자를 일렬로 늘어놓은 염색체 두 개(한 쌍)를 사용하여 해를 표현하고 있다. 이것은 고정 길이의 염색체를 이용하여 가변 길이를 다룰 수 있는 매력이 있다. 커넥션 머신(Connection Machine) 상에서 65,536 크기의 해집단을 사용하여 5,000세대를 수행한 결과 65개의 비교자를 사용하는 정렬 네트워크를 발견하였고, 이에 공진화를 더하여 61개의 비교자를 사용하는 정렬 네트워크를 발견하였다. 단, Green의 정렬 네트워크에 있는 처음 32개의 비교자는 그대로 인정함으로써(초기해들이 모두 이들을 갖도록 함) 탐색 공간의 크기를 줄였다. 처음 32개의 비교자의 당위성에 대해서는 아직 증명된 바 없다.

염색체의 적합도를 평가하는 방법은 많이 다르다. Hillis는 임의의 염색체의 품질을 그 정렬 네트워크가 2^{16}개의 입력 데이터 중 바르게 정렬하는 비율을 기준으로 했고, Juille는 수선(repair) 알고리즘을 사용하여 바르게 작동하는 정렬 네트워크로 고친 다음 이 네크워크에서 사용하는 비교자의 총 수를 기준으로 적합도를 주었다. 바르게 작동하는 정렬 네트워크에 비교자를 하나 이상 더해도 항상 올바르게 작동한다. 따라서 비교자를 많이 사용할수록 바르게 작동할 확률은 일반적으로 커진다.

지금까지의 정렬 네트워크 관련 연구가 커넥션 머신과 같은 수퍼컴을 사용하여 행해졌으나 Choi와 Moon(2001)은 최초로 PC를 이용하여 60개의 비교자를 갖는 정렬 네트워크를 찾아냈다. 펜티엄 III 866MHz CPU 하나를 사용하여 평균 5분 정도의 시간에 60개의 비교자를 갖는 정렬 네트워크를 찾아냈다.

⑩ 지수귀문도

지수귀문도는 조선시대 영의정을 지냈던 학자 최석정(1646–1715)이 고안한 마방진의 일종으로 동양 전래의 수학과 철학을 담은 숫자놀이다. 전체적으로 육각형의 도형이 맞물려 있는 모양인데 이 거북등처럼 생긴 육각형들의 6개 꼭지점을 더한 값이 모두 같다. 단, 꼭지점들의 총수가 N이라면 꼭지점들이 모두 다른 수를 가져야 하고 1부터 N까지의 수가 모두 한 번씩 나타나야 한다. 다음 그림은 1~24까지의 숫자를 써서 만든 지수귀문도의 한 예다.

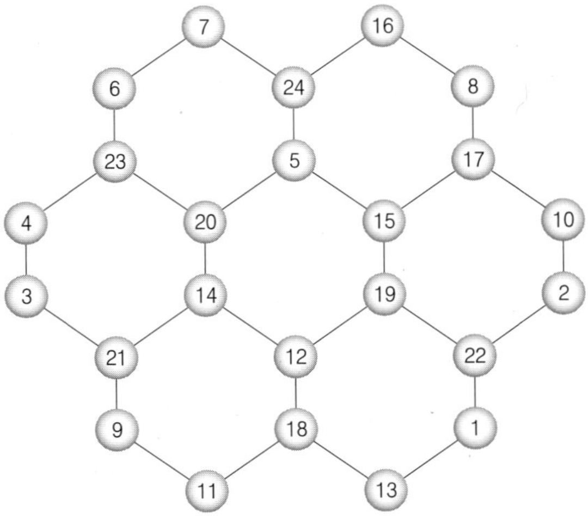

[그림 6-22] 24꼭지 지수귀문도의 예

같은 문제라도 다양한 해가 존재한다. 필자 연구실의 조사 결과, 16개의 꼭지점을 가진 지수귀문도의 경우 2^{32}개의 순열을 임의로 만들어 보았더니 놀랍게도 이중 140,915개나 되는 해가 발견되었다. 통계적으로 추측을 해보면 16!개의 순열 전체에 대해서는 약 6억 개 정도의 서로 다른 해가 존재할 것으로 추정된다. 같은 문제에 대해 육각형의 합도 다양하다. 30 꼭지 지수귀문도의 경우, 필자 연구실의 실험에 의하면 합이 79에서 107까지의 해들이 현재까지 발견되었다.

특수한 형태의 지수귀문도에 대해서는 해를 찾는 몇 가지 특수한 방법이 알려져 있다[동아사이언스, 14(7):68-77, 1999]. 전에 96꼭지 지수귀문도를 푼 사람에 관한 기사가 난 바 있다[99년 5월 17일자 중앙일보]. 그렇지만 임의의 형태의 지수귀문도에 대한 방법은 아직 알려져 있지 않다. 지수귀문도의 다양성에 대해서는 컴퓨터의 힘을 빌지 않고는 규명을 하기가 사실상 불가능하다. 지수귀문도는 조합적 최적화의 좋은 난제다.

사이즈가 N인 임의의 지수귀문도를 최적화 문제로 모델링하기 위해 적합도는 다음과 같이 정의한다.

$$\text{육각형들의 평균합} - \sigma\sqrt{N}$$

여기서 σ는 다음과 같다.

$$\sigma = \sqrt{\sum_{i=1}^{m} \frac{(H_i - \mu)^2}{m}}$$

m : 육각형의 총수

H_i : i번째 육각형의 합

μ : 육각형들의 평균합

숫자의 배치가 부분적으로 변화하는 경우에도, μ의 변화를 통해 전체 지수귀문도가 영향을 받게 되므로, 지수귀문도는 상위도(epistasis)가 상당히 큰 문제다. 지수귀문도는 순회 세일즈맨 문제처럼 기본적으로 하나의 순열을 찾는 문제고 순회 세일즈맨 문제와 유사하게 점의 갯수 N에 대해 $N!$ 크기의 문제 공간을 갖지만, 같은 크기의 순회 세일즈맨 문제보다 문제 공간의 지형은 훨씬 복잡하다.

[그림 6-23]은 지수귀문도를 위한 문제 표현 방법의 한 예다. 각 꼭지점의 값을 지그재그 순으로 일차원 배열에 저장하였다. 이후 교차 연산은 일반적인 일차원 염색체를 위한 교차를 사용하면 된다. 교차와 변이 후에 각 숫자가 한 번씩만 사용되어야 한다는 조건에서 벗어나는 해가 생길 수 있으므로 적절한 수선 알고리즘이 필요하다.

지수귀문도의 이차원적 특성을 살려 이차원 표현 방법과 교차를 사용할 수도 있을 것이다. [그림 6-24]는 꼭지점의 수가 198개인 문제에서 유전 알고리즘으로 찾은 해의 한 예다(필자가 강의하는 유전 알고리즘 수업의 프로젝트에서 한 학생이 찾은 예다).

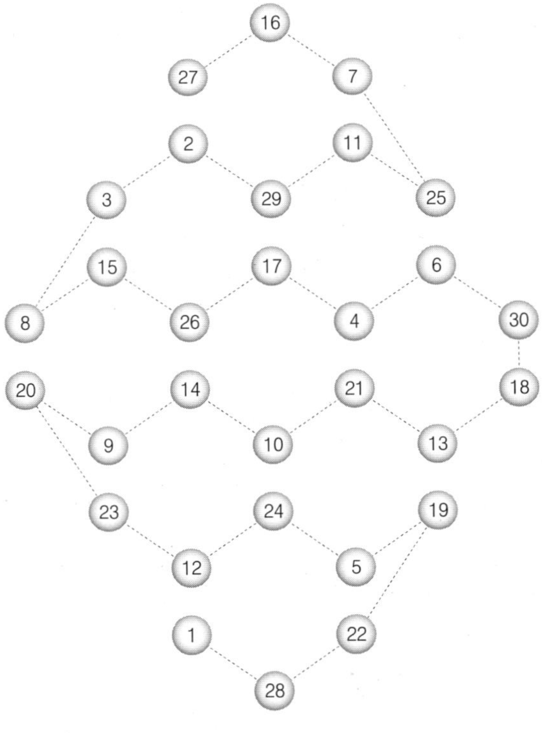

0	1	2	3	4	5	6	7	8	9	10	11	12	13	14	15	16	17	18	19	20	21	22	23	24	25	26	27	28	29
27	16	7	25	11	29	2	3	8	15	26	17	4	6	30	18	13	21	10	14	9	20	23	12	24	5	19	22	28	1

[그림 6-23] 지수귀문도의 일차원 인코딩 예

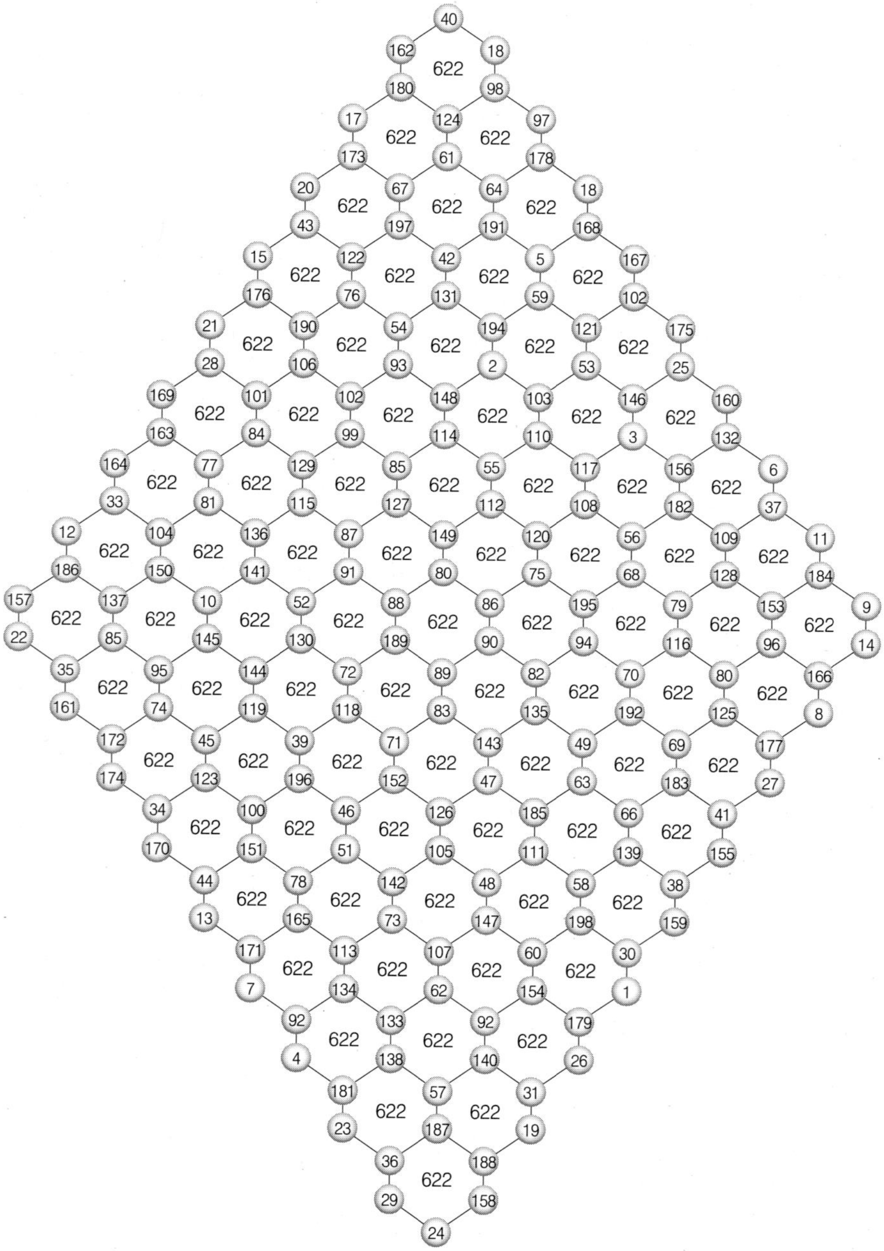

[그림 6-24] 유전 알고리즘으로 찾은 1~198 지수귀문도의 해의 예

⑪ 죄수의 딜레마 문제

죄수의 딜레마 문제: prisoner's dilemma

죄수의 딜레마 문제는 1950년에 고안되었는데 게임으로서의 재미와 함께 인간 사회의 협동, 배반 등을 설명할 수 있는 힌트를 제공하는 매력있는 문제다.

두 명의 죄수 A, B가 있다. 이들이 서로 공모하여 범죄를 저질렀다가 체포되어 각각 다른 감방에 수감되었다. 검찰은 A에게 B를 기소할 수 있도록 협조하면 보상하겠다고 제안한다. 상황은 다음과 같다. 만일 A가 B와 공모했음을 실토하고 검찰이 B를 기소하는 것을 도와준다면 A는 훈방되는 대신 B는 5년이 구형된다. 하지만 B도 같은 제안을 받는다. A, B가 모두 서로를 배반해서 검찰에 협조한다면 둘은 모두 4년이 구형된다. 만일 둘다 검찰의 제안을 거부하고 공모 사실을 부인하면 2년이 구형된다. 이런 사실을 알고 있다면 A와 B는 어떤 선택을 해야 하는가?

이것을 협동과 배반의 게임으로 다시 모델링해보자. A가 B를 배반하고 B가 A에게 신의를 지키면 A는 10점, B는 0점을 받는다. 반대의 경우는 A는 0점, B는 10점을 받는다. A와 B가 모두 신의를 지키면 둘다 6점을 받는다. A와 B가 모두 배반하면 둘다 2점을 받는다. [그림 6-25]에 이 규칙이 정리되어 있다. 단발성 게임이라면 상대방의 선택이 무엇이든 간에 무조건 배반하는 것이 유리하다. 그러나 이것을 반복하는 경우라면 그렇지가 않다. 상대방도 무조건 배반하는 것이 일회의 보상에서는 가장 유리하다는 것을 알고 무조건 배반을 반복한다면 둘은 각각 2점씩 보상받는 일을 계속하게 된다. 반면에 둘이 모두 신의를 지키면 각각 6점씩 보상을 받는다. 이를 반복적 죄수의 딜레마 문제라고 한다.

반복적 죄수의 딜레마 게임의 대표적인 연구자는 Robert Axelord(1984, 1987)다. 그는 이 문제에 대해 가장 좋은 전략을 찾는 대회를 열었는데 첫 번째 대회의 참가자는 14명이었고, 두 번째는 63명이었다. 게임의 규칙으로서, 임의의 시점에 선택을 할 때 자신과 상대의 직전 세 번까지의 선택 내용을 기억할 수 있도록 허용하였다.

A \ B	신의	배반
신의	6, 6	0, 10
배반	10, 0	2, 2

[그림 6-25] 죄수의 딜레마 문제의 보상 규칙

두 번의 대회를 통해 놀라운 결과가 관찰되었는데 우승을 한 전략은 TIT FOR TAT이라는 간단한 전략이었다. TIT FOR TAT은 우리말로 하면 "눈에는 눈" 정도 되는 뜻으로, 상대방에 대한 자료가 없는 첫 번째 선택에서는 일단 협조를 한 다음 그 다음부터는 상대방이 직전에 선택한 행동을 그대로 따라하는 것이다. TIT FOR TAT은 상대방의 배반에 대해 협조를 할 때까지 계속 응징을 하는 전략이다. 재미있는 것은 첫 번째 대회 이후 TIT FOR TAT의 전략이 완전히 노출된 상태였는데도 다시 두 번째 대회에서 우승을 했다는 사실이다.

Axelord는 유전 알고리즘을 이용하여 반복적 죄수의 딜레마 문제의 전략을 찾아내었는데 그의 염색체 디자인 방법을 살펴보자. 한 번의 선택은 C(협조, cooperate)와 D(배반, defect)로 각각 표시한다. 죄수 둘이 한 번씩 선택을 하는 것은 C와 D의 쌍으로 표시를 한다. CC, DD, CD, DC의 네 가지 조합이 가능하다. 바로 직전의 선택에 의해 다음의 선택을 결정하는 TIT FOR TAT의 전략은 다음과 같이 표현할 수 있다.

if CC, **then** C
if DD, **then** D
if CD, **then** D
if DC, **then** C

위의 **if**의 조건 역할을 하는 쌍에서 앞이 자신의 선택, 뒤가 상대방의 선택이다. 즉, **if** 이하의 바로 직전의 선택쌍을 근거로 **then** 다음에 있는 것을 자신의 선택으로 결정한다. Axelord는 게임의 규칙으로 직전 세 개의 쌍까지의 선택 내용을 기억할 수 있도록 허용했으므로 이것을 나타내려면 좀 더 많은 경우의 수를 따져야 한다. 모든 경우는 오른쪽 페이지와 같이 64가지가 있다.

이들 각각에 대한 대응 방법을 결정하면 하나의 전략이 된다. 즉, 64비트의 이진수로 하나의 전략을 표현할 수 있다(0은 C, 1은 D를 의미한다). 아울러 직전 세 번까지의 선택 내용을 참조해서 결정하려면 네 번째 선택을 하기 전까지는 앞에서 참조할 자료의 수가 세 개가 되지 않으므로 이 게임이 시작되기 전의 가상적인 세 쌍의 선택을 염색체에 추가하였다. 이렇게 하면 총 70비트의 이진수로 하나의 염색체가 표현된다. 따라서 이 문제는 2^{70}개의 가능한 해들 중 최적의 해를 찾는 문제가 된다.

1. CCCCCC
2. CCCCCD
3. CCCCDC
4. CCCCDD

.

.

15. CDCDCD
16. CDCDDC

.

.

61. DDDDCC
62. DDDDCD
63. DDDDDC
64. DDDDDD

유전 알고리즘의 수행 중에 생성된 해(전략)에 대한 평가를 하는 방법으로 Axelord가 사용한 것은 두 가지다. 첫째는 따로 한 무리의 전략을 준비해 놓고 이 전략들과 대결을 시켜본 다음 그 결과로 평가를 하는 방법이다. 이 방법은 준비된 전략들에 대한 적응력에 기초하여 평가가 되므로 다양한 전략들에 대한 경쟁력이 다소 떨어질 수도 있다. 둘째는 임의의 전략을 평가하기 위해 해집단내의 다른 해들과 경쟁을 시켜 이 결과로 평가를 하는 방법이다. 이 경우 해집단내의 각 해는 해집단내의 다른 해들과의 경쟁력에 따라 변화를 하게 되므로 새로운 전략들에 대한 경쟁력이 앞의 방법보다 확률적으로 높을 것이다.

Axelord의 실험 결과에 따르면 TIT FOR TAT보다 나은 전략들이 발견되었지만 전반적으로 TIT FOR TAT과 유사한 호혜주의적인 특징을 가진 전략들이 평균 이상의 평가를 받는 경향은 유지되었다. 이것은 동물의 행동 양식에 있어서 현재로만 따진다면 이기적인 행동이 유리하더라도 미래에 미칠 영향을 생각하면 협동적인 태도를 취하는 것이 유리하다는 것을 시사하고 있다. Axelord도 이것으로 동물의 협동적인 행동을 설명하고 있다. 이러한 연구로부터 어린이들에게 이타적 행동을 가르칠 때 절대적인 도그마로서 강요하기보다 장기적인 보상에 유리하다는 점을 가르칠 필요가 있다는 주장도 나온다. Fogel(1993)은 협동이 창발되는 조건을 알아보기 위해 반복적 죄수의 딜레마 문제를 사용하였는데, 전략을 유한상태기계(finite state machine)로 모델링한 다음 진화 프로그래밍을 사용하였다.

고급의 창조력은 고통스런 기초 확립의 과정을 거쳐야 한다

앞에서 창발성이란 용어를 소개했다. 하위 구조의 작은 구성 요소들이 결합하여 상위 구조를 만들어 내는데 하위 구조의 구성 요소들 각각에는 존재하지 않는 새로운 특성이 상위 구조에서 나타나는 현상으로 표현했다. 우리의 지적 역량이 진화해가는 과정을 살펴보면 다름 아닌 이러한 창발의 과정이다. 어릴 적에 익히는 일차원적인 단순 명사와 개념이 이러한 과정의 최하부에 해당한다. 우유, 입, 엄마, 손, 발, 물 등이 이러한 것에 해당한다. 시간이 흐르면서 배고프다, 무섭다, 맛있다 등의 개념을 습득한다. 이러한 개념들은 이를 창발시킨 우유, 손, 발 등에는 존재하지 않는다. 자라면서 습득하는 점점 더 복잡한 명사나 개념과 같은 상위의 개념은 하위 개념이 결합되면서 새로이 창발된 것이다. 보통의 성인들이 소유하고 있는 수많은 어휘들은 이러한 계층적인 창발의 과정을 거쳐 습득된 것이다.

과학적 사고의 발달 과정도 이와 비슷하다. 예를 들어, 미분의 개념을 이해하기 위해서는 수에 대한 개념, 수의 합에 대한 개념, 무한대에 대한 개념 등이 하위 구조로 준비되어 있어야 한다. 미분의 개념이 뼛속에 스며들고 나면 그것을 하위 구조로 하는 더 고급의 상위 개념(예를 들면, 미분 기반의 공간 탐색)이 창발된다.

인류에게 도움이 되는 과학적 발견이나 기업적 발명을 위해서는 유용한 하위 개념을 많이 가진 사람이 단연 유리하다. 저급한 하위 개념만을 갖고 있는 사람에게서 나오는 발명이란 것은 창발의 원리에 입각하면 명백한 한계를 갖는다. 여기에서 기초 교육의 중요성이 부각된다. 간혹 제대로 공부를 하지 않아도 사회적으로 성공하는 예를 언론에서 크게 부각하면서 정규 교육과 엘리트 교육을 부정하는 듯한 인상을 주기도 하는데 이러한 것은 고급의 창조적 사회를 위해서는 매우 위험하다. 물론 모든 사람이 이러한 이론적 수련을 필요로 하는 직종에 종사할 수는 없겠지만 지적 기민성과 수월성이 요구되는 분야에 종사하는 사람에게 기초 교육의 중요성은 아무리 강조해도 지나치지 않다.

이 장의 서두에 예로 든 문구는 윌리엄 캘빈의 저서 『생각의 탄생(How brains think)』(사이언스북스, 2006)에서 인용한 것이다. 이 주장의 핵심도 창발성의 여러 단계와 관련이 있다. 물리학의 영역으로부터 열 단계 이상의 추상화 레벨 또는 창발적 과정을 더 거쳐야 할텐데 인식물리학자들이 그들의 레벨에서 의식에 대해 진지하게 고민하는 것의 한계를 이야기하고 있는 것이다. 베토벤의 교향곡을 기압의 파동으로 아무리 기술해 보아야 허망한 것과 마찬가지다.

개인의 힘으로 한계가 있는 연구나 개발은 학제간 협력 작업으로 보완할 수 있다. 학제간 연구라는 것도 개인이 갖지 못한 하위 구조를 남으로부터 빌어 창발적 결과를 도출하고자 하는 것이다. 결론적으로 말하면 고급의 창조력을 갖기 위해서는 다소 고통스런 기본기 수련의 기간을 거칠 필요가 있다는 것이다. 노벨상을 받은 많은 과학자들이 운좋게 그 계기를 만났다고들 하지만 그 기회가 자신의 앞을 스쳐 지나갈 때 움켜쥐려면 그것을 위한 적합한 빌딩 블록들을 갖고 있어야 하는 것이다. 기회는 준비된 자에게만 온다는 말도 이러한 맥락에서 해석될 수 있다.

Chapter

07

유전 알고리즘의 구체적 예(1) : 그래프 분할

*학습목표

• 그래프 이등분 문제를 위한 경쟁력 있는 유전 알고리즘의 실례를 통해 현실적 감각을 익힌다.

• 미미틱 유전 알고리즘이 불가피함을 이해한다.

• 그래프 문제에서 정점들간의 관계를 이용하여 유전자를 재배치하는 이점을 알아본다.

Preview

나는 비판적인 견해가 우리들의 삶에
특정한 차원을 하나 더해준다고 생각한다.
어쨌든 그것은 우리가 견지할 수 있는 최고의 관점이다.

스티븐 와인버그

뇌는 다형적 변이성 덕분에 자연의 다형적 변이성에 대처할 수 있다.

제럴드 에들먼

앞에서 유전 알고리즘의 기본적인 사항들과 유전 알고리즘의 응용 예들을 간단히 소개하였다. 6장에서 소개한 유전 알고리즘의 응용 예 중에는 다른 것보다 상세히 다룬 것도 있지만, 대부분 유전 알고리즘 기본 사항을 충실히 이해했다는 가정 하에 문제의 유전적 표현 위주로 설명했다. 독자들 중에는 손에 잡히는 예로 유전 알고리즘의 구현 과정을 처음부터 끝까지 구체적으로 보고 싶은 사람이 있을 수 있다. 이 장은 그러한 독자들에게 매우 도움이 될 것이다.

앞서 언급한 바와 같이 문제의 복잡도가 매우 큰 경우에는 전통적인 순수 유전 알고리즘으로 현실적인 시간 예산내에 만족할만한 품질의 해를 얻기 힘든 경우가 많다. 이것은 유전 알고리즘이 지역 최적점 근처에서의 미세 조정 기능이 약하다는 사실과 밀접한 관계가 있다. 따라서 미세 조정을 위해 지역 최적화 알고리즘을 유전 알고리즘과 결합한 미미틱 유전 알고리즘이 많이 사용되고 있다. 이 장에서는 [Bui & Moon, 1996]에 발표된 논문을 기초로 실제로 강력한 결과를 낸 그래프 분할 문제를 위한 미미틱 유전 알고리즘을 시작부터 끝까지 상세히 취급한다. 앞의 설명과 일부 중복되더라도 필요하다고 생각되는 부분은 그대로 두었다. 또한 상세한 내용을 알고 싶어하는 사람을 위해 딱딱한 알고리즘적 기술도 일부 포함시켰다. 그래프의 개념을 처음 접하는 사람은 조금 어려울 수 있으므로 이 장을 그냥 건너뛰는 것이 좋을 것이다.

Section

01 기본 사항

❶ 문제 정의

그래프 $G=(V, E)$가 주어질 때(V는 노드들의 집합, E는 간선들의 집합), 균형 잡힌 k–분할은 노드 집합 V를 k개의 중복 없는 부분 집합으로 나누되 각 부분 집합 내의 노드 수가 똑같은 분할을 말한다. 만일 노드의 총 수가 k로 나누어지지 않으면 부분 집합간에 노드 수가 하나 차이날 수 있다. k–분할은 균형이 맞지 않는 경우도 포함하지만 여기서는 균형 잡힌 k–분할만을 대상으로 한다. k–분할의 컷사이즈(cut size)는 끝점이 서로 다른 부분 집합에 속해 있는 간선(edge)의 총 수를 말한다. [그림 7–1]은 3–분할의 한 예다. 이 예에서 보이는 3–분할의 컷사이즈는 4다. 최적 k–분할 문제는 최소의 컷사이즈를 갖는 k–분할을 찾는 문제다. k가 2일 때는 특별히 이등분(bisection)이라 부른다. k–분할 문제를 풀기 위해서 반복적으로 이등분을 하여 점점 작은 부분 집합들로 나누어 가거나, k개의 부분 집합들 중 두 개씩 짝을 지어 이등분을 하는 방법을 쓰기도 한다. 따라서 이등분은 그래프 분할 분야에서 가장 기본이 되고 많이 다루어지는 주제다.

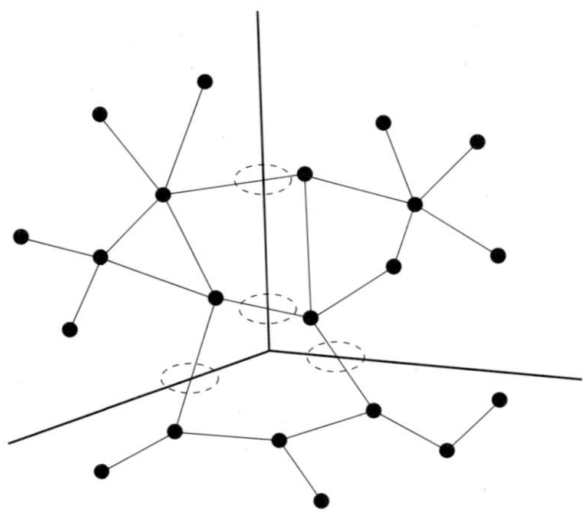

[그림 7–1] 3–분할의 한 예

SA : 9.2절 참고

그래프 분할은 행렬의 분해, VLSI 회로 배치, 네트워크 배치 등 다양한 분야에서 발생한다. 그래프 이등분은 지금까지 매우 많이 다루어져 왔고 대표적인 난제군인 NP–Hard군에 속한다. 최근의 연구 결과로는 합리적인 근사해를 찾는 것조차 NP–Hard인 것으로 알려져 있다. 근사해를 찾는 알고리즘들이 알려져 있으나 그리 실용적이지는 않다. 따라서 성능에 대한 이론적인 보장은 없지만 현실적으로는 비교적 좋은 결과를 보이는 휴리스틱들이 주로 사용되어 왔다. 최근까지 가장 일반적으로 사용되는 휴리스틱은 Kernighan–Lin(KL) 알고리즘과 시뮬레이티드 어닐링(simulated annealing, SA) 등을 들 수 있다. KL은 임의의 이등분으로 시작하여 양쪽에서 같은 사이즈의 부분 집합을 교환함으로써 품질을 개선시켜 가는 방법이다. SA는 추이통계적 최적화 기법의 하나로 확률적 언덕오르기(hill–climbing)라고 부르는 전략의 일종이다. 이들은 모두 초기해에 따라 해의 품질이 많은 차이를 보인다. SA는 9.2절에서 더 자세히 설명한다.

SA를 이용한 그래프 이등분에 대한 집중도 높은 연구가 Johnson 등(1989)에 의해 행해졌다. 이들의 연구에서 SA는 평균적으로 KL보다 좋은 결과를 보였다. 유전 알고리즘을 이용한 그래프 분할도 많이 행해졌으나 90년대 초반까지는 기존의 방법들보다 우수하다는 증거를 보이지 못했다. 여기서 기술하는 혼합형 유전 알고리즘은 40개의 벤치마크 그래프를 통해서 기존의 방법을 압도하는 성능을 보였다.

2 Kernighan-Lin(KL) 알고리즘

주어진 그래프의 이등분을 찾는 KL 알고리즘은 초기 이등분으로 시작하여 그 이등분의 양쪽에서 같은 사이즈의 부분 집합을 교환하여 새로운 이등분을 만들어 나감으로써 품질을 개선시켜 간다. 이 과정은 더 이상 품질의 개선이 없을 때까지 반복 수행된다.

(A, B)를 그래프 $G=(V, E)$의 한 이등분이라 하자(이 때, $A \cup B = V$이고 $A \cap B = \phi$). 두 노드 $a \in A$, $b \in B$에 대해, 이들이 서로 교환될 때의 이등분의 컷사이즈 감소량을 $g(a, b)$로 나타낸다. 여기서 $g(a, b)$를 (a, b) 쌍의 이득(gain)이라 한다. 또한, 노드 v가 이등분의 한 쪽에서 반대쪽으로 이동될 때의 컷사이즈 감소량을 g_v로 나타낸다. 여기서 g_v를 노드 v의 이득이라고 한다. 그러면 $g(a, b)$는 다음과 같이 구할 수 있다.

$$g(a,b)=g_a+g_b-2\delta(a,b)$$

$$\delta(a,b)=\begin{cases}1, & \text{if } (a,b)\in E \\ 0, & \text{otherwise}\end{cases}$$

먼저 $g(a,b)$를 최대로 하는 노드쌍 (a,b)가 선택된다. a와 b가 일단 선택되면, 그 둘은 교환되었다고 가정하고 더 이상의 교환은 고려하지 않는다. 이러한 방식으로 일련의 노드쌍들 $(a_1,b_1), \ldots, (a_{n/2-1}, b_{n/2-1})$이 선택된다($a_i\in A, b_i\in B, i=1, ..., n/2-1$). 그리고 나서, $\sum_{i=1}^{k} g(a_i, b_i)$를 최대로 하는 두 집합 $X=\{a_1, ..., a_k\}$와 $Y=\{b_1, ..., b_k\}$를 선택한 다음 집합 X와 Y를 교환한다. 이것이 바로 KL의 한 패스(pass)다. 이 교환을 통해 얻게 되는 새 이등분을 초기해로 삼아 다음 패스를 시작한다. 이러한 과정을 더 이상의 품질 개선이 없을 때까지 반복한다. [알고리즘 7-1]은 KL 알고리즘의 구조다.

[알고리즘 7-1] Kernighan-Lin 알고리즘

do {
　모든 노드 $a\in A$, $b\in B$에 대해 g_a, g_b를 계산;
　$Q_A=\phi$; $Q_B=\phi$;
　for i = 1 to $\frac{n}{2}-1$ {
　　　$g(a_i, b_i)$가 최대인 $a_i\in A-Q_A$, $b_i\in B-Q_B$를 선택;
　　　$Q_A=Q_A\cup\{a_i\}$; $Q_B=Q_B\cup\{b_i\}$;
　　　for each $a\in A-Q_A$
　　　　{ $g_a=g_a+2\delta(a,a_i)-2\delta(a,b_i)$ }
　　　for each $b\in B-Q_B$
　　　　{ $g_b=g_b+2\delta(b,b_i)-2\delta(b,a_i)$ }
　}
　$\sum_{i=1}^{k} g(a_i, b_i)$를 최대화하는 $k\in\left\{1, \ldots, \frac{n}{2}-1\right\}$를 선택;
　부분집합 $\{a_1, \ldots, a_k\}$와 $\{b_1, \ldots, b_k\}$를 교환;
　} until ($\{a_1, \ldots, a_k\}$와 $\{b_1, \ldots, b_k\}$의 교환 결과가 개선이 없음)

Section

02 그래프 이등분을 위한 유전 알고리즘

1 알고리즘 개관

[알고리즘 7-2]는 여기서 소개할 그래프 이등분 문제를 위한 미미틱 유전 알고리즘의 구조다. 전형적인 안정 상태 유전 알고리즘과 다른 점은 전처리부에 해당하는 BFS Reordering과 지역 최적화(local optimization) 부분이다. 다른 부분에도 유의할 사항이 있으나 이 두 부분에 비하면 성능에 미치는 영향은 작은 편이다. 전처리부에서는 유전 알고리즘이 시작되기 직전에 염색체 상에서 노드들이 대응되는 위치를 재배치한다.

지금부터 여기서 소개하는 그래프 이등분 문제를 위한 유전 알고리즘을 너비우선탐색(BFS, Breadth-First Search)에 의해 전처리된 유전 이등분 알고리즘, 줄여서 BFS-GBA라 부른다. 그리고 전처리 과정이 없는 버전은 그냥 GBA로 나타낸다. BFS-GBA와 GBA는 전처리 과정을 제외하고는 동일하기 때문에, 다음 절에서의 모든 GBA에 대한 설명은 BFS-GBA에도 그대로 적용된다.

[알고리즘 7-2] 전처리된 미미틱 유전 알고리즘

```
p개의 초기해 생성;
BFS Reordering;
do {
        해집단에서 parent1과 parent2 선택;
        offspring = crossover(parent1, parent2);
        mutation(offspring);
        local-optimization(offspring);
        replace(population, offspring);
} until (종료조건);
해집단에서 최우수 해를 리턴;
```

2 문제 표현

각각의 해는 하나의 이진 스트링 염색체에 의해 표현된다. 하나의 염색체는 하나의 그래프 이등분을 나타낸다. 따라서 염색체, 이등분, 해라는 용어는 여기서 같은 의미다. 염색체 내의 유전자 수는 그래프의 노드 수인 n과 같다. 각각의 유전자는 그래프내의 한 노드와 대응된다. 유전자는 그에 대응하는 노드가 이등분의 왼쪽에 있을 때 0의 값을, 그렇지 않을 때 (즉, 오른쪽에 있을 때) 1의 값을 가진다. 따라서 한 염색체내에서는 같은 수의 0과 1이 존재해야 한다. 설명의 편의상 노드수 n은 짝수라 가정한다.

3 초기화

GBA는 우선 임의로 p개의 해들을 생성한다. 한 염색체에 대한 유일한 제약 조건은 0과 1의 개수가 같아야 한다는 것뿐이다. 일반적으로 해집단이 클수록 더 훌륭한 해를 만들지만 수행시간은 그만큼 더 길어진다. 본 실험에서는 해집단의 크기 p를 50으로 잡았다. 미미틱 유전 알고리즘은 순수 유전 알고리즘보다 해집단의 크기를 작게 잡는 것이 일반적이다.

4 선택

해집단내의 각각의 해는 자신의 컷사이즈로부터 계산된 적합도 값을 할당받는다. 해 i의 적합도 값 F_i는 다음과 같이 계산된다.

$$F_i = (C_w - C_i) + (C_w - C_b)/3$$

C_w: 해집단내에서 가장 나쁜 해의 컷사이즈

C_b: 해집단내에서 가장 좋은 해의 컷사이즈

C_i: 해 i의 컷사이즈

각각의 염색체는 자신의 적합도 값이 커질수록 부모로 선택될 확률이 높아진다. 위의 적합도 정의로부터, 가장 좋은 염색체가 선택될 확률이 가장 나쁜 염색체가 선택될 확률보다 4배 높다는 사실을 알 수 있다. 이것은 3장에서 기술한 품질 비례 룰렛휠 선택의 전형적인 예인데, 유전 알고리즘에서 가장 흔히 사용되는 방법이다.

품질 비례 룰렛휠 선택: 3.1절 참고

5. 교차 연산

교차 연산자로는 5점 교차를 사용한다. 일반적인 5점 교차를 이용하여 하나의 자식해를 만들고, 추가적으로 자식해를 하나 더 만든다. 첫 번째 자식해는 전형적인 5점 교차로 만든다. 두 번째 자식해는 5점 교차를 하되 다음과 같은 방법으로 만든다. 5점 교차후 분할된 영역 중 부모 1로부터 복사하는 부분은 그대로 복사하지만, 부모 2로부터 복사하는 부분은 그 보수값(complement values)을 복사한다. GBA는 이렇게 만든 두 자식해 중 더 나은 것을 자식해로 삼는다. 이것은 뒤따르는 KL 알고리즘의 초기해로 사용된다. 보수를 취하는 이유는 다음과 같다. 두 개의 염색체가 정확히 (또는 거의 정확히) 서로의 보수가 된다면, 그 둘은 같은(또는 거의 같은) 이등분을 나타낸다. 이러한 경우, 두 부모해는 거의 같은 이등분인데도 염색체의 모양은 판이하여 전통적인 교차 연산으로 만들어진 자식해는 그 품질이 매우 낮게 된다. 보수를 취한 것과 그렇지 않은 것을 비교하는 작업은 정규화와 비슷한 동기에서 나온 것이다.

5점 교차가 일점 교차보다 스키마가 파손될 확률이 훨씬 더 클 것임은 자명하다. 파손이 심한 교차를 사용할수록 유전 알고리즘은 지역 최적점에 수렴하기 어렵다. 일점 교차의 경우에도 지역 최적점 근방에서의 미세 조정 능력은 그리 좋지 않다. 스키마 파손이 더 심한 5점 교차의 경우 어려움은 더 커질 것이다. 그러나 여기서 소개하는 미미틱 유전 알고리즘에서는 KL의 지역 최적화 능력이 미세 조정을 해주므로 다소 파손이 큰 교차 연산이 더 적합하다. 더욱이 세대형 유전 알고리즘보다 안정 상태 유전 알고리즘에서 해집단의 다양성이 빨리 떨어지므로 파손은 안정 상태 유전 알고리즘에서 더 중요한 의미를 지닌다.

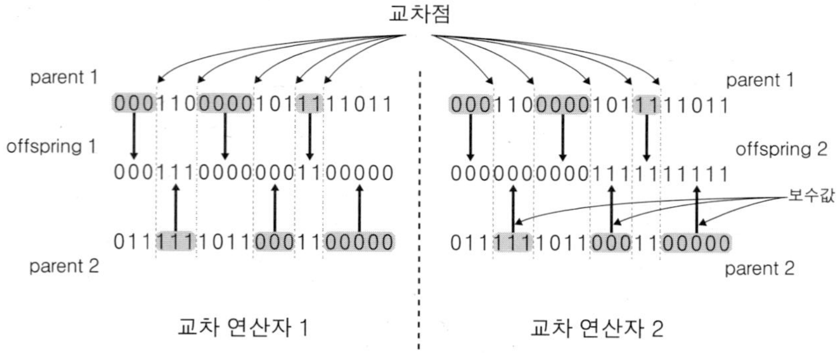

[그림 7-2] 본 실험에서 사용한 5점 교차 연산자

또한 다른 공간 탐색 기법 관련 연구에서도 지역 최적화 알고리즘의 위력이 클수록 해를 크게 교란(파손도 교란의 한 예)하는 것이 효과적임이 관찰된 바 있다 [Hong 등, 1997]. [그림 7-2]는 방금 설명한 5점 교차 연산의 한 예다.

6. 변이 연산

GBA는 다음과 같은 방식으로 변이 연산을 수행한다. 염색체 상의 m개의 자리를 임의로 선택하여 그들의 값을 반대로 바꾼다 (0은 1로, 1은 0으로). 이 때, m은 0과 $n/100$ 사이의 임의의 정수다. 앞에서 언급했듯이 이등분을 표현하는 한 염색체는 같은 수의 1과 0을 가져야만 한다. 그러나 교차와 변이가 끝난 후에 자손은 대부분 같은 수의 1과 0을 갖지 않는다. 이를 해결하기 위해 GBA는 1의 개수와 0의 개수의 차이를 계산한다. 그리고 나서 염색체 상의 임의의 위치로부터 시작하여 오른쪽으로 움직이면서 그 차이만큼 1을 0으로(또는 0을 1로) 바꾼다. 이러한 조절 역시 어느 정도의 변이 효과를 낳게 된다.

7. 지역 최적화

교차와 변이 연산을 행한 뒤에, GBA는 자손에 지역 최적화를 수행한다. 앞 절에서 지적했듯이, 유전 알고리즘은 지역 최적점 근방에서의 미세 조정에 그리 능하지 않다. 순수한 유전 알고리즘은 상당히 많은 시간을 소모해도 이러한 약점으로 인해 성능이 대부분 만족스럽지 않다. 지역 최적화를 수행하면 GA는 보통 훨씬 더 빨리 수렴한다. 여기서는 지역 최적화 알고리즘으로 KL을 사용한다. 대부분의 경우 지역 최적화 알고리즘은 유전 알고리즘의 다른 구성 요소에 비해 상당한 비용이 든다. KL은 효과적인 자료구조를 통해 효율적으로 바꿀 수 있는데 여기서 자세한 언급은 생략한다.

8. 대치

새로운 해를 생성하고 그 해에 지역 최적화를 시도한 뒤, GBA는 해집단의 한 멤버를 그 새로운 해로 대치한다. 해의 품질은 대치 방법에도 상당한 영향을 받는다. 느슨한 (예를 들어, 항상 해집단에서 가장 품질이 나쁜 멤버를 대치하는) 대치 방법을 사용할 경우, GBA는 해집단의 다양성을 빨리 잃지만 빨리 수렴할 수 있다. 반면, 엄격한 대치 계획을 사용할 경우, GBA는 오랫 동안 높은 다양성을 유지할 수 있지만 시간이 많이 걸린다. 시간 예산과 합치되는 대치 계획을 결정해야만 한다.

Whitley와 Kauth(1988)는 Genitor라는 범용 GA의 일부분으로 해집단에서 가장 품질이 낮은 멤버를 새로운 자손으로 대치하는 대치 방법을 제안했다. Cavicchio(1970)는 preselection이라 불리는 대치 방법을 제안했다. 이 방법에서는 해집단내의 다양성을 유지하고자 품질이 낮은 부모를 새로운 해와 대치한다.

GBA는 preselection 방법과 Genitor 방법을 결합하였다. 즉, 먼저 부모 중의 하나를 대치시키도록 시도해 본 다음, 만약 자식해가 두 부모해 모두에 비해 품질이 떨어진다면 해집단에서 가장 품질이 나쁜 멤버를 대치시킨다. 이 방법의 동기는 너무 많은 시간을 낭비하지 않는 선에서 해집단의 다양성을 유지하자는 것이다. [표 7-1]은 다른 부분은 동일하게 하고 대치 방법만 달리한 두 경우의 실험 결과를 비교하고 있다. 비교한 두 방법은 Genitor의 대치 방법과 GBA의 대치 방법이다. GBA의 대치 방법이 Genitor 방식에 비해 상당한 우위를 보인다. 수렴하기까지 시간은 GBA가 비슷하거나 좀 더 걸리지만 같은 시간을 허용하는 수준까지 튜닝을 해보아도 Genitor 방식과 큰 차이를 보이지는 않았다. 대치가 유전 알고리즘의 결과에 꽤 영향을 미친다는 것을 알 수 있다.

[표 7-1] 두 대치 방법의 결과 비교

대치 방법 / 그래프	Genitor 대치 방법		GBA 대치 방법	
	평균	수행시간	평균	수행시간
G500.2.5	55.3	3.9	54.2	4.7
G1000.20	3415.1	50.6	3402.0	59.3
U500.05	13.8	5.7	11.3	6.3
U1000.40	752.2	29.6	742.7	27.9
cat352	6.2	2.0	5.8	4.2
rcat5114	23.2	23.2	23.0	23.8

※ 1,000번 수행 후 평균

9. 수행 중단 기준

GBA가 사용한 수행 중단 기준은 해집단의 80%가 동일한 품질을 지닌 해들로 이루어질 때(염색체들이 반드시 같을 필요는 없다) 중단하는 것이다. 어떤 경우에도 3,000번 이상의 세대는 허용되지 않도록 상한도 둔다. 관찰 결과 전형적인 세대수는 수백 번 정도였다. 즉, KL 알고리즘이 수백 번 적용됨을 의미한다.

Section

03 전처리

전처리: preprocessing

GBA의 성능은 간단하고 정적인 전처리 휴리스틱에 의해 향상될 수 있다. 스키마를 구성하는 위치들이 염색체 상에 흩어져 있을 경우, 그 스키마는 교차에 의해 파손되기 쉽다. 앞서 설명한 것처럼, 염색체의 유전자 각각은 하나의 노드를 나타낸다. 어떤 그래프가 주어질 때, 이 그래프에 대한 한 이등분을 표현하기 위해서는 우선 각 노드가 염색체 상에서 어느 위치와 대응되는지를 결정해야 한다. 지금까지의 방법들은 그냥 문제가 제공될 때 주어지는 노드들의 색인 번호를 그대로 써 왔다. 이 절에서는 염색체내 노드들의 순서를 재배치하는 간단한 방법을 소개한다. 2.8절에서도 소개된 바 있는 이 휴리스틱은 매우 간단하면서도 그래프에 따라 극적인 개선 효과를 유발할 수 있는 효과적인 방법이므로 잘 이용하면 큰 도움을 받을 수 있을 것이다. 이 방법을 쓰면 고품질의 스키마들을 좋은 모양으로 전환할 수 있게 된다.

우선 입력 그래프에 대해 임의의 노드에서부터 시작하여 너비우선탐색(BFS, breadth-first search)을 수행한다. BFS에 의해 방문되는 노드의 순서가 염색체내 노드들의 순서를 재배치하는 데 사용된다. 즉, 염색체 상의 i번째 위치는 BFS에 의해 i번째 방문된 노드를 나타낸다. 이 전처리 방식을 BFS 재배치라 부르며 이 전처리는 유전 알고리즘이 시작되기 전 오직 한 번만 수행되므로 시간적인 부담은 거의 없다.

스키마: 4장 참고

스키마 H의 품질을 평가하는 데 가장 많이 사용되는 측도는, 스키마 H를 포함하는 염색체들의 평균 품질이다. 그래프 이등분 문제에서는 해의 컷사이즈가 작을수록 그 품질은 더 좋아진다. 그래프 이등분 문제에서 클러스터를 형성하는 하나의 노드 집합을 생각해보자. 클러스터에 대한 공식적인 정의는 없으나 임의의 그래프에서 평균적인 연결 행태에 비해 상대적으로 밀접하게 연결된 노드들의 부분 집합을 뜻한다. 직관적으로 생각하면, 좋은 이등분이라면 대부분 이러한 클러스터를 양쪽으로 나누지 않아야 한다. [그림 7-3]을 예로 들어보자. 점선으로 그려진 원 안에 있는 네 개의 노드들은 클러스터를 형성하므로, 최적에 가까운 컷사이즈를 가지는 이등분에서 그 노드들은 어느 한 쪽에 위치할 것으로 기대할 수 있다.

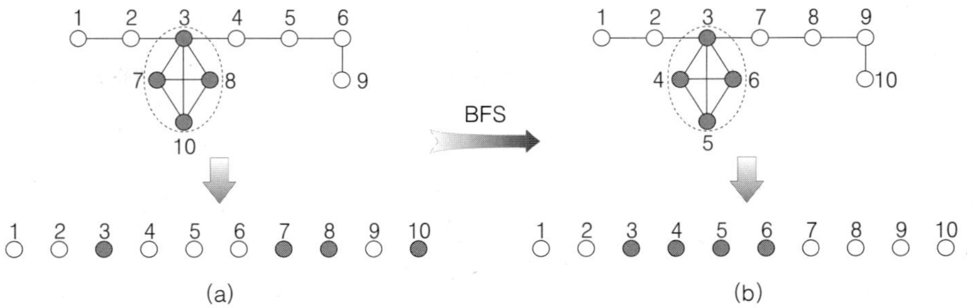

[그림 7-3] BFS 재배치에 따른 스키마 변형

노드들의 색인 번호가 그래프 (a)에서와 같이 주어질 경우, 두 스키마 **0***00*0과 **1***11*1은 좋은 품질을 가질 것으로 기대할 수 있다. 두 스키마의 길이(defining length)는 모두 7이다. 그래프 (b)는 그래프 (a)의 색인번호를 BFS에 의해 다시 매긴 것이다. 위 클러스터에 해당하는 스키마의 길이는 3으로 떨어졌다. 이 모양은 그래프 (a)의 스키마 모양에 비해 생존에 유리하다.

BFS 재배치의 목적은 고품질로 추정되는 스키마들을 길이가 더 짧은 스키마들로 바꾸는 것이다. 그래프에서 클러스터를 이루는 노드들은 고품질의 스키마를 구성하는 중요한 힌트가 된다. BFS 재배치는 그러한 노드들이 염색체 상에서 인접하게 위치하도록 도와주며, 그 결과 그에 상응하는 스키마는 짧은 길이를 가질 가능성이 높아지게 된다. 그렇지만 이 방법은 매우 간단하고 고품질의 스키마를 명시적으로 찾아서 작업을 하는 것이 아니므로 어떤 스키마는 오히려 길이가 길어질 수도 있다. 다만 확률적으로 고품질 스키마들이 모양 상으로 우대를 받도록 돕는다.

스키마의 생존이 스키마의 길이에 영향을 받는 성질은 홀수 개의 컷포인트를 사용하는 교차에서는 비록 엄밀하게 선형 관계는 아니더라도 일관되게 나타남이 입증되었다 [DeJong & Spears, 1992]. BFS 재배치는 고품질로 추정되는 스키마들의 길이를 짧게 만들어 주는 경향이 있다. 낮은 평균 차수를 갖고 국소적인 클러스터들이 존재하는 그래프들이 이 기법의 효과를 가장 크게 보는 듯하다.

[그림 7-4]는 500개의 노드를 가진 그래프를 사용하여 BFS 재배치 후에 스키마의 길이가 어떻게 변하는지를 조사한 것이다.

그림을 그리기 위해 미미틱 유전 알고리즘을 이용해 50-분할을 행함으로써 전체 노드들을 각각 10개의 노드들로 이루어진 50개의 클러스터들로 나누었다. 그리고 나서 각각의 클러스터에 대응하는 스키마의 BFS 재배치 전과 후의 길이를 비교하였다. 이를 위해 평균 차수가 낮은 기하 그래프를 사용하였다. 그림은 BFS 재배치 후에 길이가 상당히 감소했음을 보여준다. 극히 일부 스키마의 길이가 길어진 경우가 있으나, 대부분 스키마들이 극적으로 짧아졌음을 볼 수 있다. BFS 재배치가 고품질 스키마의 길이를 확률적으로 훨씬 짧게 만듦을 볼 수 있다.

여기서 소개한 BFS 재배치 이외에 DFS(depth-first search, 깊이우선탐색)를 사용할 수도 있다. BFS 재배치가 고품질 스키마의 길이를 짧게 변형시켜주는데 반해, DFS 재배치는 고품질 스키마의 특정 기호들의 분포가 군집을 이루도록 도와주는 효과가 있다. 다점 교차의 경우 특정 기호들이 군집을 이룰 때 생존에 유리하게 됨은 설명한 바 있다. 다점 교차를 사용하는 경우 DFS 재배치의 매력은 BFS 재배치에 비해 전혀 떨어지지 않는다. 이 외에도 일차원 및 이차원 표현에서의 다른 재배치 기법들이 있다[Bui & Moon, 1993, 1996; Kahng & Moon, 1995; Moon & Kim, 1997; Kim & Moon, 2002, 2003; Kim 등, 2003].

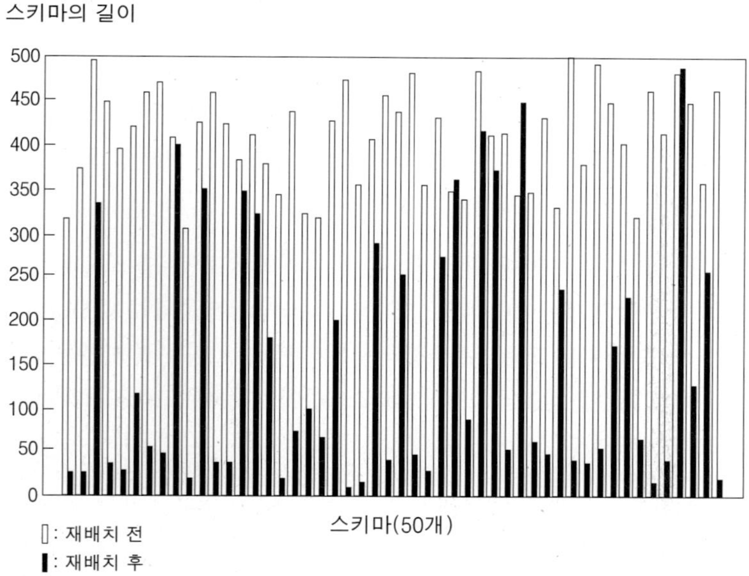

[그림 7-4] 재배치가 스키마에 미치는 효과

Section

04 실험 결과

[표 7-2]는 GBA 관련 실험 결과를 일부 발췌한 것이다. SA는 Johnson 등(1989)의 연구에서 발표한 시뮬레이티드 어닐링 기법의 실험 결과다. Multi-Start KL은 GBA와 비슷한 시간 예산 범위에서 복수 개의 초기해를 임의로 만들어 KL을 수행한 다음 가장 좋은 해를 취한 것이다. Multi-Start KL과 GBA의 차이가 유전 알고리즘의 메커니즘이 기여하는 부분이라 할 수 있다(여기서는 GBA에서 약식 KL을 사용했으므로 Multi-Start KL의 KL과 조금 달라 이 의미가 다소 퇴색되지만, 일반적으로 Multi-Start 기법과 미미틱 유전 알고리즘은 이 실험 결과에서 나오는 차이 정도는 보인다).

우선 SA가 다른 기법들에 비해 결과가 좋지 않음을 볼 수 있다(소요된 시간은 기계의 상대적인 속도를 감안해도 SA가 훨씬 더 많다). GBA는 Multi-Start KL에 비해 상당한 개선을 보인다. BFS-GBA는 GBA를 추가로 약간 또는 대폭 개선함을 볼 수 있다. 특히 차수가 낮은 기하 그래프(U***)와 캐터필라 그래프(cat***, rcat***)들에 대해서는 극적인 개선을 보이고 있다. BFS 재배치를 하는 데는 시간 부담이 거의 없으므로 이것이 제공하는 개선 효과는 거의 무료라 할 수 있다. 이 실험은 당시까지 알려지지 않은 새로운 최적해를 다수 발견하기도 하고 유전 알고리즘 커뮤니티의 고질적 결함이었던 실험 결과의 통계적 불안정성을 극복한 것으로서 이후에 많은 인용 대상이 되었다.

[표 7-2] 네 알고리즘의 실험 결과

		SA		Multi-Start KL		GBA		BFS-GBA	
그래프	Best Known	최소	평균	최소	평균	최소	평균	최소	평균
G500.2.5	52	52	57.2	52	56.5	49	54.2	49	54.0
G1000.2.5	102	102	109.6	101	110.7	96	103.9	95	103.6
U500.05	4	4	21.1	5	15.7	2	6.3	2	3.7
U1000.05	3	3	41.2	15	38.1	8	28.3	1	1.8
cat5252	1	N/A	N/A	165	193.0	69	98.4	1	2.6
rcat5114	1	N/A	N/A	17	24.5	11	23.0	1	2.4

Section

05 결론

그래프 이등분 문제를 위한 미미틱 유전 알고리즘을 소개했다. 지역 최적화 알고리즘을 사용하지 않은 순수 유전 알고리즘은 미미틱 유전 알고리즘과는 비교할 수 없을 정도로 성능이 나빴다. 재배치 휴리스틱은 몇 가지 종류의 그래프들에 대해 극적인 성능 향상을 가져다 주었다. 재배치 휴리스틱은 단순한 일회성 작업만 하므로 수행시간에 대한 부담은 거의 없다. 국부적으로 밀집된 그래프일수록 재배치에 의해 더 많은 이득을 보았다. 재배치 기법이 모든 그래프에 대해 이같이 성능 개선을 돕는 것은 아니나 성능에 부정적인 영향을 미치는 경우는 드물고 많은 경우에 긍정적인 영향을 미쳤다. 재배치 기법은 순회 판매원 문제와 같은 다른 문제에도 적용되어 주목할 만한 성능 향상을 보인 바 있다 [Bui & Moon, 1994].

다음 장에서 TSP와 유전 알고리즘에 대해 다룬다. 이러한 문제에 대한 재배치 휴리스틱은 여기의 것과는 다르더라도 그 개념에 있어서는 동일하다. 인코딩 계획에서 재배치는 고품질로 인식되리라 예상되는 특정 해들의 집합으로 유전 알고리즘의 탐색 공간을 몰아가는 효과를 낸다. 모든 부분들이 결합되어 궁극적인 성능을 냈겠지만, 이 장에서 소개한 유전 알고리즘의 성능에 가장 큰 영향을 미친 예 몇 가지로는 지역 최적화 알고리즘, 유전자 재배치, 교차 및 대치를 들 수 있다.

Chapter 08

유전 알고리즘의 구체적 예(2) : TSP

＊학습목표

- TSP를 위한 기본 휴리스틱을 이해한다.
- TSP를 위한 유전 알고리즘에서 각 연산별로 합리적인 선택에 대한 직관을 갖도록 한다.

Preview

생물들이 진화하는 과정에서, 생물은 창조되는 것이 아니라
"나타나는" 것에 불과하다.
어떤 의미에서 그들은 이미 존재하고 있었다.

리차드 도킨스, 인공 생물 바이오모프에 대한 언급에서

TSP는 컴퓨터 과학의 대표적 난제로, 컴퓨터 과학을 통틀어 가장 많은 연구 결과물이 나와 있는 주제 중 하나다. 유전 알고리즘 분야에서도 가장 많이 취급되는 주제에 속한다. TSP는 문제의 정의가 간단하지만 좋은 답을 내기는 아주 어렵다. 새로 나온 최적화 기법이 TSP를 제대로 다룰 수 없으면 가치가 반감된다고 할 정도로 중요한 의미를 지닌다.

이 장에서는 TSP와 이와 관련한 휴리스틱 알고리즘, 유전 알고리즘을 다룬다. 그래프 분할을 위한 유전 알고리즘의 예를 소개한 7장과 달리, TSP를 위한 유전 알고리즘 및 그 주변을 좀 더 포괄적으로 다룬다. 먼저 문제를 정의한 후 TSP를 위한 지역 최적화 휴리스틱을 소개한다. 이 휴리스틱은 그 자체로도 유용하지만 TSP를 위한 경쟁력 있는 유전 알고리즘을 만들기 위해 거의 필수적인 구성요소이기도 하다. 마지막으로, TSP를 위한 미미틱 유전 알고리즘을 소개한다.

Section

01 기본 사항

TSP(Traveling Salesman Problem)는 우리말로 순회 세일즈맨 문제라 부른다. 방문할 n 명의 고객이 있을 때 세일즈맨이 이 고객을 모두 방문하고 돌아오는 가장 짧은 경로를 찾는다. 방문할 대상이 유클리드 공간에 있는 경우도 있고, 그렇지 않은 경우도 있다. 여기서는 별 말이 없으면 유클리드 공간 상의 TSP, 즉 유클리디안 TSP를 대상으로 한다.

가장 일반적인 버전은 이차원 평면에 n개의 도시가 주어졌을 때 임의의 도시에서 출발하여 모든 도시를 한 번씩 방문하고 출발 도시로 돌아오는 가장 짧은 경로를 찾는 형태다. 도시 대신 고객이나 물품을 배달할 소매점의 위치를 대응시킬 수도 있다. 이 때 모든 도시(또는 정점)를 한 번씩 방문하고 출발점으로 돌아오는 싸이클을 해밀토니안 싸이클(Hamiltonian cycle)이라 한다.

그냥 지나쳐도 상관은 없지만 문제를 좀 더 정형적으로 정의해보자. n개의 도시가 있고 이들 간의 상호 거리는 $n \times n$ 행렬 $D=[d_{ij}]$로 주어진다. 여기서 d_{ij}는 도시 i에서 도시 j에 이르는 거리다. TSP는 도시 1, 2, ..., n으로 이루어지는 모든 순열 π들중 $\sum_{i=1}^{n-1} d_{\pi(i),\pi(i+1)} + d_{\pi(n),\pi(1)}$을 최소로 하는 π를 찾는 문제다. 도시들이 일반적인 2차원 평면에 있다면 d_{ij}는 도시 i와 도시 j간의 직선거리가 되고 행렬 D는 대칭이다. 이런 유형이 바로 유클리디안 TSP다. 물론, TSP는 꼭 유클리디안일 필요는 없고, 행렬 D는 대칭이 아닐 수도 있다.

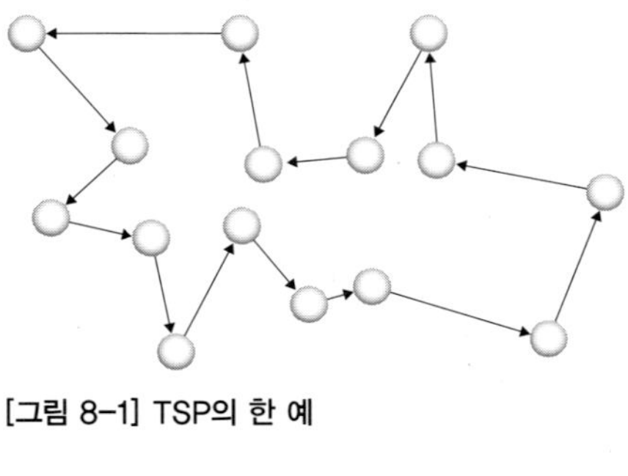

[그림 8-1] TSP의 한 예

[그림 8-1]은 15개의 도시로 이루어진 TSP의 한 해다. 최적해가 아닐 수도 있지만 비교적 좋은 해에 속한다.

TSP는 대표적인 NP-Hard 문제다. 즉, 지금까지 알려진 기술로는 현실적인 시간(다항식 시간, polynomial time) 내에 어느 크기 이상의 TSP에 대해 최적해를 보장할 수 있는 방법이 없다. TSP를 위한 이론적 근사 알고리즘이 아주 많이 제안되었지만 지금까지 알려진 가장 좋은 이론적 근사치는 Christofides가 제안한 근사 알고리즘으로 최적해의 1.5배를 넘지 않는 수준이다 [Christofides, 1976]. Christofides 이후에도 근사 알고리즘들이 제안되었지만 사실상 최적해의 1.5배 미만을 보장하는 알고리즘은 없다. 예를 들어, Arora(1998)가 제안한 근사 알고리즘은 어떤 $c>1$에 대해서도 최적해의 $1+1/c$을 넘지 않는다. 이론적으로는 c를 충분히 키우면 거의 최적해에 근접한 해를 구할 수 있다. 그렇지만 이렇게 하려면 엄청난 시간이 소요된다. 시간의 효율성이 없는 근사 알고리즘은 아무리 좋은 해를 내더라도 실용성이 떨어진다. 현재로서는 이론적으로 보장을 못하지만 실제로 최적해에 거의 근접한 해를 내는 휴리스틱이나 통계추이적(stochastic) 알고리즘들이 경쟁력있는 답을 내는 거의 유일한 대안이다.

TSP는 유전 알고리즘 분야에서도 초기부터 애용된 문제였다. 1990년대 초반까지 초보적인 수준에 머물러 있었으나 1994년에 최초로 318개 도시 문제에 대해 최적해를 쉽게 찾아내는 유전 알고리즘이 제안된 이후 [Bui and Moon, 1994] 많은 개선을 거듭하여 현재는 7,000개 도시 이상의 문제까지 최적해를 그리 어렵지 않게 찾아낸다 [서동일, 2007]. 300개 도시 문제와 8,000개 도시 문제의 문제 공간 복잡도를 생각하면 엄청난 발전이다.

TSP는 그 자체로도 중요하지만 이것을 기본형으로 하는 응용도 아주 많다. 차량 라우팅, PCB 디자인, X-레이 결정학 등의 예가 이에 해당한다.

Section

02 지역 최적화 알고리즘

앞서 누차 언급했듯이 NP-Hard 문제의 경우 장난감 사이즈 이상의 문제에 대해서는 순수 유전 알고리즘으로는 경쟁력이 없다. 가장 중요한 요인은 유전 알고리즘이 지역 최적점 근처에서의 미세 조정 능력이 약하다는 점이다. 따라서 어느 정도 이상 사이즈의 문제에 대해서는 이 부분을 보완해 줄 필요가 있다. 이 역할을 하는 것이 지역 최적화 휴리스틱이다. TSP를 위한 다양한 지역 최적화 휴리스틱이 있는데 이 절에서는 가장 유명한 휴리스틱을 몇 개 소개한다.

1. 2-OPT 알고리즘

2-OPT 알고리즘은 가장 단순한 형태의 지역 최적화 알고리즘이다. TSP의 각 해는 n개의 간선으로 구성된다. 이 중 2개의 간선을 제거하면 제거된 간선을 사용하지 않고 적법한 해를 만드는 방법은 유일하다. 이런 연산을 2-change라 한다. [그림 8-2]는 2-change 연산의 원리를 그린 것이다(해를 원 모양으로 그린 것은 단순히 설명의 편의를 위한 것이다). 원래의 해에서 두 개의 간선이 제거되고, 새로운 두 개의 간선이 포함되었다. 오른쪽 그림에서 두 간선을 제거한 후에 이를 적법한 싸이클로 만드는 방법이 유일하다는 것은 쉽게 알 수 있다. 2-OPT 알고리즘은 가능한 2-change를 계속 시도해 보면서 개선이 있으면 택하고 그렇지 않으면 없었던 일로 한다. 이런 식으로 해를 변경해 가면서 어떠한 2-change로도 개선이 불가능할 때까지 수행한다.

수행시간은 개선이 얼마나 많이 일어나느냐에 따라 다르다. 그렇지만 맨 마지막에 어떠한 2-change로도 개선이 불가능하다는 것을 판단하기 위해서는 적어도 $\binom{n}{2}$ 가지의 간선 조합을 확인해보아야 한다. 그러므로 2-OPT의 수행시간은 적어도 n^2 이상의 증가율을 가진다(점근적 표현으로는 $\Omega(n^2)$). 임의의 2-change가 개선이 있는지 확인하는 것은 상수 시간이면 된다. 만일 개선이 있다면 새로운 해를 만드는 것은 상수 시간에 불가능하다. 가장

$\binom{n}{k}$: n개에서 k개를 선택 ($={}_nC_k$)

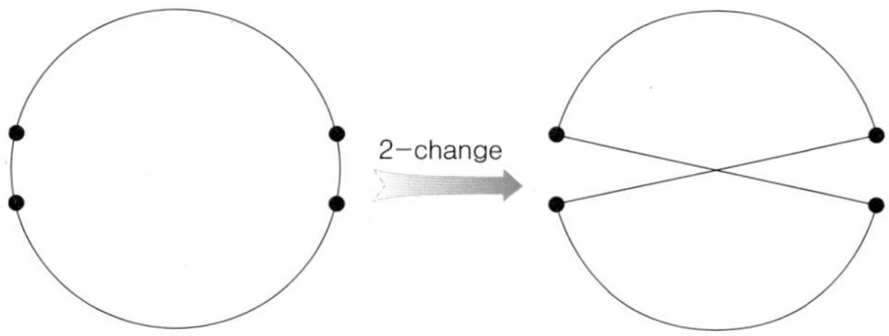

[그림 8-2] 2-change

간단하게 배열에 도시의 순서를 나열하는 자료구조를 쓴다면, 2-change의 결과로 해를 새로 만들기 위해 평균적으로 n에 비례하는 시간이 든다($\theta(n)$). 특수한 자료구조를 써서 $\Omega(\log n/\log\log n)$의 시간이 드는 방법은 있다. 그러므로 2-OPT 알고리즘의 수행시간은 "조사해보는 2-change의 총 횟수 + 개선이 일어나서 해를 고치는 횟수 × 해를 고치는 데에 소요되는 시간"이다. 일반적인 TSP 예제에 대해 2-change를 몇 개나 조사해보는지, 개선이 몇 번이나 일어날지는 미리 알 수가 없다. 운이 가장 좋으면 개선이 거의 일어나지 않고 n^2에 비례하는 조사만으로 끝난다. 이때는 수행시간이 n^2에 비례한다. 그래서 적어도 n^2에 비례하는 시간이 든다고 말할 수밖에 없는 것이다.

참고로, 개선이 일어나는 횟수에 대한 실험 데이터에 의하면, 평면에 도시를 임의로 분포시킨 유클리디안 TSP의 경우, 임의로 만든 해로부터 시작하면 대체로 n보다는 $n\log n$에 더 가까운 횟수의 개선이 일어난다. 도시들이 유클리디안 평면에 있지 않고 도시들간의 거리가 임의로 정해진 TSP의 경우(이 경우 세 도시를 잇는 삼각형은 삼각부등식을 만족하지 않는다) 개선 횟수는 대체로 $n\log n$보다는 n에 가까운 경향을 보인다.

2. 3-OPT 알고리즘

2-OPT 알고리즘이 2개의 간선을 제거하고 다른 2개의 간선으로 대체하는 연산을 기본으로 하는 반면, 3-OPT 알고리즘은 3개의 간선을 제거하고 다른 3개의 간선으로 대체하는 3-change 연산을 기본으로 한다. 2개의 간선을 제거하면 더해져야 할 2개의 간선이 유일하게 정해지지만 3개의 간선을 제거하는 경우는 그렇지 않다. 제거할 3개의 간선이 정해지면 다른 3개의 간선으로 대체하는 방법은 [그림 8-3]과 같이 총 4가지다. 시간의 효율성을

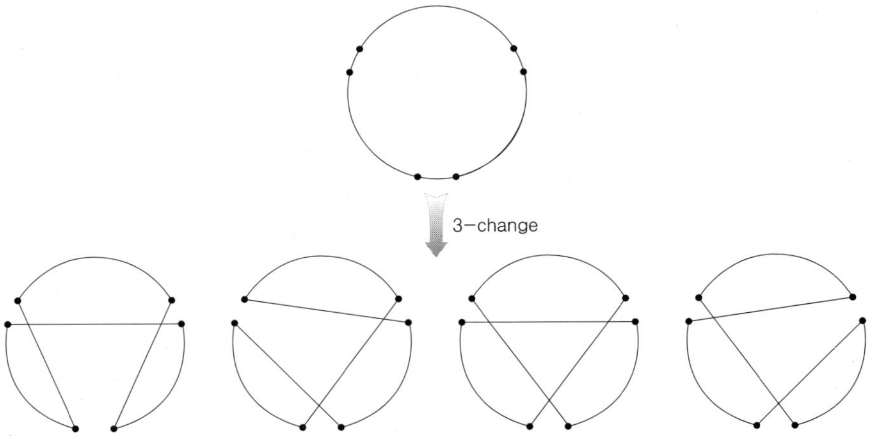

[그림 8-3] 4가지 3-change

위해 위의 4가지 3-change 중 특수한 하나만 택하는 약식 버전을 사용하기도 한다. 3-OPT 알고리즘은 가능한 3-change를 계속 시도해보면서 개선이 있으면 택하고 그렇지 않으면 없었던 일로 한다. 이런 식으로 해를 변경해가면서 어떠한 3-change로도 개선이 불가능할 때까지 수행한다.

수행시간은 개선이 얼마나 많이 일어나느냐에 따라 다르다. 그렇지만 맨 마지막에 어떠한 3-change로도 개선이 불가능하다는 것을 판단하기 위해서는 적어도 $\binom{n}{3}$ 가지의 간선 조합을 확인해보아야 한다. 그러므로 3-OPT의 수행시간은 적어도 n^3 이상의 증가율을 가진다(점근적 표현으로는 $\Omega(n^3)$). 2-OPT에서와 마찬가지로 3-OPT에서도 이렇게 하한치만 말할 수 있다. 개선이 일어나는 횟수에 대한 실험 데이터에 의하면, 평면에 도시를 임의로 분포시킨 유클리디안 TSP의 경우 3-OPT에서도 대체로 n보다는 $n\log n$에 가까운 횟수의 개선이 일어난다. 다만, 3-OPT가 2-OPT보다는 평균 개선 횟수가 더 작다.

3-OPT 알고리즘은 2-OPT 알고리즘에 비해 성능이 "훨씬" 좋다. 3-OPT로 인한 시간 증가를 감수할 가치가 있으면 3-OPT를 택하는 것이 좋다. 만일 유전 알고리즘에서 2-OPT 또는 3-OPT를 지역 최적화 엔진으로 사용한다면, 같은 시간 예산이 주어질 경우 2-OPT는 품질이 좀 떨어지는 대신 3-OPT보다 많이 시도해볼 수 있다. TSP와 같이 문제 공간이 복잡한 문제는 크기가 어느 정도 이상이 되면 대부분 여러 번의 2-OPT보다 한 번의 3-OPT가 더 유리하다. 그리고 실제로 3-OPT가 2-OPT에 비해 n배 가까이 시간

이 더 들지는 않는다(즉, n^2과 n^3의 차이만큼 나지 않는다). Johnson과 McGeoch(1997)의 실험에 의하면, 유클리디안 TSP의 경우 3-OPT가 2-OPT에 비해 대체로 3배 내외의 수행시간을 보인다. 더욱이 이 경향은 문제의 크기와도 별 상관성을 보이지 않는다. 구현 방법에 따라 차이가 날 수는 있지만 직관적인 예상보다 차이가 작은 것은 분명하다.

3. Or-OPT 알고리즘

Or-OPT는 특수한 형태의 3-change를 행하는 알고리즘으로 호기심을 많이 끈 알고리즘이다. Or(1976)가 제안한 이후 Golden과 Stewart(1985)에 의해 본격적으로 알려졌다. Or-OPT는 해에서 연속된 3개 이하의 도시를 추출하여 다른 위치의 연속된 두 도시 사이에 끼워 넣는다. 이 연산을 Or-change라 하자. 처음에는 3개의 연속된 도시를 추출하여 옮기고, 더 이상 개선이 없으면 2개의 연속된 도시를 옮기고, 더 이상 개선이 없으면 하나의 도시를 옮긴다. 시간은 2-OPT와 같은 증가율을 가진다. Or-OPT는 [그림 8-4]와 같이 특수한 형태의 3-change만을 행한다. 그림에서 모든 경우에 원래의 해에서 간선 3개가 바뀌는 것을 볼 수 있다.

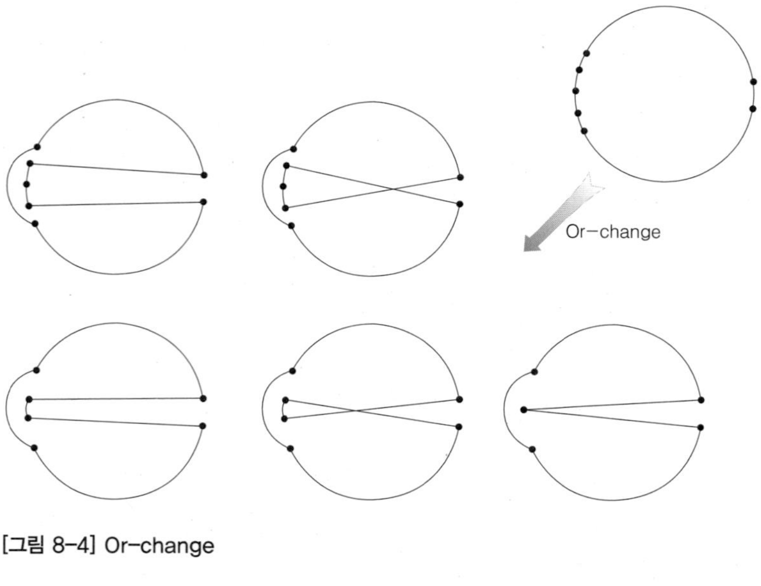

[그림 8-4] Or-change

Or-OPT는 Golden과 Stewart(1985)가 2-OPT의 수행시간을 가지면서 3-OPT에 근접한 품질의 해를 생산한다고 기술하면서 주의를 끌기 시작했다. 하지만 다른 연구자들의 실험 결과 3-OPT에 비해 전혀 매력이 없다고 판명되었고[Johnson and McGeoch, 1997], 2-OPT에 비해서도 성능이 더 못함이 보고되었다[Babin 등, 2006]. 결국 Golden과 Stewart의 과장된 주장으로 인해 상당 기간 과분한 평가를 받았던 셈이다.

4. Lin-Kernighan(LK) 알고리즘

2-OPT, 3-OPT, Or-OPT는 각 알고리즘이 사용하는 연산(2-change, 3-change, Or-change)을 통해 개선이 일어날 때만 해를 변형한다. 개선이 일어나지 않으면 절대 해를 변형하지 않는다. LK 알고리즘은 이들과 다른 순환적 개선(iterative improvement) 알고리즘이다. 7장에서 소개한 KL 알고리즘과 같은 원리를 사용한다.

LK 알고리즘은 7장에서 소개한 KL 알고리즘과 같은 사람들(Lin과 Kernighan)이 고안하였다. 저자들의 이름 순서만 바뀌었다. 전체적인 골격도 매우 유사하다. 주어진 TSP의 해를 찾는 LK 알고리즘은 초기해로부터 시작하여 간선을 하나 삭제하고 이 간선의 끝점에 연결된 다른 간선 중 가장 매력적인 간선을 하나 삽입한다. 같은 방법으로 또 다른 간선을 삭제하고 가장 매력적인 간선을 하나 삽입한다. 이때 새로 삽입되는 간선을 통해 연결된 정점은 다시 선택되지 못하도록 고정(lock)된다. 이런 과정을 더 이상 진행할 수 없을 때까지 반복하는 과정에서 이득의 합이 가장 큰 지점까지만 유효하게 하고 나머지는 없었던 것으로 한다. 이렇게 하면 하나의 새로운 해가 만들어진다. 이것을 초기해로 더 이상 개선이 없을 때까지 앞의 과정을 반복한다. 이 설명만으로는 아직 추상적이다. 알고리즘과 예를 가지고 더 자세한 설명을 하자.

[알고리즘 8-1]은 LK 알고리즘을 기술한 것이다. **do-until** 루프가 한번 순환할 때마다 한번의 큰 패스가 완료된다. 알고리즘에서 핵심적인 부분은 **for** 루프다. 매 **for** 루프의 시작점에서 해밀토니안 경로가 주어지고, **for** 루프가 한번 돌 때마다 새로운 해밀토니안 경로가 만들어진다. 새로운 해밀토니안 경로는 간선 하나를 제거하고 다른 간선 하나를 더함으로써 만들어진다. 좀 더 자세히 말하면, 현재의 해밀토니안 경로를 이루는 간선들 중 하나를 제거하고 나서 다른 간선(해밀토니안 경로로 복원하는 간선. 유일하다.)을 더했을 때 이득이 가장 큰 조합을 택해 새로운 해밀토니안 경로를 만든다. 알고리즘에서는 더해짐으로써

가장 이득이 큰 간선을 더하고 그로 인해 만들어지는 부분 싸이클의 첫 간선을 제거한다. 결국 마찬가지 이야기다. 알고리즘에서 정점 x의 이득(gain) $g(x)$는 간선 (u, x)의 길이 $w(u, x)$를 빼고 간선 (u, x)가 더해짐으로써 삭제되는 간선의 길이를 더한 것이다. 즉, 알고리즘에서 정점 x_i의 이득은 $w(x_i, y_i) - w(u, x_i)$이다. **for** 루프를 $n-1$바퀴 돈 다음 그 과정에서 저장해놓은 이득을 살펴 정점 x_k가 고정(lock)된 직후까지의 이득 합이 가장 크다면 그 이후의 작업은 없었던 것으로 한다. 그러면 s에서 시작하여 y_k에서 끝나는 해밀토니안 경로가 남는다. y_k와 s를 연결하여 새 해밀토니안 싸이클을 얻는다. 이것이 알고리즘의 ❶에서 이루어진다. 이로써 한 번의 **do–until** 루프가 마무리되고 다음 **do–until** 루프에서는 이 새 해를 초기해로 하여 앞의 과정을 반복한다. 이런 식으로 반복하다가 더 이상 개선이 없으면 LK 알고리즘은 종료한다.

[알고리즘 8-1] TSP를 위한 LK 알고리즘

```
do {
    시작 정점 s를 잡는다, lock[s] = YES;
    (s, u)를 삭제한다; ▷s에 인접한 두 간선 중 하나
    for i = 1 to n−1 {
        lock되지 않은 모든 정점 x에 대해 이득 g(x)를 계산한다;
                        ▷u에서 x로 연결될 때의 이득(gain)
        g()가 최대인 x_i를 택해 u−x_i를 잇는다; ▷간선 (u, x_i)를 더함.
        u−x_i를 이음으로써 만들어지는 싸이클의 첫 번째 간선 (x_i, y_i)를 삭제한다;
        u = y_i; lock[x_i] = YES;
    }
    Σ_{i=1}^{k} g(x_i)를 최대로 하는 k를 찾아 위의 과정 중 i>k에서 행해진 것은 없었던
    것으로 한다;
    y_k−s를 연결한다; ▷간선 (y_k, s)를 더함 ❶
    모든 정점에 대해 lock을 푼다;
} until (no improvement)
```

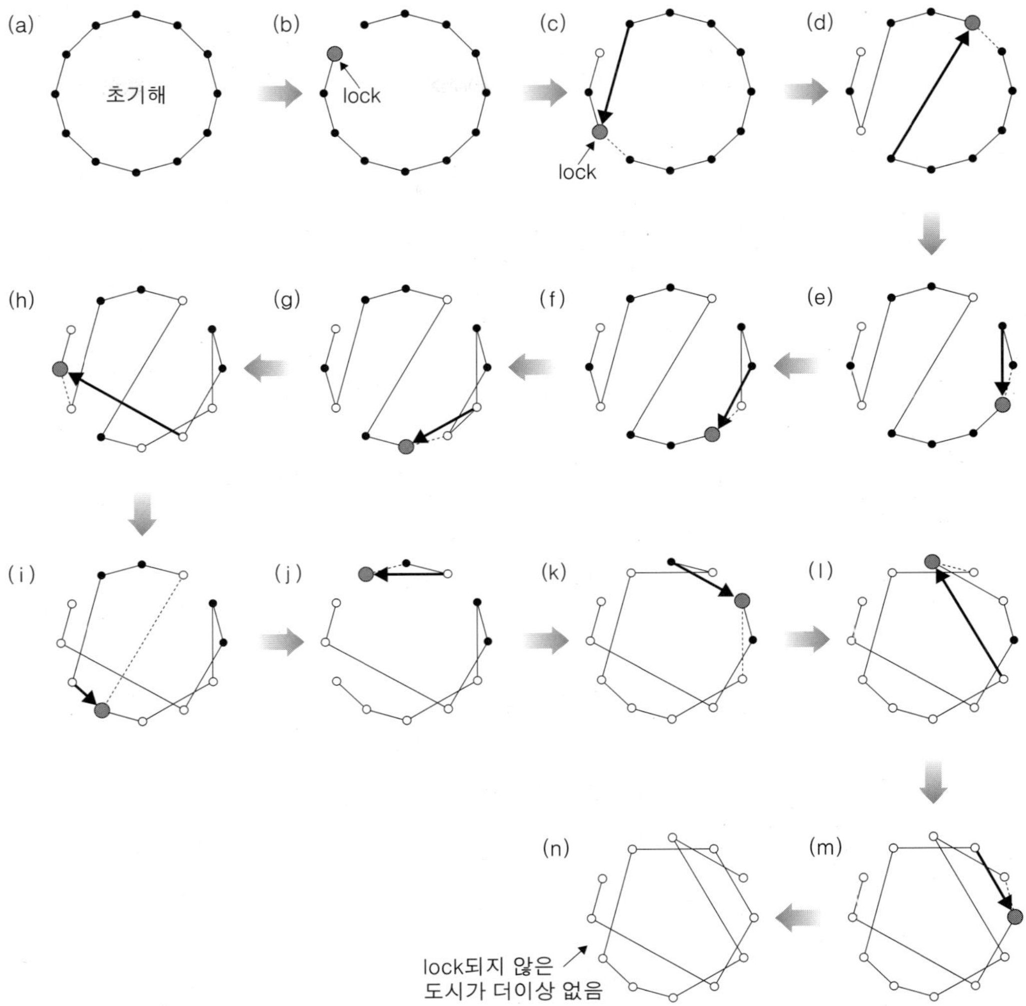

[그림 8-5] LK 알고리즘의 작동 과정을 보이는 예

LK 알고리즘을 가장 일반적으로 구현하면 [알고리즘 8-1]의 **do-until** 루프를 한번 순환하는 데 n^3에 비례하는 시간이 든다. **do-until** 루프가 수행되는 횟수는 거의 상수라고 볼 수 있어 루프를 한번 순환하는 시간이 전체의 점근적 시간을 좌우한다고 볼 수 있다. 구현 시에는 수행시간을 단축하기 위해 임의의 도시에서 연결할 가장 매력적인 도시를 찾을 때 모든 도시를 고려하지 않고 해당 도시에서 가장 가까운 20개(내지 40개)의 도시만을 고려하는 방법도 있다. 또 다른 변형으로 알고리즘의 for 루프를 $n-1$회까지 수행하지 않고 일부만 수행하는 방법도 있다. 이런 간소화로 인해 LK 알고리즘의 성능이 많이 떨어지지는 않는다.

[그림 8–5]는 LK 알고리즘의 작동 과정을 보이는 예다.

먼저 간선을 하나 제거한다(b). 이 결과로 해밀토니안 싸이클은 해밀토니안 경로가 된다. 그림에서 한 단계 진행할 때마다 하나의 간선을 더하고 다른 간선 하나가 제거되면서 다른 해밀토니안 경로를 이룬다. 매 단계마다 하나의 도시가 lock되며, 모든 도시가 lock될 때까지 진행한다. 그림에서 흰색으로 표시된 도시는 이미 lock된 도시다. 회색의 큰 원은 방금 lock된 도시다. 이 과정이 끝나면 이득의 합이 가장 큰 중간 단계를 판단하여 거기까지만 유효하도록 하고 나머지는 없었던 일로 한다. [그림 8–5]에서 (i)가 행해진 직후까지가 가장 이득의 합이 크다고 하자. 그러면 LK가 만드는 새로운 해는 [그림 8–6]과 같다. 즉, 해당 해밀토니안 경로의 두 끝 도시를 이어 해밀토니안 싸이클을 만든 것이다. 물론 그림은 설명을 돕기 위해 도시들을 원주 상에 놓은 것이고 실제 거리를 반영하는 것은 아니다. LK는 구현 방법에 따라 수행시간이 꽤 차이가 날 수 있는데, 잘 구현하면 수행시간도 3–OPT에 비해 별로 불리하지 않다. TSP의 지역 최적화 휴리스틱에 국한한다면 LK가 단연 챔피언이다. 최근에 LK를 개선한 Helsgaun(2000) 개량 버전(약칭 LKH)이 큰 인기를 끌고 있다.

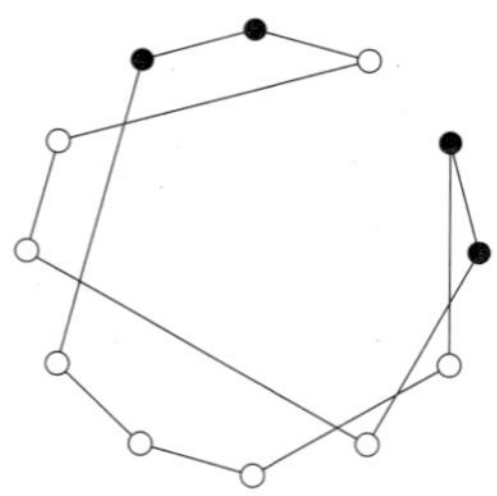

[그림 8–6] 그림 8–5에서 가장 품질이 좋은 해

Section

03 TSP를 위한 미미틱 유전 알고리즘

1. 알고리즘 개관

[알고리즘 8-2]는 전형적인 안정 상태 미미틱 유전 알고리즘의 구조다. 세대형 유전 알고리즘을 사용할 수도 있으나 안정 상태 유전 알고리즘은 새로 만들어진 해가 신속히 반영되는 장점이 있다. 단, 안정 상태 유전 알고리즘은 세대형에 비해 수렴이 빠르므로 교차나 변이 연산이 이를 보완할 수 있도록 설계하여야 한다. [알고리즘 8-2]가 전형적인 안정 상태 유전 알고리즘과 다른 점은 지역 최적화(local optimization) 부분이다. TSP와 같은 NP-Hard 문제의 경우, 지역 최적화의 성격이 전혀 가미되지 않은 순수 유전 알고리즘으로는 경쟁력이 없으므로 이것은 필수적으로 포함하는 것이 좋다.

[알고리즘 8-2] 미미틱 유전 알고리즘

```
p개의 초기해 생성;
do {
        해집단에서 parent1과 parent2 선택;
        offspring = crossover(parent1, parent2);
        mutation(offspring);
        local-optimization(offspring);
        replace(population, offspring);
} until (종료조건);
해집단에서 최우수 해를 리턴;
```

② 염색체 표현

TSP의 해를 유전 알고리즘에서 표현하는 방법은 다양하다. 1990년대 초까지는 거의 100% 순서 기반 표현을 사용하였다. 즉, 방문하는 도시를 순서대로 나열하는 방법이다. 예를 들면, 10개의 도시로 구성된 TSP에서 다음 염색체는 7–8–9–2–3–4–5–1–6–0–7 순으로 방문하는 싸이클을 의미한다.

7 8 9 2 3 4 5 1 6 0

이 표현은 단순하고 이해가 쉬우며 도시들간의 연관 관계를 잘 반영한다는 매력이 있다. 반면, 단점은 하나의 해에 대해 여러 개의 다른 염색체가 존재한다는 점이다. 위 염색체는 다음과 같이 의미가 같은 9개의 다른 염색체가 존재한다(이 외에도 순서가 정반대인 해가 같은 수만큼 존재하지만 이것은 논외로 한다).

8 9 2 3 4 5 1 6 0 7
9 2 3 4 5 1 6 0 7 8
2 3 4 5 1 6 0 7 8 9
. . .
. . .
0 7 8 9 2 3 4 5 1 6

이 단점을 개선하기 위해 제안된 방법이 위치 기반 표현이다. TSP를 위한 최초의 위치 기반 표현은 Bui and Moon(1994)에 의해 제시되었는데 이를 사용하면 위의 해는 다음과 같이 표현된다.

7 6 3 4 5 1 0 8 9 2

이 염색체는 도시 0 다음은 7, 도시 1 다음은 6, 도시 2 다음은 3, 도시 3 다음은 4, ..., 도시 9 다음은 2라는 의미를 가진다. 즉, 염색체를 나타내는 배열 $c[0 \cdots n-1]$의 원소 $c[i]$는 도시 i 다음에 방문되는 도시다. 이렇게 하면 하나의 해에 대해 유일한 염색체가 존재한다(물론 의미가 같은 반대 방향의 해가 하나 더 있지만 논외로 한다).

위에서 소개한 일차원 표현을 벗어날 수도 있다. TSP 문제가 주어지면 이를 일차원의 염색체로 바꾸는 과정에서 도시들간의 공간적 위치 정보는 상당 부분 손실된다. 이것은 교차의 시작 전에 교차에서 사용할 수 있는 정보가 상당 부분 손실되어 버림을 의미한다. 정점들의 공간적 분포 정보를 그대로 유지하면서 교차를 하는 방법도 있다[Jung and Moon, 2002]. 이 방법에서는 시각적인 해 자체가 염색체가 된다. 즉, 유전형과 표현형이 일치한다. [그림 8-7]은 TSP의 한 예로 이차원 평면에 도시들이 분포하고 있다. 이 도시들에 대한 해밀토니안 싸이클을 일차원 염색체로 표현하는 대신 시각적 이미지를 그대로 사용할 수 있다. 시각적 이미지를 그대로 사용한다고 해서 해밀토니안 싸이클의 그림을 사용하는 것은 아니다. 어떻게 다루는지 예를 들어보자.

[그림 8-8]은 시각적 염색체를 이용한 내추럴 교차 연산의 한 예다. 맨 위의 (a), (b)는 부모해에 해당하는 두 염색체다. 교차는 자연스런 손의 궤적을 흉내낸 하나 이상의 선에 의해 이루어진다. 그림은 하나의 궤적을 사용하고 있다. 그림의 궤적에 의해 도시들의 공간이 둘로 나누어진다. 전문적으로 표현하면 두 개의 동치군(equivalence class)으로 나누어지는 것이다. (c)에서 회색과 흰색 공간으로 나누어져 있음을 볼 수 있다. 각각의 공간은 각 부모해로부터 상속된다. 즉, 각 공간에서 부모해에 있는 간선들을 상속한다. 이렇게 하고 나면 온전한 해가 만들어지지 않고 부분적인 체인들이 만들어지는데 이것을 적당한 알고리즘으로 수선하여 온전한 해를 만든다(d). 예를 들어, 가장 매력적인 해를 만드는 방향으로 수선을 할 수 있다. 그림의 자식해에서 검정색으로 굵게 표시된 간선들이 부모해로부터 상속받은 것이다. 회색으로 표시된 간선들은 수선의 결과로 더해진 것이다.

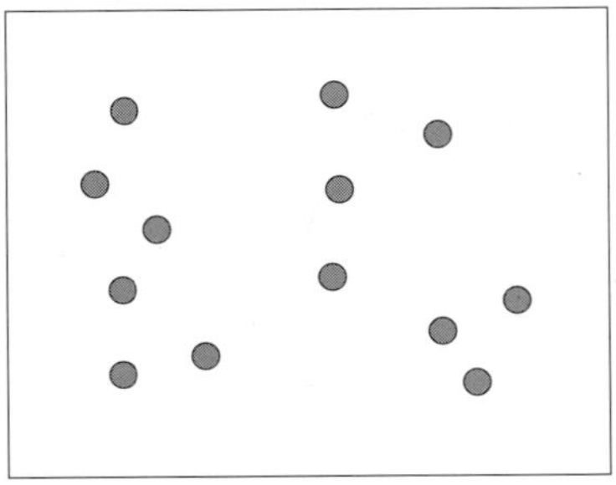

[그림 8-7] TSP의 한 예(도시 분포)

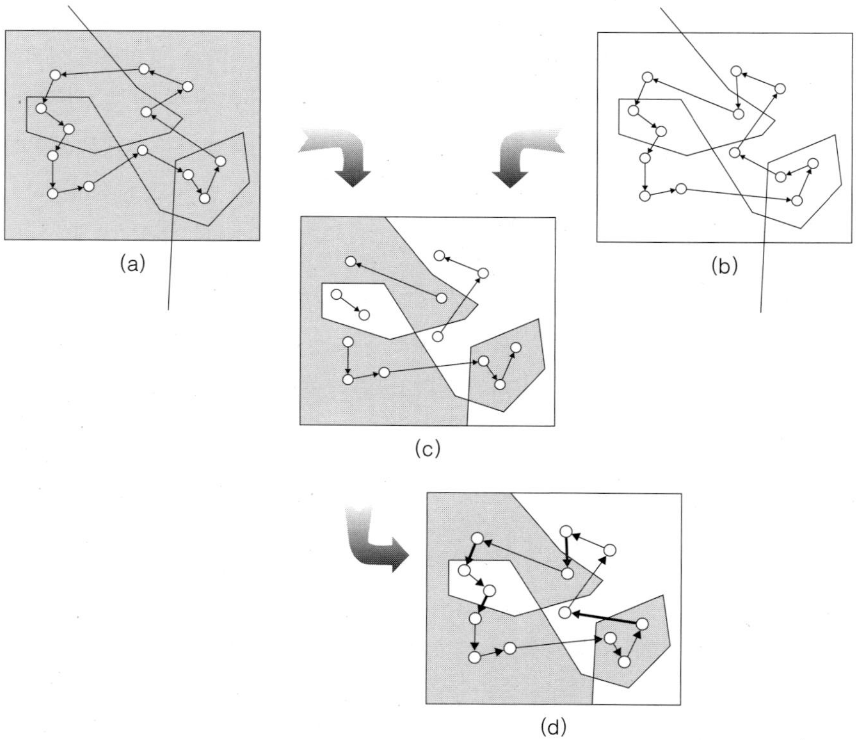

[그림 8-8] 내추럴 교차 연산의 예

교차는 시각적 이미지를 사용하지만 구현을 할 때도 이렇게 할 필요는 없다. 다만, 시각적 이미지를 다루는 효과를 내면 된다. 따라서 해는 그냥 편하게 표현하면 된다(예를 들면, 배열에 순열로 표시). 자름선의 궤적을 해석하여 각 도시들이 2개의 동치군 중 어느 쪽에 속하는지만 알 수 있으면 된다. 손의 궤적을 구현하는 것이 그리 쉬운 일은 아니어서 [Jung and Moon, 2002]에서는 여러 가지 도형들의 조합으로 이를 대치하였다.

염색체의 표현이 의미를 가지는 것은 교차 연산에서 사용될 때다. 즉, 염색체의 표현이라는 것은 유전 알고리즘이 해를 어떻게 저장하느냐 하는 것이 아니다. 교차 연산이 어떤 모양의 염색체를 대상으로 작업을 하느냐 하는 것을 말한다. 예를 들어, 해를 배열에 저장하지만 교차를 할 때 이의 이차원 이미지로 해석해서 사용한다면 염색체는 이차원 이미지인 셈이다. 즉, 염색체 표현이라는 것은 교차 연산이 염색체를 보는 관점인 것이다. 위의 내추럴 교차 연산의 예에서는 해의 표현형(의미)을 그대로 유전형(염색체)으로 삼은 것이다. 기존의 유전 알고리즘들에서는 이런 인식 없이도 전혀 지장이 없었는데, 대부분 해를 저장하기 위한 자료구조 상에서 교차가 일어났기 때문이다.

③ 초기화

우선 임의로 p개의 순열을 생성한다. 일반적으로 시간만 무제한으로 주어지면 해집단이 클수록 더 훌륭한 해를 만들어 낼 가능성이 높지만, 수행시간의 제약은 어디서나 존재한다. 미미틱 유전 알고리즘은 순수 유전 알고리즘보다 해집단의 크기를 작게 잡는 것이 일반적이다. 웬만한 미미틱 유전 알고리즘에서는 보통 50 정도면 충분하다. 심한 경우에는 10개 내외를 사용하기도 한다. 초기해를 휴리스틱을 사용하여 개선시킨 상태로 사용하는 경우도 있는데 미미틱 유전 알고리즘에 관한한 이렇게 한다고 해서 결과가 더 좋아지는 경우는 거의 없다.

④ 선택

해집단내의 각 해는 자신의 싸이클 길이로부터 계산된 적합도 값을 할당받는다. 해 i의 적합도 값 F_i는 다음과 같이 계산된다.

$$F_i = (C_w - C_i) + (C_w - C_b)/3$$

C_w: 해집단내에서 가장 나쁜 해의 길이

C_b: 해집단내에서 가장 좋은 해의 길이

C_i: 해 i의 길이

염색체는 적합도 값이 클수록 부모로서 선택될 확률이 높아진다. 위의 적합도 정의로부터 가장 좋은 염색체가 선택될 확률이 가장 나쁜 염색체가 선택될 확률보다 4배 높다는 사실을 알 수 있다. 이것은 3장에서 기술한 품질 비례 룰렛휠 선택의 전형적인 예인데, 유전 알고리즘에서 가장 흔히 사용되는 방법이다. 위의 F_i 식에서 분모의 3 대신에 k를 쓰면 선택 확률의 차가 최대 $k+1$배까지 난다. 이것은 선택압을 조절하는 인자로 사용할 수 있다.

5 교차 연산

TSP만큼 유전 알고리즘 연구자들의 관심을 많이 받은 주제도 드물다. 초기의 조합적 최적화 문제는 TSP가 지배하다시피 하였다. 따라서 TSP를 위한 많은 교차 연산들이 제안되었다. 3장에서 소개된 순서 교차, 싸이클 교차, PMX, 간선 재조합, 지오그래픽 교차, 내추럴 교차 등이 모두 TSP를 위해 고안된 교차 연산이다. 이 중 순서 교차, 싸이클 교차, PMX은 일차원 순열로 표현되는 염색체를 사용한다. 간선 재조합은 순열의 의미를 해석하여 재조합하므로 표현(저장) 방법은 중요하지 않다. 앞에서 언급한 위치 기반 표현을 사용한다면 전통적인 일점 교차나 다점 교차를 사용할 수 있다. 물론 단순 교차 후에는 해의 적법성이 깨지는 경우가 대부분이므로 수선을 해주어야 한다(순서 기반 표현에 일점 교차나 다점 교차를 사용할 수도 있으나 표현 방법과 교차의 철학이 서로 어울리지 않는다).

6 변이 연산

변이는 TSP의 경우 가장 단순한 부분이다. 어떤 표현을 쓰든지 일부 간선이 제거될 수밖에 없다. 알고리즘에서 미리 정한 변이의 비율만큼 일부 간선을 제거한다. 그러면 부분적인 체인들로 나누어진다. 이들을 수선하여 온전한 해로 만들어 낸다. 이 과정은 임의로 이루어질 수도 있고, 지역 최적화 방법으로 이루어질 수도 있다. 구현은 전혀 어렵지 않다.

7 지역 최적화

교차와 변이 연산을 행한 뒤에, 자손에 지역 최적화를 수행한다. 유전 알고리즘은 지역 최적점 근방에서의 미세 조정에 그리 능하지 않다. 순수한 유전 알고리즘은 보통 상당히 많은 시간을 쓰지만, 이러한 약점으로 인해 성능이 대부분 만족스럽지 않다. 지역 최적화를 수행하면 유전 알고리즘은 훨씬 더 빨리 수렴한다. 8.2절에서 여러 가지 지역 최적화 알고리즘들을 소개했는데, 여기서는 지역 최적화 알고리즘으로 단연 LK 알고리즘이나 LK의 변형을 권한다. 대부분의 경우 지역 최적화 알고리즘은 유전 알고리즘 수행시간의 절대적인 부분을 차지한다.

8 유전자 재배치

순서 기반 표현을 사용하는 경우 유전자들이 자동으로 재배치된다. 염색체로 표현형을 그대로 쓰는 경우 재배치는 논할 대상이 아니다. 위치 기반 표현을 사용하는 경우에는 일관성 있는 해의 표현이라는 매력이 있지만 문제에서 주어진 도시의 번호는 유용하지 않은 경우가 많다. 이런 경우에는 도시들의 번호를 다시 매기면 유전자들이 재배치된다. 가장 간단한 방법은 임의의 도시에서 시작하여 하나씩 방문해 가는데 방문되지 않은 도시 중 가장 가까운 도시부터 방문하는 방법이다. 이 방법을 최근접 이웃 우선(nearest neighbor) 방법이라 한다. 지리적으로 가까이 위치한 도시들의 연관 관계가 상대적으로 높으므로 이 방법은 상당히 효과가 있다. 다른 방법으로는 LK 알고리즘이나 3-OPT 같은 지역 최적화 알고리즘으로 좋은 해를 하나 얻은 후 이 해의 방문 순서로 도시의 번호를 매기는 방법이 있다. 필자도 TSP를 위한 위치 기반 유전 알고리즘을 다룰 때 주로 LK 알고리즘으로 재배치를 했다. 여기서 사용하는 LK 알고리즘은 지역 최적화에서 사용하는 LK와 같은 알고리즘이지만 목적이 전혀 다름을 유의하기 바란다. 유전자 재배치를 사용하는 경우에는 유전 알고리즘 시작전에 전처리 과정으로 수행한다.

9 대치

교차, 변이, 지역 최적화를 거쳐 새로운 해가 생성되면 해집단 내의 한 멤버를 그 새로운 해로 대치한다. 일반적인 안정 상태 유전 알고리즘의 대치 방법 중 하나를 선택하면 된다. 예를 들어, 해집단에서 가장 품질이 낮은 멤버를 새로운 해로 대치하거나, 교차에 사용한 부모해 중 품질이 낮은 해를 대치할 수도 있다. 새로 만들어진 해와 가장 유사한 해를 대치하는 방법도 있다. 다른 안정 상태 유전 알고리즘들과 특별하게 다를 것이 없다.

10 수행 중단 기준

해집단의 80%(상황에 따라 유동적)가 동일한 품질의 해들로 이루어질 때 (염색체들이 반드시 같을 필요는 없음) 중단한다. 최악의 경우를 대비해서 최대 세대수를 설정해 놓는다. 즉, LK 알고리즘의 최대 적용 횟수를 설정해 놓는다. LK 알고리즘을 지역 최적화 엔진으로 사용할 경우, 500 도시 내외의 유클리디안 TSP 같은 경우에는 해집단의 크기를 50으로 하면 보통 몇 백 세대 정도로 최적해를 찾는다. 문제의 크기가 커지면 이 상한은 올려주어야 한다.

Section

04 부언

누차 강조하지만, 다른 NP-Hard 문제들과 마찬가지로 문제의 사이즈가 어느 정도 이상 되면 지역 최적화 알고리즘을 사용하지 않는 순수 유전 알고리즘은 한계가 있다. 가장 강력한 지역 최적화 알고리즘이 반드시 가장 강력한 유전 알고리즘을 만드는 것은 아니지만, 문제가 어려울수록 대체로 가장 강력한 지역 최적화 알고리즘이 가장 강력한 성능을 보인다. TSP를 위한 지역 최적화 알고리즘들의 예로는 2-OPT, 3-OPT, Or-OPT, LK 알고리즘 등을 들 수 있는데 LK 알고리즘이 단연 제 1의 선택이다. 지역 최적화만큼 큰 영향을 미치지는 않지만 교차 연산도 영향을 미친다. 현재까지의 연구 결과로는 도시들의 지리적 관계를 잘 반영하는 교차 연산이 전통적인 교차 연산보다 좋은 성능을 보인다.

흔히들 혼란스러워하는데 지역 최적화 알고리즘이 가장 큰 영향을 미친다고 해서 유전 알고리즘의 나머지 부분의 기여를 과소평가해서는 안된다. 다른 부분이 영향을 덜 미친다고 해도 지역 최적화 못지 않게 중요하다. 지역 최적화 알고리즘이 양질의 해를 얻는 데 가장 큰 기여를 한다면 유전 알고리즘의 나머지 프로세스는 최고 품질의 해로 만드는 역할을 한다. 다음의 실험을 해보면 간단히 알 수 있다. 시간이 허락하는 한도내에서 초기해를 임의로 여럿 만들어 지역 최적화(유전 알고리즘에서 사용한 것과 같은 지역 최적화 알고리즘 사용)를 반복한 다음 이 과정에서 찾은 가장 좋은 해를 답으로 삼는 것을 멀티스타트(multi-start) 알고리즘이라 한다. 이 결과와 유전 알고리즘의 결과를 비교했을 때 그 차이가 유전 알고리즘의 프로세스가 기여하는 부분이다. 만일 멀티스타트 알고리즘과 유전 알고리즘이 거의 차이가 없다면 당신의 유전 알고리즘은 제대로 구현된 것이 아니고 흉내만 내고 있는 것이다.

Chapter 09

다른 스토캐스틱 탐색 기법들

* 학습목표

- 진화 알고리즘의 네 가지 갈래를 대략 살펴본다.
- 시뮬레이티드 어닐링, 큰스텝 마르코브 체인, 타부 서치의 원리를 이해하고 이들이 고안된 동기를 생각해본다.

Preview

진화와 체세포적인 변화(학습이나 사고까지도 포함한다)가 근원적으로 유사하며 양쪽 모두 본질적으로는 스토캐스틱한 과정이고 양자의 차이는 과정 작동의 기준이 되는 관념이 속해있는 논리계의 차이에 불과하다.

그레고리 베이트슨, 그의 저서 『정신과 자연』에서

진화 연산은 유전 알고리즘, 유전 프로그래밍, 진화 전략, 진화 프로그래밍으로 나누어진다. 이들은 초기에는 큰 차이를 보이는 비교적 독립적인 분파들이었지만 상당한 기간에 걸친 교류로 차이는 점점 감소되고 있다. 이 장에서는 이들을 간략하게 소개한다. 이어서 진화 연산 이외의 스토캐스틱 공간 탐색 기법들인 시뮬레이티드 어닐링, 큰스텝 마르코브 체인, 타부 서치를 소개한다. 이들이 지역 최적점을 탈출하기 위해 어떤 방법을 사용하는지 주의깊게 보기를 바란다.

Section

01 진화 연산의 다른 방법들

진화 연산은 유전 알고리즘, 유전 프로그래밍, 진화 전략, 진화 프로그래밍으로 나누어진다. 이의 유래는 약 50여년 전으로 거슬러 올라간다. 최소한 세 연구 그룹에서 진화의 원리를 문제 해결에 이용하는 방법을 독립적으로 연구하고 있었고, 이들의 차이로 인해 현재 유전 알고리즘, 진화 전략, 진화 프로그래밍이라는 이름으로 명명되었다. 80년대 중반 유전적 원리를 이용한 프로그램의 자동 생성에 관한 연구가 선보이면서 유전 프로그래밍이라는 독립된 분야도 한 분파로 인정되었다. 90년대 들어 이 분파들간의 교류가 활발해지면서 이들간의 특징이 뒤섞여 현재는 이러한 분류가 그다지 큰 의미가 없으나 관행적으로 써오던 자신들 분파의 이름을 그대로 쓰고 있다. 이 절에서는 이들 각 분파의 특징을 간략하게 설명한다.

1. 진화 전략

진화 전략(Evolution Strategies)은 1964년 무렵에 처음 소개되었다. 초기의 진화 전략은 Schwefel(1965)과 Rechenberg(1965)가 주도하였는데 하나의 해로 시작하여 이를 계속 바꾸어 가는 형태였다. 즉, 해집단의 크기가 1이고 변이 연산만을 사용하는 형태였다. 해집단의 크기가 1이었으므로 근본적으로 복수의 해를 결합하는 교차 연산은 가능하지 않았다. 1970년대 중반에 해집단의 크기가 2 이상인 형태가 도입되지만 초기에 변이만이 가능한 형태를 사용한 관계로 변이 연산쪽이 매우 이론적이고 다양하게 개발되었다. 또한 Bäck 등(1991)은 특수한 조건을 만족하는 연속 함수의 최적화 문제는 시간이 "충분히" 허용될 때 진화 전략에 의해 항상 최적해를 찾을 수 있다는 것을 보였다. 그러나 이것은 무제한의 시간이 허용됨을 가정하며 모든 가능한 해를 탐색해보는 전면탐색(exhaustive search)보다 시간이 덜 걸린다는 보장이 없어 실용적으로는 의미가 없는 결과다.

또한 진화 전략은 초기부터 실수 함수들을 대상으로 하여 산술적 최적화(numerical optimization)를 시도하였으므로 당연히 실수 표현을 사용하였다. 유전 알고리즘과 같이 해를 부분 결합할 일이 없었으므로 실수 그 자체가 해로 쓰였다. 따라서 교차 연산도 수의 크기를 중심으로 한 산술 연산을 사용하며 유전 알고리즘과 같은 패턴 중심의 교차 연산은 잘 사용하지 않는다. 진화 전략이 이산적 문제(discrete problem)에 적용되기 시작한 것은 1990년대에 들어서다 [Herdy, 1991].

진화 전략(최근의 진화 전략)과 유전 알고리즘의 가장 큰 유사점은 해집단을 사용한다는 것과 우수한 해들을 선호한다는 점이다. 우수한 해들이 선호되는 공통점은 있지만 진화 전략은 전통적으로 가장 우수한 순서로 선택을 하는 데 반해 유전 알고리즘은 확률적 우선권을 주어 반드시 우수한 해만 선택되지는 않는다.

2. 진화 프로그래밍

진화 프로그래밍(Evolutionary Programming)은 60년대에 Fogel, Owens, Walsh에 의해 유한 오토마타를 진화시키기 위한 목적으로 제시되었다. 해를 집단적으로 운영한다는 점과 전체적인 골격은 유전 알고리즘과 유사하나 진화 프로그래밍은 교차를 사용하지 않는다는 점이 특이한 사항이다. 이 분파의 연구자들은 교차가 전혀 필요 없는 연산이라고 주장한다. Goldberg는 Fogel, Owens, Walsh(1966)의 진화 프로그래밍 작업이 학계에서 거부된 사실이 1960년 말부터 1970년대 중반까지 유전 알고리즘에 대한 회의적인 시각을 만들어 냈다고 다소 불만 섞인 의견을 비친다 [Goldberg, 1989, p.105].

3. 유전 프로그래밍

유전 프로그래밍(Genetic Programming)은 John Koza에 의해 1980년대 중반에 명명되고 확립된 분야로 프로그램의 자동 생성을 위해 유전적 원리를 이용하는 분파다. 대부분 LISP 언어로 된 프로그램의 생성을 목표로 하며 LISP은 S−expression이라는 형태의 트리 구조로 표현할 수 있어 염색체는 트리의 모양을 가진다. 교차와 변이는 진화 연산의 네 분파 중 유일하게 트리 구조의 염색체를 대상으로 한다. 전체적인 구조는 유전 알고리즘과 유사하다.

트리의 리프 노드에는 숫자나 기호와 같은 입력값들이 들어가고, 인터널 노드에는 연산을 위한 함수들이 들어간다. 유전 프로그래밍을 위해서는 함수와 터미널의 종류를 미리 결정해 주어야 하는데 이것이 프로그래머가 해주어야 할 가장 중요한 작업 가운데 하나다. 다음은 함수의 몇 가지 예다.

- 산술 연산자: +, −, *, / 등
- 수학 연산자: sin, cos, exp, log 등
- 논리 연산자: and, or, not 등
- 조건 연산자: if−then−else 등
- 반복 연산자: repeat−until 등

[그림 9−1]은 산술식 $A*[(B*A)-\neg C]$를 트리 형태의 염색체로 표현한 것이다. 여기서 A, B, C는 터미널이고, *, −, ¬은 함수다. 아래에 유전 프로그래밍의 특징적인 연산자들을 소개한다.

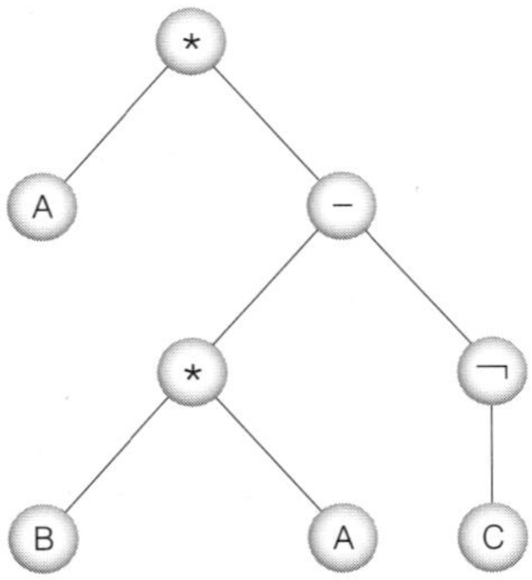

[그림 9−1] A*[(B*A)−¬C]의 트리 표현

교차는 두 개의 트리를 부분 결합하여 하나의 트리를 만들어 낸다. 방법은 한 트리의 일부를 잘라 다른 트리의 일부를 잘라낸 자리에 대치해 넣는다. [그림 9−2]는 유전 프로그래밍에서 교차의 예다. 잘려진 부분을 경계로 오른쪽 트리의 일부가 왼쪽 트리의 일부와 교환되었다.

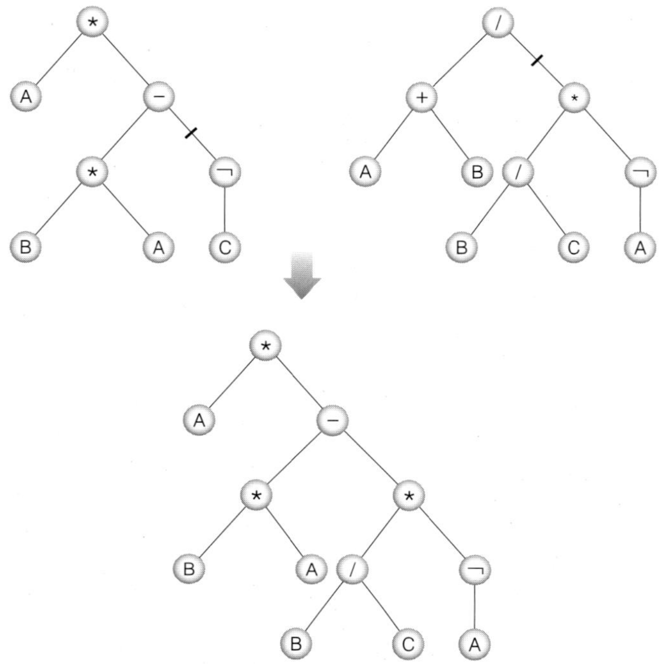

[그림 9-2] 유전 프로그래밍에서 교차의 예

[그림 9-3]은 유전 프로그래밍에서 변이의 예다. 임의로 선택된 지점의 아래 부분에 있는 부분 트리를 임의의 다른 부분 트리로 바꾼다. 바꾸어 넣는 부분 트리는 대부분 임의로 만들어진다.

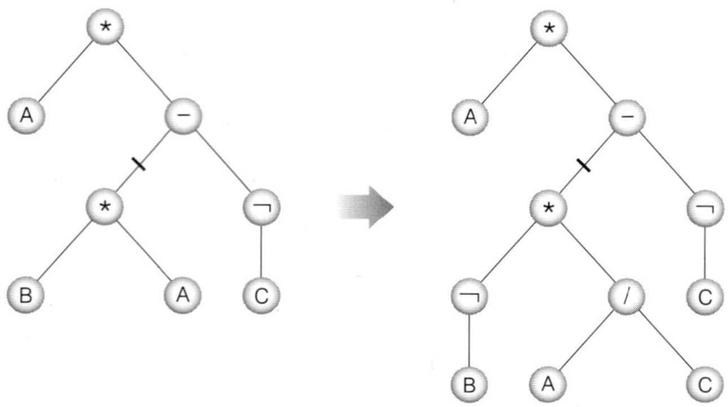

[그림 9-3] 유전 프로그래밍에서 변이의 예

Section

02 시뮬레이티드 어닐링(SA)

Kirkpatrick 등은 Metropolis Monte Carlo 알고리즘 [Metropolis 등, 1953]을 일반화하여 효율적인 탐색을 위한 온도 스케줄을 소개하였다. 시뮬레이티드 어닐링은 담금질의 통계 역학으로부터 유래한 최적화 기법이다. 줄여서 SA라고 부른다. 담금질을 할 때 초기에 금속이 뜨거울 때는 분자들이 높은 운동성을 갖고 금속의 온도가 내려감에 따라 운동성이 떨어지는 성질을 이용하여 금속의 조직을 치밀하게 한다. SA는 이러한 원리를 이용하는데 초기에는 온도 인자를 아주 높게 주어 해가 자유로이 이동할 수 있게 하고 시간이 지남에 따라 온도 인자를 떨어뜨려 해의 품질이 좋아지는 쪽으로의 이동을 강화시킨다.

시뮬레이티드 어닐링: simulated annealing, SA

SA는 본질적으로 언덕오르기(hill climbing) 휴리스틱을 변형한 것이다. 탐색 공간의 한 점에서 시작하여 임의로 이동(move)이 이루어진다. 이 때, 더 품질이 나은 지점으로 이동할 경우 그 이동은 받아들여진다. 이 이동을 긍정적 이동(positive move)이라 부른다. 반면, 품질이 더 나쁜 지점으로도 약간의 확률로 이동할 수 있다. 이를 부정적 이동(negative move)이라 부른다. 부정적 이동을 허용할 확률은 시간이 지남에 따라 감소한다. 부정적 이동을 빼면 SA는 항상 좋은 쪽으로만 이동하는 언덕오르기 방식과 유사하다. 부정적 이동은 SA에 탐험 능력을 제공한다. SA는 부정적 이동을 통해 지역 최적점을 벗어날 수 있다. 반면 SA는 이로 인해 고품질의 지역 최적점을 놓치는 경우도 있다.

SA를 이용한 가장 성공적인 결과는 VLSI 회로의 배치 도구인 TimberWolf[Sechen & Sangiovanni-Vincentelli, 1985; Sun & Sechen, 1995]다. TimberWolf는 십여 년에 걸쳐 개선되면서 상업적으로 사용되는 대표적인 SA 응용 예가 되었다. Johnson 등(1989)은 그래프 이등분 문제에 대한 연구에서 SA를 사용하여 고무적인 결과를 보고하였다.

[알고리즘 9-1]은 최대화 문제를 위한 시뮬레이티드 어닐링의 전형적인 구조다. 여기서 $f(s)$는 목적 함수다. ❶의 조건문 중 두 번째 조건이 s′과 s의 품질 차와 현재의 온도를 고려해서 s′의 품질이 s보다 떨어지더라도 s′을 취할 수 있도록 해주는 부분이다. 이 부분이 없어지면 시뮬레이티드 어닐링은 단순한 언덕오르기 기법과 유사해진다.

[알고리즘 9-1] 시뮬레이티드 어닐링

```
s = 초기해;
t = 초기 온도;

repeat {
        repeat {
                s' = perturb(s);
                if ( f(s') > f(s) or random() < e^((f(s')-f(s))/t) )  ❶
                then s = s';
        } until (온도조정 시간);
        온도 t 조정;
} until (종료조건);
```

Section

03 큰스텝 마르코브 체인(LSMC)

큰스텝 마르코브 체인(large-step markov chain)은 90년대 이후 활발히 이용되고 있는 공간 탐색 기법으로 교란과 지역 최적화를 결합한 탐색 방법이다. 줄여서 LSMC라 부른다. 임의의 지역 최적화 알고리즘은 초기해가 주어지면 초기해 근방에서 가장 좋은 해를 찾아낸다. 여기서 "초기해 근방"이라는 것은 지역 최적화 알고리즘들의 한계를 시사하는데, 지역 최적화 알고리즘들은 초기해에 따라 찾을 수 있는 해의 품질이 큰 차이가 날 수 있음을 의미한다. LSMC는 이러한 지역 최적화 알고리즘들의 한계를 극복하기 위해 지역 최적해를 구한 다음 그 곳을 기준으로 다시 교란을 한 후 지역 최적화 알고리즘을 적용하고, 이렇게 얻은 지역 최적해를 다시 교란 후 지역 최적화 알고리즘을 적용하고 하는 식으로 반복한다.

큰스텝 마르코브 체인: large-step markov chain, LSMC

[알고리즘 9-2]는 전형적인 LSMC의 구조다. ❶이 교란 부분이고 ❷가 지역 최적화 부분이며, ❸은 "교란+지역 최적화"의 결과로 바로 앞의 해보다 품질이 좋아지면 채용하고 나빠졌을 때도 약간의 확률로 이를 수용하는 부분으로 시뮬레이티드 어닐링에서 쓰는 방법을 차용해 온 것이다.

[알고리즘 9-2] LSMC의 전형적 구조

```
s = 초기해;
t = 초기 온도;

repeat {
        repeat {
                s' = perturb(s);  ❶
                s' = local-optimization(s');  ❷
                if (f(s') > f(s) or random() < e^((f(s')−f(s))/t))  ❸
                then s = s';
        } until (온도조정 시간);
        온도 t 조정;
} until (종료조건);
```

TSP는 LSMC가 가장 활발하게 이용되어 온 주제인데 지역 최적화 알고리즘으로는 2-OPT, 3-OPT, Lin-Kernighan 알고리즘 등이 주로 쓰이고, 교란을 위해서는 임의 교란, 더블브리지 킥무브(double-bridge kick-move) 등이 주로 쓰인다. Johnson 등(1997)은 TSP를 위한 접근법들 중 LSMC가 가장 좋은 선택이라고 말한다. Johnson은 LSMC를 아예 유전 알고리즘의 일종으로 분류하고 있다. TSP를 위한 LSMC에 대해 좀 더 상세한 학습을 원하는 사람들은 [Martin, Otto & Felten, 1991], [Hong, Kahng & Moon, 1997] 등을 참조하기 바란다. 최근에는 그래프 분할을 위해서도 LSMC를 채용한 연구가 소개되고 있다 [Fukunaga, Huang & Kahng, 1996].

LSMC 관련 연구에서 흔히들 온도를 0으로 고정함으로써 부정적 이동을 아예 배제해 버리기도 한다 [Martin, Otto & Felten, 1991]. Hong, Kahng, Moon(1997)은 TSP를 이용한 LSMC 연구에서 지역 최적화 알고리즘이 강력할수록 교란을 강하게 하는 것이 효과적임을 보였다.

Section

04 타부 서치

타부 서치는 Glover(1977)에 의해 제안된 공간 탐색 방법으로서 지역 최적점을 벗어나는 효율적 방법 중 하나다. 광범위한 문제에 적용되어 왔는데 대표적인 것으로는 TSP, 그래프 색칠, 작업 공정 스케줄링, 집적회로 설계, 시간표 작성 등이 있다.

타부 서치: Tabu Search

일반적인 탐색 방법들은 과거에 방문한 적이 있는 해들을 반복적으로 방문함으로써 시간 예산을 비효율적으로 많이 사용한다. 타부 서치는 최근에 방문한 적이 있는 해들의 목록을 유지하면서 이들에 대한 반복적인 방문을 피함으로써 공간 탐색의 효율을 꾀한다.

[알고리즘 9-3]은 타부 서치의 전형적 구조다.

[알고리즘 9-3] 타부 서치의 전형적 구조

```
▷ N(s): solution s의 neighborhood
▷ T: 타부 리스트
▷ A: aspiration function
s = 초기해;
T=φ;
repeat {
        s′ =the best solution in N(s);
        if (s′ ∉ T or f(s′) > A(s))
        then {
                s=s′;
                update T and A;
        }
} until (종료조건);
```

여기서 aspiration function이란 새 해가 타부 리스트에 있더라도 특히 매력적인 경우는 예외를 두기 위한 것이다. 이것은 적당한 함수를 고안함으로써 강약을 조절할 수 있다. 물론 이 기본 구조에 다른 휴리스틱이나 접근법들이 결합되어 시너지 효과를 일으키도록 할 수 있다. 타부 서치 관련 연구 중에서 인상적인 것 중 하나로 Battiti와 Bertossi(1999)에 의한 그래프 이등분을 위한 타부 서치를 들 수 있다. 이들은 기본적인 타부 서치 구조에 지역 최적화 알고리즘을 결합한 혼합형 타부 서치를 사용하였다. 이 연구는 그래프 이등분 문제에 대해 당시까지 알려진 가장 강력한 결과를 보여주었다.

Epilogue

맺음말

데카르트적 형태로만 기능하는 인간을 어떻게 성격지워야 할까 자문해 보았다.
나는 이것 역시 일종의 광기일 거라고 결론지었다. 그것이 우리들을 지배하는 문화의 광기다.

프리초프 카프라

20세기를 지배한 사고 방식 중 가장 중요한 것은 데카르트-뉴튼의 결정론적 사고 방식이다. 이것은 유물론적이고 일차원적인 사고 방식을 전파시키는 데 큰 역할을 하였다. 문제를 대할 때도 원인과 결과가 선형적 관계를 가지는 단순 관계의 발견을 주로 추구한다. 이것은 근세 이전까지의 주술적 사고 방식을 "과학적" 사고 방식으로 변화시키는 데 더없는 역할을 하였으나 이제는 더 이상 "과학적"이라는 표현을 대표하지 못한다. 어떤 관점에서 보면 이것은 문화적 집단광기였을 수도 있다. 유전 알고리즘은 20세기 말부터 본격적으로 관심을 끌기 시작한 비선형적 관계 중심의 사고 방식이 적용되는 좋은 예다. 사람의 사고 방식이나 집단의 문화처럼 유전 알고리즘도 점차적으로 추상화의 레벨을 높여간다. 유전 알고리즘이 교차를 통해 하위의 빌딩 블록들을 결합하고 변이를 통해 새로움을 받아들이는 과정을 주의깊게 관찰해보면 우리 자신의 정신이나 문화 · 생태계 · 경제계 등의 진화 과정과 유사하다.

이 책에서는 유전 알고리즘의 기초적인 사항과 이론적인 면, 응용 예와 관련 기법 등에 대해 기술하였다. 유전 알고리즘이 현재 가장 효과적인 공간 탐색 능력을 가진 대표적인 기법인 것은 분명하나 모든 문제를 쉽게 해결해주는 마법의 손은 아니다. 순수 유전 알고리즘은 넓은 탐색 능력을 가진 대신 지역 최적점 근처에서의 미세 조정 기능은 약하고, 일정 규모 이상의 문제에 대해서는 다소 낭비라 할 정도로 시간을 소비할 수 있다.

유전 알고리즘은 해를 집단적으로 운영하므로 일부 과정에서 파괴적인 현상이 발생하더라도 다른 해에서 복원할 수 있다는 점에서 결함에 대한 내성이 강한 편이다. 또한 교차는 기존의 해들의 특성을 부분 조합하여 새로운 해를 만들어 내므로 과거의 기록을 효율적으로 이용하는 매력적인 성질을 갖고 있다. 교차가 과거의 해들에 있는 특성을 부분 결합하는 데 반해 변이는 과거의 해에 없는 특성을 발현 가능하게 해준다. 유전 알고리즘이 교차와 변이의 상이한 공간 탐색 유형을 결합함으로써 시너지 효과를 얻는다고 볼 수 있다. 유전 알고리즘을 사용하는 응용 예들은 분야를 가리지 않고 쏟아져 나오고 있다. 1997년은 전기 · 전자 · 컴퓨터 분야의 대표적 저널인 IEEE 저널에 진화 연산 전문 트랜잭션인 IEEE Transactions on Evolutionary Computation이 생김으로써 이 분야의 독립성과 중요성이 공인된 해이기도 하다. 그러나 이 분야의 연구의 수준은 오랜 세월에도 불구하고 아직 성숙기에 접어들지는 못한 상태고, 습작 수준의 많은 논문들이 이 분야의 신뢰도를 떨어뜨리고 있는 것도 사실이다.

우리는 1980년대 초 인공 지능이 각광을 받으며 연일 언론의 스포트라이트를 받던 시절을 냉정하게 돌이켜 볼 필요가 있다. 초기의 이벤트 지향 학자들은 자신의 연구를 돋보이게 하기 위해 인공 지능이 해줄 수 있는 일 이상으로 환상적인 이미지를 만들려고 애를 쓴 경향이 있었으며, 언제나 스타를 필요로 하는 언론은 한 술 더 떠서 맞장구를 쳐댔다. 10년만 지나면 인간과 똑같은 지능과 능력을 가진 로봇이나 시스템이 출현할 것 같은 분위기였다. 이렇게 인공 지능에서 진을 뺀 언론은 80년대 말부터는 인공 신경망을 차세대 스타로 부각시켰다. 또다시 10년 정도 있으면 인간의 두뇌와 똑같은 신경망 컴퓨터가 나오기라도 할 것처럼 법석을 떨었다. 어느 만큼의 시간이 지난 지금은 그러한 것이 과장된 것이고 독자의 흥미를 끌어야 하는 저널리즘의 폐해였음이 드러나고 있다. 인공 지능과 신경망은 지금도 많은 지적인 연구자들을 끌어들이고 있고 학문의 발전에 많은 기여를 하고 있지만 한창 때와 같은 대중적 열기는 없어졌다. 과연 학문을 하는 데 있어 대중적인 열기가 얼마나 필요한가에 대해서는 이 두 분야의 세속적 시행착오를 곱씹어 보아야 할 것이다. 이것은 연구자들 자신과 언론에 많은 책임이 있다.

최근에 복잡성 과학이 부상하고 있다. 아인슈타인, 폰 노이만 등이 있었던 고등연구소 이래로 최고의 석학들이 모였다는 산타페 연구소를 중심으로 복잡성 관련 연구는 급속히 확장되고 있다. 유전 알고리즘은 복잡성 과학에서 중요한 한 축을 차지하고 있어 이 분야의 발전과 더불어 발전하는 혜택을 누리게 될 것이다. 존 홀랜드는 80년대 후반 이후 산타페 연구소의 연구 방향을 적응적 복잡계 연구로 선회하도록 할 만큼 큰 영향을 미치고 있다. 연구는 크게 문제 해결에 목적을 둔 방향과 인류 · 동물 사회 · 생태계 등의 설명에 목적을 둔 방향으로 나누어져 발전해 갈 것이다. 유전 알고리즘은 복잡성 과학과 함께 더더욱 많은 관심을 끌 것이다. 건전한 발전을 위해서는 과거에 인공 지능과 신경망이 밟았던 과대 포장의 전철을 밟지 않도록 조심스럽게 다루어야 할 것이다. "모든 문제를 해결할 수 있는 신비스런 진화에 기초한 알고리즘"과 같은 식으로 표현되는 것을 경계해야 할 것이다. 가능성은 크지만 약점과 한계를 갖고 있는 기법이라는 점도 분명히 해야 할 것이다. 그리고 그 기본 구조가 단순하여 적용하기가 용이한 반면, 알고리즘 · 수학 등과의 유기적 결합에 의해서 큰 문제에 대하여 제대로 된 결과를 내는 학제적 성격이 강한 학문임도 잊지 말아야 할 것이다.

[1] P. Adamidis, *Co-operating Populations – Improving the Performance of Parallel Genetic Algorithms with Co-operating Populations with Different Evolution Behavior*, Ph.D. thesis (Brief English version in http://skiron.control.ee.auth.gr/TRs.html), 1997.

[2] P. Adamidis, "On the parallelization of artificial neural networks and genetic algorithms," *International Journal of Computer Mathematics*, 67:105–125, 1998.

[3] J. Aizawa, C. Hsu, S. Yamada, H. Fujikawa and K. Shida. "An effectiveness analysis of genetic operators for TSP," *European Congress on Intelligent Techniques & Soft Computing – Volume 1*, 1998.

[4] C. Anderson, K. Jones, and J. Ryan, "A two-dimensional genetic algorithm for the Ising problem," *Complex Systems*, 5:327–333, 1991.

[5] J. Antonisse, "A new interpretation of schema notation that overturns the binary encoding constraint," *International Conference on Genetic Algorithms*, pp.86–91, 1989.

[6] S. Arora, "Polynomial time approximation schemes for Euclidean traveling salesman and other geometric problems," *Journal of ACM*, 15(5):753–782, 1998.

[7] R. Axelord, *The Evolution of Cooperation*, Basic Books, 1984.

[8] R. Axelord, "The evolution of strategies in the Iterated Prisoner' s Dilemma," in *Genetic Algorithms and Simulated Annealing*, L. Davis, Ed., Morgan Kaufmann, 1987.

[9] G. Babin, S. Deneault, and G. Laporte, "Improvements to the Or-opt for the symmetric traveling salesman problem," *Journal of the Operational Research Society*, 58:402–407, 2002.

[10] T. Bäck, F. Hoffmeister, and H.-P. Schwefel, "A survey of evolutionary strategies," *International Conference on Genetic Algorithms*, pp.2–9, 1991.

[11] T. Bäck and H.-P. Schwefel, "An overview of evolutionary algorithms for parameter optimization," *Evolutionary Computation*, 1(1):1–23, 1993

[12] J. Bagley, *The Behavior of Adaptive Systems Which Employ Genetic and Correlation Algorithms*, Doctoral dissertation, University of Michigan, 1967. (*Dissertation Abstract International*, 28(12))

[13] S. Baluja, "A massively distributed parallel genetic algorithm (mdpGA)," *TR CMU-CS-92-196*, School of Computer Science, Carnegie Mellon University, 1992.

[14] H. Barbosa, "A coevolutionary genetic algorithm for a game approach to structural optimization," *International Conference on Genetic Algorithms*, pp.545–552, 1997.

[15] R. Battiti and A. Bertossi, "Greedy, prohibition, and reactive heuristics for graph partitioning," *IEEE Trans. on Computers*, 48(4):361– 385, 1999.

[16] D. Beasley, D. Bull, and R. Martin, "Reducing epistasis in combinatorial problems by expansive coding," *International Conference on Genetic Algorithms*, pp.400–407, 1993.

[17] K. Boese, A. Kahng, and S. Muddu, "A new adaptive multi-start technique for combinatorial global optimization," *Operations Research Letters*, 16:101-113, 1994.

[18] J. Bosworth, N. Foo, and B. Zeigler, *Comparison of Genetic Algorithms with Conjugate Gradient Methods*, CR-2093, National Aeronautics and Space Administration, 1972.

[19] G. Box, "Evolutionary operation: A method for increasing industrial productivity," *Journal of the Royal Statistical Society C*, 6(2):81-101, 1957.

[20] H. Bremermann, "Optimization through evolution and recombination," *Self-Organizing Systems, Spartan Books*, 1962.

[21] D. Britten, J. Williams, and C. McMahon, "A genetic algorithm approach to planning the telecommunication access network," *International Conference on Genetic Algorithms*, pp.623-628, 1997.

[22] T. Bui and P. Eppley, "A hybrid genetic algorithm for the maximum clique problem," *International Conference on Genetic Algorithms*, pp.478-484, 1995.

[23] T. Bui and B. Moon, "Hyperplane synthesis for genetic algorithms," *International Conference on Genetic Algorithms*, pp.102-109, 1993.

[24] T. Bui and B. Moon, "A new genetic approach for the traveling salesman problem," *IEEE Conference on Evolutionary Computation*, pp.7-12, 1994a.

[25] T. Bui and B. Moon, "Analyzing hyperplane synthesis in genetic algorithms using clusterd schemata," *Parallel Problem Solving from Nature - III, Lecture Notes in Computer Science*, Vol. 806, pp.108-118, 1994b.

[26] T. Bui and B. Moon, "On multi-dimensional encoding/crossover," International *Conference on Genetic Algorithms*, pp.49-56, 1995.

[27] T. Bui and B. Moon, "Genetic algorithm and graph partitioning," *IEEE Trans. on Computers*, 45(7):841-855, 1996.

[28] T. Bui and B. Moon, "GRCA : A hybrid genetic algorithm for circuit ratio-cut partitioning," *IEEE Trans. on CAD*, 17(3):193-204, 1998.

[29] L. Bull, T. Fogarty, and M. Snaith, "Evolution in multi-agent systems: Evolving communicating classifier systems for gait in a quadruped robot," *International Conference on Genetic Algorithms*, pp.382-388, 1995.

[30] A. Buzo and A. Gray, "Speech coding based upon vector quantization," *IEEE Trans. Acoustics, Speech, and Signal Processing*, 28(5):562-574, 1985.

[31] M. Candido, S. Khator, and R. Barcia, "A genetic algorithm based procedure for more realistic job shop scheduling problems," *International Journal of Production Research*, 36(12):3437-57, 1998.

[32] R. Caruana and J. Schaffer, "Representation and hidden bias: Gray vs. binary coding for genetic algorithms," *International Conference on Machine Learning*, 1988.

[33] L. Castillo and A. Gonzalez, "Distribution network optimization: Finding the most economic solution by using genetic algorithms," *European Journal of Operations Research*, 108(3):527–37, 1998.

[34] D. Cavicchio, *Adaptive Search Using Simulated Evolution*, Unpublished doctoral dissertation, University of Michigan, Ann Arbor, 1970.

[35] Y. Chen, T. Yu, K. Sastry, and D. Goldberg, "A survey of linkage learning techniques in genetic and evolutionary algorithms," IlliGAL Report No. 2007014, University of Illinois, Urbana–Champaign, 2007.

[36] S. Choi and B. Moon, "More effective genetic search for the sorting network problem," *Genetic and Evolutionary Computation Conference*, pp.335–342, 2002.

[37] S. Choi and B. Moon, "Normalization in genetic algorithms," *IEEE Trans. on Evolutionary Computation* (Accepted).

[38] S. Choi and B. Moon, "Isomorphism, normalization, and a genetic algorithm for sorting network problem," *Genetic and Evolutionary Computation Conference*, pp.327–334, 2002.

[39] S. Choi and B. Moon, "A new approach to the sorting network problem evolving parallel layers," *Genetic and Evolutionary Computation Conference*, pp.258–265, 2001.

[40] N. Christofides, "Worst–case analysis of a new heuristic for the traveling salesman problem," *Symposium on New Directions and Recent Results in Algorithms and Complexity*, p.441, 1976.

[41] J. Cohoon, S. Hegde, W. Martin, and D. Richards, "Punctuated equilibria: A parallel genetic algorithm," *International Conference on Genetic Algorithms*, pp.148–154, 1987.

[42] J. Cohoon and W. Paris, "Genetic placement," *IEEE Trans. on Computer–Aided Design*, 6(6):956–964, 1987.

[43] J. Cohoon and D. Paris, "Genetic placement," *International Conference on Computer–Aided Design*, pp.422–425, 1986.

[44] P. Collard and A. Gaspar, " 'Royal–road' landscapes for a dual genetic algorithm," *European Conference on Artificial Intelligence*, pp.213– 217, 1996.

[45] R. Collins and D. Jefferson, "Selection in massively parallel genetic algorithms," *International Conference on Genetic Algorithms*, pp.249–256, 1991.

[46] A. Colorni, M. Dorigo, and V. Maniezzo, "Genetic algorithms and highly constrained problems: The time–table case," *Parallel Problem Solving from Nature, Lecture Notes in Computer Science*, 496:56–59, 1991.

[47] P. Darwen and X. Yao, "Speciation as automatic categorical modularization," *IEEE Trans. on Evolutionary Computation*, 1(2):101- 108, 1997.

[48] Y. Davidor, "Epistasis variance: Suitability of a representation to genetic algorithms," *Complex Systems*, 4:369–383, 1990.

[49] L. Davis, "Applying adaptive algorithms with epistatic domains," *International Joint Conference on Genetic Artificial Intelligence*, pp.162–164, 1985.

[50] L. Davis, "Job shop scheduling with genetic algorithms," *International Conference on Genetic Algorithms*, pp.136–140, 1985.

[51] L. Davis, *Handbook of Genetic Algorithms*, Van Nostrand Reinhold, 1991.

[52] K. DeJong, An Analysis of the Behavior of a Class of Genetic Adaptive Systems, Doctoral dissertation, University of Michigan, 1975. (*Dissertation Abstracts International*, 36(10), 5140B)

[53] K. DeJong and W. Spears, "A formal analysis of the role of multi–point crossover in genetic algorithms," *Annals of Math. AI Journal*, pp.1–26, 1987.

[54] C. Del Carpio, "A parallel genetic algorithm for polypeptide three dimensional structure prediction. A transputer implementation," *Journal of Chemical Information and Computer Sciences*, 36(2):258–69, 1996.

[55] V. Delport, "Codebook design in vector quantization using a hybrid system of parallel simulated annealing and evolutionary selection," *Electronics Letters*, 32(13):1158–1160, 1996.

[56] G. Drescher, "Evolution of 16–Number sorting networks revisited," Unpublished Manuscript, 1994.

[57] A. Eiben, I. Sprinkhuizen–Kuyper, and B. Thijssen. "Competing crossovers in an adaptive GA framework," *IEEE International Conference of Evolutionary Computing*, pp.781–792, 1998.

[58] H. Esbensen, "Computing near–optimal solutions to the Steiner problem in a graph using a genetic algorithm," *Networks*, 26(4):173–85, 1995.

[59] F. Ferderman and S. Dorchak, "Information theory and NEXTPITCH: A learning classifier system," *International Conference on Genetic Algorithms*, pp.442–448, 1997.

[60] C. Fiduccia and R. Mattheyses, "A linear time heuristic for improving network partitions," *19th ACM/IEEE Design Automation Conference*, pp.175–181, 1982.

[61] D. Fogel, "Evolving behaviors in the Iterated Prisoner' s Dilemma," *Evolutionary Computation*, 1(1):77–97, 1993.

[62] L. Fogel, A. Owens, and M. Walsh, *Artificial Intelligence through Simulated Evolution*, Wiley, 1966.

[63] C. Fonseca and P. Flemming, "Genetic algorithms for multiobjective optimization: Formulation, discussion, and generalization," *International Conference on Genetic Algorithms*, pp.416–423, 1993.

[64] S. Forrest and T. Jones, "Modeling complex adaptive systems with Echo," *Complex Systems: Mechanics of Adaptation*, R. Stonier and X. Yu (Eds), IOS Press, pp.3–21, 1994.

[65] G. Friedman, "Digital simulation of an evolutionary process," *General Systems Yearbook*, 4:171–184, 1959.

[66] A. Fukunaga, D. Huang, and A. Kahng, "Large–step Markov chain variants for VLSI netlist partitioning," *IEEE International Symposium on Circuits and Systems*, pp.496–499, 1996.

[67] M. Garey and D. Johnson, *Computers and Intractability: A Guide to the Theory of NP–Completeness*, Freeman, 1979.

[68] F. Glover, "Tabu search: Part I," *ORSA Journal of Computing*, 1(3):190–206, 1977.

[69] D. Goldberg, *Genetic Algorithms in Search, Optimization, and Machine Learning*, Addison–Wesley, 1989.

[70] D. Goldberg, *Computer–Aided Pipeline Operation Using Genetic Algorithms, Ph.D. Dissertation*, University of Michigan, 1983.

[71] D. Goldberg, K. Deb, H. Kargupta, and G. Harik, "Rapid, accurate optimization of difficult problems using fast messy genetic algorithms," *International Conference on Genetic Algorithms*, pp.56 –64, 1993.

[72] D. Goldberg, K. Deb, and B. Korb, "Messy genetic algorithms revisited: Studies in mixed size and scale," *Complex Systems*, 4:415–444, 1990.

[73] D. Goldberg, B. Korb, and K. Deb, "Messy genetic algorithms: Motivation, analysis, and first results," *Complex Systems*, 3:493–530, 1989.

[74] D. Goldberg and R. Lingle, "Alleles, loci, and the traveling salesman problem," *International Conference on Genetic Algorithms*, pp.154 –159, 1985.

[75] D. Goldberg and J. Richardson, "Genetic algorithms with sharing for multimodal function optimization," *International Conference on Genetic Algorithms*, pp.41–49, 1987.

[76] B. Golden and W. Stewart, "Empirical analysis of heuristics," *The Traveling Salesman Problem: A Guided Tour of Combinatorial Optimization*, E. Lawler et al(Editors), Wiley, pp.207–249, 1985.

[77] K. Helsgaun, "An effective implementation of the Lin–Kernighan traveling salesman heuristic," *European Journal of Operations Research*, 126:106–130, 2000.

[78] I. Hong, A. Kahng, and B. Moon, "Improved large–step Markov chain variants for the symmetric TSP," *Journal of Heuristics*, 3(1):63–81, 1997.

[79] M. Green, "Some improvements in nonadaptive sorting algorithms," Technical Report, Stanford Research Institute, Menro Park, CA, 1969. (또는 D. Knuth, *The Art of Computer Programming*, Vol. 3, *Searching and Sorting*, pp.228–229, 1973)

[80] W. Green, "A genetic algorithm with self–distancing bits but no overt linkage," *Genetic and Evolutionary Computation Conference*, pp.367–374, 2002.

[81] G. Harik and D. Goldberg, "Learning linkage through probabilistic expression," *Computer Methods in Applied Mechanics and Engineering*, 186:295–310, 2000.

[82] M. Herdy, "Applicaton of the evolution strategy to discrete optimization problems," *Parallel Problem Solving From Nature I, Lecture Notes in Computer Science*, 496:188–192, Springer–Verlag, 1991.

[83] D. Hillis, "Co–evolving parasites improve simulated evolution as an optimization procedure," *Artificial Life II*, C. Langton et al. (Eds.), pp.313–324, 1992.

[84] G. Hinton and S. Nowlan, "How learning can guide evolution," *Complex Systems*, 1:495–502, 1987.

[85] J. Holland, *Adaptation in Natural and Artificial Systems*, MIT Press, 1992.

[86] J. Holland, "Outline for a logical theory of adaptive systems," *Journal of ACM*, 3:297–314, 1962.

[87] J. Holland, "Royal road functions," *Genetic Algorithm Digest*, Vol. 7, Issue 22, 1993.

[88] J. Holland, "Echoing emergence: Objectives, rough definitions, and speculations for echo–class models," In G. Cowan et al (Eds.), *Complexity: Metaphores, Models and Reality, Santa Fe Institute Studies in the Sciences of Complexity*, pp.309–342, Addison–Wesley, 1994.

[89] J. Holland and J. Reitman, "Cognitive systems based on adaptive algorithms," In D. Waterman & F. Hayes–Roth (Eds.), *Pattern–Directed Inference Systems*, Academic Press, 1978.

[90] R. Hollstien, Artificial genetic adaptation in computer control systems, Doctoral dissertation, University of Michigan, 1971. (*Dissertation Abstract International*, 32(3))

[91] J. Holmes, "Discovering risk of disease with a learning classifier system," *International Conference on Genetic Algorithms*, pp.426– 433, 1997.

[92] I. Hong, A. Kahng, and B. Moon. "Exploiting synergies of multiple crossovers: initial studies," *IEEE International Conference on Evolutionary Computing*, pp.245–250, 1995.

[93] I. Hong, A. Kahng, and B. Moon, "Improved large–step Markov chain variants for the symmetric TSP," *Journal of Heuristics*, 3(1):63– 81, 1997.

[94] J. Horn, N. Nafpliotis, and D. Goldberg, "A niched pareto genetic algorithm for multiobjective optimization," *IEEE Conference on Evolutionary Computation*, pp.82–87, 1994.

[95] T. Ichimura and Y. Kurimaya, "Learning of neural network with parallel hybrid GA using a royal road function," *IEEE International Conference on Neural Networks*, pp.1131–1136, 1998.

[96] J. Jang, C. Sun, and E. Mizutani, *Neuro–Fuzzy and Soft Computing*, Prentice Hall, 1997.

[97] J. Jiang and D. Butler, "Design of an adaptive genetic learning neural network system for image compression," *Proceedings of SPIE*, Vol.3030:21–28, 1997.

[98] D. Johnson, C. Aragon, L. McGeoch, and C. Schevon, "Optimization by simulated annealing: An experimental evaluation, Part 1, Graph partitioning," *Operations Research*, 37:865–892, 1989.

[99] D. Johnson and L. McGeoch, "The traveling salesman problem: A case study in local optimization," *Local Search in Combinatorial Optimization* (E. Aarts and J. Lenstra (eds.)), pp.215–310, 1997.

[100] T. Jones, "A description of Hollad' s royal–road function," TR94–11–059, Santafe Institute, 1994.

[101] T. Jones and S. Forrest, "Fitness–distance correlation as a measure of problem difficulty for genetic algorithms," *International Conference on Genetic Algorithms*, pp.184–192, 1995.

[102] H. Juille, "Evolution of non–deterministic incremental algorithms as a new approach for search in state spaces," *International Conference on Genetic Algorithms*, pp.351–358, 1995.

[103] B. Julstrom, "What have you done for me lately? Adapting operator probabilities in a steady–state genetic algorithm" *International Conference on Genetic Algorithms*, pp.81–87, 1995.

[104] B. Julstrom, "Adaptive operator probabilities in a genetic algorithm that applies three operator," *ACM Symposium of Applied Computing*, pp.233–238, 1997.

[105] S. Jung and B. Moon, "The natural crossover for the 2D Euclidean TSP," *Genetic and Evolutionary Computation Conference*, pp.1003–1010, 2000.

[106] S. Jung and B. Moon, "Toward minimal restriction of genetic encoding and crossovers for the two–dimensional Euclidean TSP," *IEEE Trans. on Evolutionary Computation*, 6(6):557–565, 2002.

[107] A. Kahng and B. Moon, "Toward more powerful recombinations," *International Conference on Genetic Algorithms*, pp.96–103, 1995.

[108] S. Kang and B. Moon, "A hybrid genetic algorithm for multiway graph partitioning," *Genetic and Evolutionary Computation Conference*, pp.159–166, 2000.

[109] A. Kampen and L. Muydens, "Reinvestigation of a genetic–based classifier system: The effectiveness of recombination," *Computers and Chemistry*, 21(3):153–160, 1997.

[110] S. Kauffman, "Adaptation on rugged fitness landscapes," *Lectures in the Science of Complexity*, D. Stein (Ed.), pp.527–618, 1989.

[111] J. Kennedy and R. Eberhart, "Particle Swarm Optimization," *IEEE International Conference on Neural Networks*, pp.1942–1948, 1995.

[112] J. Kennedy and R. Eberhart, *Swarm Intelligence*, Morgan Kaufmann, 2001.

[113] B. Kernighan and S. Lin, "An efficient heuristic procedure for partitioning graphs," *Bell Systems Technical Journal*, 49:291–307, 1970.

[114] J. Kim and B. Moon, "Neuron reordering for better neuro-genetic hybrids," *Genetic and Evolutionary Computation Conference*, pp.407–414, 2002.

[115] J. Kim and B. Moon, "New usage of SOM for genetic algorithms," *Genetic and Evolutionary Computation Conference*, pp.1101–1111, 2003.

[116] J. Kim and B. Moon, "Neural network normalization for genetic search," *Genetic and Evolutionary Computation Conference*, pp.398–399, 2004.

[117] Y. Kim, Y. Kwon, and B. Moon, "Problem-independent schema synthesis for genetic algorithms," *Genetic and Evolutionary Computation Conference*, pp.1112–1122, 2003.

[118] J. Koza, *Genetic Programming*, MIT Press, 1992.

[119] D. Kraft, F. Petry, B. Buckles, and T. Sadasivan, "The use of genetic programming to build queries for information retrieval," *IEEE Conference on Evolutionary Computation*, pp.468–473, 1994.

[120] L. Kragelund, "Solving a timetabling problem using hybrid genetic algorithms," *Software – Practice and Experience*, 27(10):1121–34, 1997.

[121] Y. Kwon and B. Moon, "Personalized Email Marketing with a Genetic Programming Circuit Model," *Genetic and Evolutionary Computation Conference*, pp.1352–1358, 2001.

[122] C. Langton (editor), *Artificial Life*, Addison-Wesley, 1989.

[123] C. Langton, "Life at the edge of chaos," *Artificial Life* II, C. Langton et al. (Eds.), pp.41–91, 1992.

[124] P. Lanzi, "A study of the generalization capabilities of XCS," *International Conference on Genetic Algorithms*, pp.418–425, 1997.

[125] G. von Laszewski, "Intelligent structual operators for the k-way graph partitioning problem," *International Conference on Genetic Algorithms*, pp.45–52, 1991.

[126] R. Leardi, R. Boggia, and M. Terrile, "Genetic algorithms as a strategy for feature selection," *Journal of Chemometrics*, 6(5):267–281, 1992.

[127] C. Lee and E. Antonisson, "Adaptive evolvability via non-coding segment induced linkage," *Genetic and Evolutionary Computation Conference*, pp.448–453, 2001.

[128] G. von Lazewski, "Intelligent structural operators for the k-way graph partitioning problem," *International Conference on Genetic Algorithms*, pp.45–52, 1991.

[129] G. Liepins and L. Wang, "Classifier systems learning of Boolean concepts," *International Conference on Genetic Algorithms*, pp.318–323, 1991.

[130] S. Lin and B. Kernighan, "An effective heuristic algorithm for the traveling salesman problem," *Operations Research*, 21(2):498–516, 1973.

[131] Y. Linde, A. Buzo, and R. Gray, "An algorithm for vector quantization design," *IEEE Trans. on Communications*, 28(1):84–95, 1980.

[132] X. Liu, A. Sakamoto, and T. Shimamoto, "Genetic channel router," *IEICE Trans. on Fundamentals of Electronics*, E77-A(3):492–501, 1994.

[133] F. Lobo, K. Deb, and D. Goldberg, "Compressed introns in a linkage learning genetic algorithm," *Annual Conference on Genetic Programming*, pp.551–558, 1998.

[134] S. Louis and G. Rawlins, "Pareto optimality, GA-easiness and deception," *International Conference on Genetic Algorithms*, pp.118–123, 1993.

[135] B. Manderick, M. de Weger, and P. Spiessens, "The genetic algorithm and the structure of the fitness landscape," *International Conference on Genetic Algorithms*, pp.143–50, 1991.

[136] O. Martin, S. Otto, and E. Felten, "Large-step markov chains for the traveling salesman problem," *Complex Systems*, 5:299–326, 1991.

[137] P. Mehra and B. Wah, "Automated learning of load-balancing strategies in multiprogrammed distributed systems," *International Journal of Systems Science*, 28(11):1077–99, 1997.

[138] P. Merz and B. Freisleben, "Genetic local search for the TSP," *IEEE International Conference on Evoutionary Computation*, pp.159–164, 1997.

[139] P. Merz and B. Freisleben, "Fitness landscape analysis and memetic algorithms for the quadratic assignment problem," *IEEE Trans. on Evolutionary Computation*, 4(4):337–52, 2000.

[140] N. Metropolis, A. Rosenbluth, M. Rosenbluth, A. Teller, and E. Teller, "Equation of state calculations by fast computing machines," *Journal of Chemistry and Physics*, 21(6): 1087–1092, 1953.

[141] Z. Michalewicz, *Genetic Algorithms + Data Structures = Evolutionary Programs*, Springer, 1992.

[142] G. Miller, P. Todd, and S. Hedge, "Designing neural network using genetic algorithms," *International Conference on Genetic Algorithms*, pp.379–384, 1989.

[143] M. Mitchell, S. Forrest, and J. Holland, "The royal road for genetic algorithms: Fitness landscapes and GA performance," *European Conference on Artificial Life*, pp.245–254, 1992.

[144] B. Moon and C. Kim, "A two–dimensional embedding of graphs for genetic algorithms," *International Conference on Genetic Algorithms*, pp.204–211, 1997.

[145] H. Muhlenbein, M. Gorges–Schleuter and O. Kramer, "Evolution algorithms in combinatorial optimization," *Parallel Computing*, 7:65–85, 1988.

[146] Y. Nagata and S. Kobayashi, "Edge assembly crossover: A high–power genetic algorithm for the traveling salesman problem," *International Conference on Genetic Algorithms*, pp.450–457, 1997.

[147] A. Neubauer, "Prediction of nonlinear and nonstationary time–series using self–adaptive evolution strategies with individual memory," *International Conference on Genetic Algorithms*, pp.727– 734, 1997.

[148] I. Oliver, D. Smith, and J. Holland, "A study of permutation crossover operators on the traveling salesman problem," *International Conference on Genetic Algorithms*, pp.224–230, 1987.

[149] J. Oliver, "Discovering individual decision rules: An application of genetic algorithms," *International Conference on Genetic Algorithms*, pp.216–222, 1993.

[150] I. Or, *Traveling Salesman–Type Combinatorial Problems and Their Relation to the Logistics of Regional Blood Banking*, Ph.D. Dissertation, Nortwestern University, 1976.

[151] T. Ostrowski and V. Ruoppila, "Genetic annealing search for index assignment in vector quantization," *Pattern Recognition Letters*, 18(4):311–318, 1997.

[152] A. Parodi and P. Bonelli, "A new approach to fuzzy classifier systems," *International Conference on Genetic Algorithms*, pp.223–230, 1993.

[153] J. Paredis, "Steps towards co–evolutionary classification neural networks," *Artificial Life IV*, R. Brooks and P. Maes (Eds.), 1994.

[154] J. Paredis, "Coevolving cellular automata: Be aware of the Red Queen!," *International Conference on Genetic Algorithms*, pp.393–400, 1997.

[155] C. Petty, M. Leuze and J. Grefenstette, "A parallel genetic algorithm," *International Conference on Genetic Algorithms*, pp.155–161, 1987.

[156] N. Radcliffe and P. Surry, "Formal memetic algorithms," *Evolutionary Computing*. AISB Workshop, pp.1–16, 1994.

[157] I. Rechenberg, "Cybernetic solution path of an experiment problem," *Ministry of Aviation, Royal Aircraft Establishment*, (U.K. translation), 1965.

[158] D. Rogers, "G/SPLINES: A hybrid of Friedman' s multivariate adaptive regression splines (MARS) algorithm with Halland' s genetic algorithm," *International Conference on Genetic Algorithms*, pp.384–391, 1991.

[159] D. Rogers, "Evolutionary statistics: Using a genetic algorithm and model reduction to isolate alternative statistical hypothesis of experimental data," *International Conference on Genetic Algorithms*, pp.735–742, 1997.

[160] C. Rosin and R. Belew, "Methods for competitive coevolution: Finding opponents worth beating," *International Conference on Genetic Algorithms*, pp.373–380, 1995.

[161] B. Sareni and L. Krahenbuhl, "Fitness sharing and niching methods revisited," *IEEE Trans. on Evolutionary Computation*, 2(3):97–106, 1998.

[162] J. Schaffer, *Some Experiments in Machine Learning Using Vector Evaluated Genetic Algorithms*, Ph.D. Dissertation, Vanderbilt University, TN, 1994. (also in ICGA85, pp.93–100)

[163] H.-P. Schwefel, *Kybernetische Evolution als Strategie der Experimentellen Forschung in der Stromungstechnik*, Diploma thesis, Technical University of Berlin, 1965.

[164] M. Sebag and M. Schoenauer, "Mutation by imitation in Boolean evolution strategies," *Parallel Problem Solving from Nature – PPSN IV*, pp.356–365, 1996.

[165] C. Sechen and A. Sangiovanni-Vincentelli, "The TimberWolf placement and routing package," *IEEE Journal of Solid-State Circuits*, SC-20(2):510–522, 1985.

[166] D. Seo and B. Moon, "A survey on chromosomal structures and operators," *Genetic and Evolutionary Computation Conference*, pp.1357–1368, 2003.

[167] D. Seo and B. Moon, "Voronoi quantized crossover for traveling salesman problem," *Genetic and Evolutionary Computation Conference*, pp.544–552, 2002.

[168] D. Seo and B. Moon, "Computating the epistasis variance of large-scale traveling salesman problems," *Genetic and Evolutionary Computation Conference*, pp.1169–1176, 2003.

[169] D. Seo and B. Moon, "An information-theoretic analysis on the interactions of variables in combinatorial optimization problems," *Evolutionary Computation*, 15(2):169–198, 2007.

[170] D. Seo and B. Moon, "The entropic epistasis and the variable set partitioning for combinatorial optimization," *Evolutionary Computation* (in revision), 2007.

[171] R. Smith, "A report on the First International Workshop on Learning Classifier Systems," ftp://alife.santafe.edu/pub/user-area/EC/ CFS/papers/lcs92.ps.gz, 1992.

[172] S. Smith, *A Learning System Based on Genetic Algorithms*, Ph.D. Dissertation, Dept. of Computer Science, University of Pittsburgh, 1980.

[173] W. Spears. "Adapting crossover in evolutionary algorithms," *Annual Conference on Evolutionary Programming*, 1995.

[174] W. Spears, "Crossover or mutation?" *Foundations of Genetic Algorithms* 2, 1993.

[175] N. Srinivas and K. Deb, "Multiobjective optimization using nondominated sorting in genetic algorithms," *Evolutionary Computation*, 2(3): 221–248, 1994.

[176] T. Starkweather, S. McDaniel, K. Mathias, D. Whitley, and C. Whitley, "A comparison of genetic sequencing operators," *International Conference on Genetic Algorithms*, pp.69–76, 1991.

[177] W. Sun and C. Sechen, "Efficient and effective placement for very large circuits," *IEEE Trans. on Computer–Aided Design*, 14(3):349–359, 1995.

[178] G. Syswerda, "Uniform crossover in genetic algorithms," *International Conference on Genetic Algorithms*, pp.2–9, 1989.

[179] E. Talbi and P. Bessiere, "A parallel genetic algorithm applied to the mapping problem," *SIAM News*, pp.12–27, July 1991.

[180] S. Thangiah, "An adaptive clustering method using a geometric shape for vehicle routing problems with time windows," *International Conference on Genetic Algorithms*, pp.536–543, 1995.

[181] D. Tate and A. Smith, "A genetic approach to the quadratic assignment problem," *Computers and Operations Research*, 22(1):73–83, 1995.

[182] D. Thierens and D. Goldberg, "Mixing in genetic algorithms," *International Conference on Genetic Algorithms*, pp.38–45, 1993.

[183] L. Tseng and S. Yang, "A genetic approach to the design of general–tree–structured vector quantizers for speech coding," *IEEE International Conference on Acoustics, Speech, and Signal Processing*, pp.69–72, 1998.

[184] A. Tuson and P. Ross, "Cost based operator rate adaptation: an investigation," *Parallel Problem Solving from Nature IV*, pp.461 –469, 1996.

[185] M. Waldrop, *Complexity*, 1992. (박형규, 김기식 역, *카오스에서 인공생명으로: 복잡성의 과학*, 범양사)

[186] D. Whitley, "GENITOR: A different genetic algorithm," *Rocky Mountain Conference on Artificial Intelligence*, 1988.

[187] D. Whitley, "The GENITOR algorithm and selective pressure: Why rank–based allocation of reproductive trials is best," *International Conference on Genetic Algorithms*, pp.124–132, 1989.

[188] D. Whitley, V. Gordon, and K. Mathias, "Lamarkian evolution, the baldwin effect and function optimization," *International Conference on Evolutionary Computation*, pp.6–15, 1994.

[189] D. Whitley, T. Starkweather, and D. Shaner, "Traveling salesman and sequence scheduling: Quality solutions using genetic edge recombination," *Handbook of Genetic Algorithms* (L. Davis, Ed.), Van Nostrand Reinhold, 1990.

[190] R. Weinberg, "Computer simulation of a living cell," Doctoral dissertation, University of Michigan, 1970. (*Dissertation Abstracts International*, 31(9))

[191] Wikipedia, "Particle Swarm Optimization," http://en.wikipedia.org/wiki/Particle_swarm_optimization.

[192] S. Wilson, "Classifier system learning of a boolean function," *Research Memo* RIS-27r, Rowland Institute for Science, 1985. (또는 [Holland, 1992]의 p.293)

[193] S. Wolfram, "Universality and complexity in cellular automata," *Physica D*, 10:1-35, 1984

[194] J. Yang, J. Horng, and C. Kao, "A continuous genetic algorithm for global optimization," *International Conference on Genetic Algorithms*, pp.230-237, 1997.

[195] J. Yang and R. Korfhage, "Query optimization in information retrieval using genetic algorithms," *International Conference on Genetic Algorithms*, pp.603-611, 1993.

[196] H. Yoon and B. Moon, "An empirical study on the synergy of multiple crossover operators," *IEEE Trans. on Evolutionary Computation*, 6(2):212-223, 2002.

[197] X. Zheng, B. Julstrom, and W. Cheng, "Design of vector quantization codebooks using a genetic algorithm," *IEEE International Conference on Evolutionary Computation*, pp.525-529, 1997.

[198] 문병로, "TSP 문제공간에 대한 실험적 연구," 과학재단 영재교육 R&E 보고서, 2007.2.

[199] 문병로, "TSP 문제공간과 끌개 위상학적 분포에 관한 연구," 과학재단 영재교육 R&E 보고서, 2008.2.

[200] 서동일, *Epistasis Theory and Epistasis-Based Genetic Searches for Combinatorial Optimization Problems*, 박사학위논문, 서울대학교, 2007.

〔숫자, 기호〕

〔A〕

〔B〕

〔C〕

〔H〕

〔I〕

〔J〕

〔K〕

〔L〕

〔M〕

〔N〕

〔O〕

〔P〕

〔나〕

〔다~마〕

〔바〕